07/09

Discarded by
Santa Maria Library

D0574370

SANTA MARIA PUBLIC LIBRARY

613.2 ...

Agatston, Arthur.
La dieta South Beach : el
delicioso plan disen?ado por un
me?dico para asegurar el
adelgazamiento ra?pido y
saludable   c2004

09   10

La dieta
South
Beach

La dieta South Beach

El delicioso plan diseñado por un médico para
asegurar el adelgazamiento rápido y saludable

Dr. Arthur Agatston

RODALE

Aviso

Este libro sólo debe utilizarse como volumen de referencia, no como manual de medicina. La información que se ofrece en el mismo tiene el objetivo de ayudarle a tomar decisiones con conocimiento de causa con respecto a su salud. No pretende sustituir ningún tratamiento que su médico le haya indicado. Si sospecha que usted o algún familiar suyo tiene un problema de salud, le exhortamos a buscar la ayuda de un médico competente.

Las menciones que en este libro se hagan de empresas, organizaciones o autoridades específicos no significan que la casa editorial los avale, así como tampoco la mención de empresas, organizaciones o autoridades específicas significa que estos avalen el contenido del presente libro.

Las direcciones de Internet y los números telefónicos que se proporcionan en este libro eran correctos cuando se mandó a la imprenta.

Título original de la obra: *The South Beach Diet*
Publicado originalmente en inglés en 2003

© 2004 por el Dr. Arthur Agatston

Se reservan todos los derechos. Esta publicación no deberá reproducirse en su totalidad ni en ninguna de sus partes por ningún medio o forma, ya sea electrónico o mecánico, lo cual incluye el fotocopiado, la grabación o cualquier otro sistema de almacenaje y recuperación de información, sin haber obtenido previamente el permiso por escrito de la casa editorial.

Impreso en los Estados Unidos de América

Rodale Inc. hace lo posible por utilizar papel reciclado ♲ y libre de ácidos ∞.

Fotografías:
© Alan Thomas/Photonica: páginas 208 (palmera), 209, 216 (palmera), 224 (palmera), 236 (palmera), 237, 244 (palmera), 245, 278 (palmera), 284 (palmera), 294 (palmera), 295, 298 (palmera), 306 (palmera), 307, 340 (palmera), 341, 350 (palmera), 351, 356 (palmera), 357
© Island Outpost: página 208 (Roger Ruch)
© Michael Katz: páginas 216 (Christian Plotczyk), 224 (Michael Wagner), 294 (Michael Wagner), 350 (Christian Plotczyk)
Por cortesía de Andre Bienvenue: páginas 236 (Andre Bienvenue), 244 (Andre Bienvenue), 298 (Andre Bienvenue)
© Jose Molina: página 278 (Elizabeth Barlow)
© Seth Browardnik/Red Eye Productions: páginas 284 (Scott Fredel, J. D. Harris), 340 (Scott Fredel, J. D. Harris)
Por cortesía de Michael D'Andrea: páginas 306 (Michael D'Andrea), 356 (Michael D'Andrea)

Diseño del libro: Carol Angstadt

Library of Congress Cataloging-in-Publication Data

Agatston, Arthur S.
    [South Beach diet. Spanish]
    La dieta South Beach : el delicioso plan diseñado por un médico para asegurar el adelgazamiento rápido y saludable / Arthur Agatston.
        p.   cm.
    Includes index.
    ISBN 1–57954–945–4 hardcover
    ISBN 1–57954–946–2 paperback
    1. Reducing diets.   2. Glycemic index.   I. Title.
RM222.2.A3518   2004
613.2'5—dc22   2003058787

A mi esposa, Sari,
por su apoyo,
entusiasmo
y amor

ÍNDICE

Primera Parte:
Introducción a la dieta South Beach

Segunda Parte:
Planes dietéticos y recetas

AGRADECIMIENTOS

Me resulta algo frustrante redactar estos agradecimientos, porque va a ser imposible mencionar a todas las personas que me apoyaron e influyeron en mi trabajo. Como sea, las investigaciones que finalmente generaron la dieta South Beach fueron producto de un trabajo de cooperación y quiero reconocer a quienes me ayudaron de manera directa. Mis investigaciones sobre métodos de prevención empezaron con la detección de calcio en la arteria coronaria a través de la tomografía de haz electrónico. Para la realización de este proyecto, el Dr. Warren Janowitz fue y sigue siendo un compañero brillante e imprescindible. Además, David King y el Dr. Manuel Viamonte, hijo, nos brindaron mucho apoyo y valiosos consejos a Warren y a mí durante todo el proceso.

Cuando tomé la decisión de aplicar una dieta que desafiaba la sabiduría convencional, acudí primero a Marie Almon, una dietista, quien se convirtió en una inestimable compañera de trabajo para mí. También recibí mucho apoyo y excelentes consejos de los doctores Gervasio Lamas, Eric Lieberman, Charlie Hennekens, Robert Superko, Wade Aude, Francisco López-Jiménez y Ronald Goldberg, todos ellos colegas y colaboradores.

Kristi Krueger y Jana Ross de WPLG Canal 10 se sumaron de manera maravillosa al esfuerzo de dar a conocer la dieta South Beach en el sur del estado de la Florida.

Por último, el proyecto de publicar este libro parecía estar en duda cuando apareció Linda Richman, autora, conferenciante y amiga, quien me presentó a mi magnífico agente, Richard Pine.

PRIMERA PARTE

Introducción a la dieta South Beach

PIERDA PESO
Y GANE VIDA

L a dieta South Beach no es baja en carbohidratos.

Tampoco es baja en grasa.

La dieta South Beach le enseña a confiar en los carbohidratos correctos así como en las grasas indicadas —las *buenas*— y le permite vivir bastante a gusto sin los carbohidratos y las grasas malas. El resultado será que disfrutará de buena salud y bajará de peso, entre 8 y 13 libras (4 y 6 kg) tan sólo durante las primeras 2 semanas.

He aquí cómo lo logrará.

Comerá porciones normales de carne, carne de pollo y pavo (chompipe), pescado y mariscos.

Comerá muchas verduras. Huevos. Queso. Frutos secos.

Comerá ensaladas aliñadas (aderezadas) con aceite de oliva de verdad.

Consumirá tres comidas equilibradas al día. A usted corresponderá la responsabilidad de hacerlo de tal modo que quede satisfecho. No hay nada que perjudique tanto un plan para bajar de peso como la sensación angustiante de que se necesita más comida. Ningún programa sensato de alimentación le pediría andar por la vida sintiéndose mal. Aquí se le instará a comer una merienda (refrigerio, tentempié) a media mañana y a media tarde, ya sea que le haga falta o no. Habrá un postre después de cenar.

Tomará agua, desde luego, además de café o té, si así lo desea.

Lo que *no* comerá durante los próximos 14 días será pan, arroz, papas, pasta o productos panificados. Ni siquiera fruta. Pero antes de que lo arrebate el pánico déjeme decirle que dentro de 2 semanas empezará a introducir otra vez estos alimentos a su dieta. Estarán prohibidos sólo por el momento.

Durante 2 semanas tampoco probará dulces, pastel (bizcocho, torta, *cake*), galletitas (*cookies*), helado o azúcar. Nada de cerveza ni ningún otro tipo de alcohol. Al cabo de esta fase podrá beber vino, el cual le hará bien por varias razones. No obstante, durante las primeras 2 semanas no beberá ni una gota.

Ahora bien, si usted es la clase de persona que se desvive por la pasta, el pan o las papas, o si está convencido de no ser capaz de llegar al final del día sin saborear algo dulce (tres o cuatro veces), déjeme decirle algo: lo impactará comprobar lo llevadero que le resultará pasar 2 semanas sin estos alimentos. Es posible que le cueste trabajo el primer día o los primeros dos, pero una vez que los supere estará muy bien. Ni siquiera tendrá que luchar contra sus antojos, pues durante la primera semana estos prácticamente desaparecerán. Lo afirmo con tal certeza por el gran número de personas con sobrepeso que ya han tenido éxito con el programa y que me lo han dicho. Es posible que la dieta South Beach sea una novedad para usted, pero existe desde hace varios años, el tiempo suficiente para ayudar a cientos de personas a bajar de peso con facilidad y sin subir de nuevo.

Esta es la Primera Fase, la más estricta.

Después de 2 semanas pesará entre 8 y 13 libras (4 y 6 kg) menos que hoy. La mayor parte de ese peso desaparecerá de su panza, así que enseguida notará la diferencia en la ropa. Subirles el cierre (cremallera) a sus pantalones de mezclilla (mahones, pitusa, *jeans*) le resultará más fácil de lo que ha sido en mucho tiempo. El *blazer* le cerrará sin abultarse.

Y esas serán sólo las diferencias obvias. Aunque no lo pueda ver, durante esas 2 semanas también se habrá transformado internamente. Habrá corregido la reacción de su cuerpo a los alimentos que ocasionaron su sobrepeso. Usted tiene un botón en su interior que está activado ahora. El simple cambio que durante estas primeras 2 semanas hará en su alimentación lo desactivará. Los antojos físicos que rigen sus hábitos alimenticios desaparecerán y no volverán mientras se apegue al programa. No bajará de peso por estarse esforzando por comer menos. Simplemente comerá en menor cantidad los alimentos que produjeron aquellos antojos malos de antaño, los alimentos por los que su cuerpo almacenó un exceso de grasa.

Debido a *ese* cambio seguirá bajando de peso al finalizar el período inicial de 14 días. Para entonces ya habrá empezado a reintroducir a su vida algunos de los alimentos prohibidos. Aún estará a dieta, pero si le encanta el pan lo podrá comer. Si le gusta la pasta la reintroducirá. También el arroz o los cereales. Las papas. La fruta definitivamente estará de vuelta.

¿Y el chocolate? Claro, si lo hace sentirse bien. Tendrá que elegir cuál de estos lujos se va a permitir. No podrá comerlos todos al mismo tiempo. Aprenderá a disfrutarlos de manera un poco distinta de antes, quizá con algo menos de entusiasmo. Pero los volverá a disfrutar pronto.

Esa será la Segunda Fase.

Permanecerá en esta fase y seguirá bajando de peso hasta alcanzar su objetivo. El tiempo que tarde dependerá de cuánto peso tenga que perder. Durante esta Segunda Fase la gente baja un promedio de una o dos libras (450 ó 900 g) a la semana. Una vez que llegue a su meta entrará a una versión aún más generosa del programa, la cual le permitirá mantener su peso ideal.

Esa será la Tercera Fase, la cual durará el resto de su vida. Cuando llegue a este punto se dará cuenta de que el plan no se siente como una dieta sino más bien como un estilo de vida. Al fin y al cabo estará comiendo porciones normales de alimentos normales. Entonces podrá olvidar la dieta South Beach con toda confianza. . . siempre y cuando tenga en cuenta unas cuantas reglas básicas.

Mientras baje de peso y modifique la respuesta de su cuerpo a los alimentos, tendrá lugar un tercer cambio. Su composición química sanguínea se transformará de manera significativa, lo cual beneficiará a su sistema cardiovascular a largo plazo. Experimentará una mejora en ciertos factores invisibles que sólo preocupan a los cardiólogos y a los enfermos del corazón. Gracias a este último cambio aumentará de manera considerable sus probabilidades de vivir bien por mucho tiempo; es decir, de conservar su buena salud y vitalidad al envejecer.

Es posible que empiece la dieta South Beach con la simple esperanza de bajar de peso. Si la sigue y persevera, lo logrará con toda certeza. No obstante, también estará haciendo mucho más por sí mismo. No exagero al afirmar que una de las ventajas adicionales de esta dieta es que puede salvarle la vida.

CARBOHIDRATOS BUENOS Y MALOS

Como médico no me especializo en dietas.

De hecho he dedicado mi carrera médica principalmente a la ciencia de la cardiografía no invasiva, es decir, a desarrollar tecnologías que producen imágenes complejas del corazón y de los vasos sanguíneos coronarios. De esta forma es posible identificar problemas y tratarlos en una etapa temprana, antes de que se produzca un ataque cardíaco o un derrame cerebral. Me enorgullece el hecho de que en todo el mundo, en el escaneo conocido como tomografía computarizada (o *CT* por sus siglas en inglés), la medida del calcio coronario se llama "puntuación de Agatston", y con frecuencia el protocolo clínico para el escaneo del calcio se menciona con el nombre de "método de Agatston". Además, tengo una consulta de cardiología a tiempo completo, dedicada tanto al aspecto clínico como a la investigación.

Entonces, ¿cómo es posible que también haya creado un programa para bajar de peso que goza de una aceptación fenomenal aquí en el sur de Florida, un régimen que les ha ayudado a un sinnúmero de hombres y mujeres —muchos de ellos veinteañeros y treintañeros, o sea, que podrían ser los nietos de mis pacientes cardíacos comunes— a adquirir una forma física tan buena que pueden ponerse trajes de baño ajustados o bikinis minúsculos?

Debo admitir que no esperaba recibir tanta atención pública por este proyecto. Regularmente me abordan personas que me han visto en los noticiarios de la televisión o bien que han leído acerca del éxito de la dieta en los periódicos y las revistas. En vista de la imagen que esta ciudad tiene a nivel mundial en cuanto meca de la belleza física y la conciencia corporal, además de su papel como centro elegante de la industria de la moda, definitivamente no contaba con esta situación.

Todo empezó como un proyecto médico serio. A mediados de los noventa éramos muchos los cardiólogos desilusionados con la dieta baja en grasa y alta en carbohidratos que la Asociación Estadounidense del Corazón recomendaba para ayudar a las personas a comer correctamente y a mantener un peso sano. Ninguno de los regímenes bajos en grasa de aquella época parecía ser realmente eficaz, sobre todo a la larga. No me interesaba la apariencia de mis pacientes: quería encontrar una dieta que les ayudara a prevenir o a revertir los innumerables problemas cardíacos y vasculares que la obesidad ocasiona.

No encontré tal dieta. En cambio, la desarrollé yo mismo.

Actualmente me siento casi tan a gusto en el mundo de la nutrición como entre cardiólogos. Doy conferencias con regularidad ante médicos, investigadores y otros profesionales de los servicios de salud que dedican sus vidas a ayudar a sus pacientes a comer de manera sensata y a bajar de peso. A pesar de que mi interés en la alimentación nació de una inquietud terapéutica, ahora veo que los beneficios cosméticos de bajar de peso son sumamente importantes, ya que sirven como un factor de motivación muy eficaz para los jóvenes y para los viejos, más incluso —me parece— que la promesa de tener un corazón sano. El ánimo se levanta de tal manera cuando la apariencia física mejora que la persona se beneficia en su totalidad, lo cual evita que muchos pacientes sufran recaídas. El resultado final es la buena salud cardiovascular, mi única meta al iniciar esta aventura.

Lo que empezó como una incursión a tiempo parcial en el mundo de la nutrición me llevó a diseñar una dieta sencilla y sólida desde el punto de vista médico, la cual les funciona —sin efectos estresantes— a un gran porcentaje de las personas que la prueban. El programa ha sido sometido a estudios científicos (con una profundidad que otras dietas rara vez igualan) y ha resultado eficaz, tanto para bajar de peso como para lograr y mantener la salud del sistema cardiovascular.

Cuando todo empezó desde luego no tenía idea de lo que ocurriría. Sólo sabía que muchos de mis pacientes —un número creciente cada año— tenían sobrepeso y que a esta condición se debía en gran parte el riesgo que sufría su corazón. Podía tratarlos con los medicamentos y los procedimientos más modernos, pero en muchos casos estábamos condenados a perder la batalla si no lograban controlar su alimentación. Sus hábitos de alimentación tenían como consecuencia una composición química sanguínea que mostraba un índice peligrosamente elevado de colesterol y triglicéridos, los principales factores que intervienen en la obstrucción de las arterias y la inflamación de los vasos sanguíneos. También compartían otro problema relacionado con la alimentación, un problema que aún no se entendía muy bien en ese entonces: un síndrome silencioso supuestamente *metabólico* (la prediabetes) que se da en casi la mitad de los habitantes de los Estados Unidos que sufren ataques cardíacos.

La búsqueda del mejor plan para bajar de peso

Mi camino hacia la prevención de las enfermedades a través de la alimentación de hecho tuvo su comienzo cuando estudiaba para cardiólogo hace 30 años. Durante mi preparación profesional a finales de los años setenta tenía mucho interés en tratar a pacientes con enfermedades cardíacas, a pesar de que no contábamos con muchas armas preventivas en nuestro arsenal. En aquel entonces le hice la siguiente pregunta al cardiólogo de mayor renombre que conocía: "¿Cuál es la mejor forma de prevenir las enfermedades cardíacas?". Él respondió: "Escoger a los padres correctos". Si se heredaba el gen de la longevidad cardíaca, era probable llegar a muy viejo. Si las enfermedades cardíacas se presentaban a una edad temprana en la familia, no había mucho que se pudiera hacer para modificar este destino.

Luego, en 1984, tomé un curso en la Casa del Corazón de Bethesda, Maryland, la sede nacional del Colegio Estadounidense de Cardiología. Ahí escuché la conferencia que ofreció un investigador brillante y maestro carismático, Bill Castelli, el director del mundialmente famoso Estudio Framingham del Corazón. El Dr. Castelli nos habló de los resultados de la recién terminada Prueba para la Prevención Primaria realizadas por las Clínicas de Investigación de los Lípidos y patrocinada por los Institutos Nacionales para la Salud. Aquel estudio fue el primero en demostrar que al bajar el índice de colesterol se reduce el número de ataques al corazón. En aquella época el único tratamiento conocido contra el colesterol alto era un desagradable polvo granulado conocido como resina, el cual se tomaba varias veces al día antes de las comidas. Por lo tanto, a todos los que asistimos a la conferencia nos causó mucha emoción cuando el Dr. Castelli nos dijo que podríamos bajar el índice de colesterol de nuestros pacientes y poner fin al azote de las enfermedades cardíacas en los Estados Unidos si les recetábamos la primera dieta recomendada por la Asociación Estadounidense del Corazón.

Todos regresamos a casa llenos de fervor y listos para guiar a nuestros pacientes hacia un estado de renovada salud cardíaca y sabiduría alimenticia. Regresé a Miami con gran confianza en mis nuevos conocimientos de cómo salvar las vidas de mis pacientes. Mi esposa y yo incluso bromeamos acerca de que tal vez fuera conveniente que me cambiara a alguna especialidad médica con posibilidades de crecimiento en el futuro, como la cirugía plástica, ahora que las enfermedades cardíacas eran cosa del pasado. Sin embargo, muy pronto me di cuenta que había poca probabilidad de caer en el desempleo como cardiólogo.

Empecé a instruir a mis pacientes en la dieta baja en grasa y alta en carbohidratos que la Asociación Estadounidense del Corazón recomendaba, pero los resultados quedaron muy por debajo de mis expectativas. Con frecuencia observaba una modesta mejoría inicial en el índice total de colesterol, acompañada de una moderada pérdida de peso. A continuación el colesterol regresaba de manera invariable a su nivel anterior o incluso más arriba, además de que se recuperaba el peso perdido. No fui el único en tener esta experiencia sino también mis colegas. Se reflejó en el gran número de pruebas del índice de colesterol en relación con la dieta que se documentaron en la literatura especializada: era imposible sostener la reducción en el colesterol o en el peso por medio de una alimentación baja en grasa y alta en carbohidratos. Ningún estudio convincente demostraba que la dieta de la Asociación Estadounidense del Corazón sirviera para salvar vidas.

A lo largo de los años les había sugerido a mis pacientes la mayoría de las dietas más respetadas que existen. Volví hasta Pritikin y luego probé los diversos regímenes bajos en grasa y saludables para el corazón de más reciente factura, incluyendo el plan Ornish y varias dietas de la Asociación Estadounidense del Corazón. Todos estos planes fracasaron de manera lamentable por diversas razones. A veces resultaba demasiado difícil cumplir con la dieta a largo plazo, o bien la promesa de mejorar la composición química sanguínea y la salud cardíaca se revelaba sólo como tal: una promesa. Desalentado, prácticamente dejé de darles consejos de nutrición a mis pacientes, porque no podía sugerirles nada que realmente sirviera. Al igual que hicieron la mayoría de cardiólogos durante aquel período, opté en cambio por las estatinas, que apenas se estaban introduciendo al mercado. Se trataba de medicamentos muy eficaces para reducir el índice total de colesterol, aunque no ayudaran a bajar de peso.

No obstante, también decidí hacer el intento desesperado de estudiar seriamente la cuestión de la alimentación y la obesidad. Al igual que la mayoría de los médicos, no estaba muy enterado de la ciencia de la nutrición. Por lo tanto, mi primera tarea consistió en estudiar todos los programas para bajar de peso que ya existían, tanto los de carácter científico serio como las propuestas de moda que llegaban a la cima de las listas de bestséllers. A la vez que adquiría esta educación también leía los textos especializados en cardiología acerca de la difusión de una cosa llamada el síndrome de resistencia a la insulina y sus efectos sobre la obesidad y la salud del corazón.

La ciencia del éxito

Actualmente sabemos que un efecto secundario del sobrepeso es que afecta la capacidad de la hormona conocida como insulina para utilizar de manera adecuada los combustibles, es decir, las grasas y los azúcares. Esta afección por lo común se llama "resistencia a la insulina". El resultado es

---

El glosario South Beach

Proteína: este nutriente nos proporciona los aminoácidos que el cuerpo luego utiliza para elaborar sus propias proteínas. Las proteínas desempeñan muchísimos papeles en el cuerpo, como reparar los tejidos, producir anticuerpos y asistir a las reacciones químicas.

La carne, los huevos y otros alimentos de origen animal contienen los nueve aminoácidos en su totalidad, por lo que se trata de "proteínas completas". Lo mismo ocurre con la soya. Por su parte, las proteínas de los demás alimentos de origen vegetal son "incompletas", ya que no contienen los nueve aminoácidos. Comer una variedad de alimentos de origen vegetal le ayudará a asegurar que los aminoácidos ausentes de alguno le sean suministrados por otro.

---

que el cuerpo almacena más grasa de la que debería, sobre todo en la panza. Desde el amanecer de la especie *Homo sapiens*, nuestra herencia genética nos ha programado para almacenar grasa como estrategia de supervivencia que nos ayude a sobrellevar los períodos de hambruna.

El problema que existe en la actualidad es, desde luego, que nunca sufrimos la parte de la ecuación correspondiente a la hambruna, sólo la del banquete. El resultado es que almacenamos grasa, pero nunca les exigimos a nuestros cuerpos que la quemen. Gran parte de nuestro exceso de peso proviene de los carbohidratos que ingerimos, sobre todo de los muy procesados que se encuentran en los productos panificados, los panes, las meriendas (refrigerios, tentempiés) y otros ejemplos populares y muy accesibles. Los procesos de elaboración industrial moderna eliminan la fibra de estos alimentos. Una vez que ha desaparecido, la naturaleza misma de estos productos —y la forma en que nuestro metabolismo los asimila— empeora de manera significativa.

Según lo demostraban los estudios que leí, había que reducir el consumo de estos carbohidratos "malos" para que la resistencia a la insulina desapareciera por cuenta propia. Así se empezaría a bajar de peso de manera bastante rápida, además de que el metabolismo comenzaría a utilizar los carbohidratos adecuadamente. Una vez reducido su consumo, incluso desaparecería el antojo por los carbohidratos. Por último, al eliminarse los carbohidratos procesados mejoraría la composición química sanguínea, lo cual en última instancia daría por resultado una baja en los índices de los triglicéridos y colesterol.

Por lo tanto, el primer principio de mi plan de alimentación fue permitir los carbohidratos buenos (las frutas, las verduras y los cereales integrales) y restringir el consumo de los malos (sobre todo los carbohidratos muy procesados, que pierden toda la fibra en el proceso de fabricación). De esta forma se eliminaría una de las principales causas de la obesidad. Así se establecía un marcado contraste con la dieta Atkins, por ejemplo, la cual prohíbe prácticamente *todos* los carbohidratos y obliga a la persona a subsistir principalmente con proteínas. Este régimen también permite una cantidad ilimitada de grasas saturadas, que son las que se encuentran en la carne roja y la mantequilla. Se trata, como lo sabe la mayoría de la gente, de las grasas "malas" que pueden producir enfermedades cardiovasculares, ataques cardíacos y derrames cerebrales. Esta circunstancia no ha impedido que millones de personas adopten el plan. No obstante, desde el momento en que supe de este programa las alarmas empezaron a sonar en mi cabeza, como buen cardiólogo que soy. Aunque efectivamente ayude a bajar de peso y evitar subirlo de nuevo, es posible que la composición química de la sangre se perjudique por consumir tanta grasa saturada.

Mi plan recortaba ciertos carbohidratos, pero no todos. De hecho recomendaba consumir los buenos. Por ejemplo, prohibí la harina blanca y el azúcar refinada. Sin embargo, esta dieta permite los panes y los cereales integrales así como la pasta de trigo integral. También recomendamos muchas verduras y frutas. La decisión de incluirlas tiene una razón práctica más allá del evidente valor alimenticio y la fibra beneficiosa que estos alimentos aportan. No todos *quieren* renunciar para siempre a las verduras, las frutas, el pan y la pasta, ni siquiera a cambio de un régimen que les permita desayunar una libra (450 g) de tocino, almorzar la misma cantidad de hamburguesa (sin pan, desde luego) y finalmente cenar un grueso bistec. Y si la gente desea comer pan, pasta o arroz, debe haber cabida para este deseo en un plan humanitario de alimentación.

(continúa en la página 16)

Todo sobre el aceite

Los aceites vegetales que se ven en los estantes del supermercado parecen todos iguales cuando sólo se toman en cuenta las calorías: la cuantiosa cantidad de 120 por cucharada.

No obstante, si usted analiza sus perfiles alimenticios, sabores y características específicas para cocinar, verá que cada necesidad culinaria exige un aceite particular. Una perspectiva general:

OLIVA

Composición de las grasas: 77 por ciento de monoinsaturadas, 9 por ciento de poliinsaturadas, 14 por ciento de saturadas.

Aplicaciones: el aceite de oliva extra virgen tiene un sabor muy fuerte y es más caro, por lo que conviene más para preparar platos que no se cocinan y también para sazonar. El aceite de oliva virgen tiene un sabor un poco más ácido y tolera mejor el calor, de modo que se puede usar para sofreír (saltear). Cuando se indica que un aceite de oliva es *light* se está hablando del color, no de su contenido de grasa; por su gusto suave y el hecho de que empieza a humear a una temperatura más alta, se trata de una buena elección para freír y hornear.

Otros comentarios: el aceite de oliva extra virgen es un producto del primer prensado y contiene un 1 por ciento de ácido o menos. El aceite de oliva virgen posee una acidez del 1 al 3 por ciento. El aceite de oliva fino (*fine olive oil*) es una mezcla de aceites virgen y extra virgen. El aceite de oliva puro —o simplemente "aceite de oliva"— se extrae por medio de disolventes químicos y es de mala calidad.

CANOLA

Composición de las grasas: 62 por ciento de monoinsaturadas, 31 por ciento de poliinsaturadas, 7 por ciento de saturadas.

Aplicaciones: sin sabor, pero resiste bastante bien al calor, por lo que es ideal para freír, sofreír y hornear.

Otros comentarios: es una buena fuente de ácidos grasos omega-3.

MAÍZ

Composición de las grasas: 25 por ciento de monoinsaturadas, 62 por ciento de poliinsaturadas, 13 por ciento de saturadas.

Aplicaciones: de sabor suave; no resiste bien al calor, así que es mejor para aliños (aderezos) o para freír levemente.

Otros comentarios: no es una opción tan saludable como los aceites de oliva o de *canola*.

NUEZ

Composición de las grasas: 24 por ciento de monoinsaturadas, 66 por ciento de poliinsaturadas, 10 por ciento de saturadas.

Aplicaciones: posee un fuerte sabor a nuez, pero la exposición al calor lo descompone. Funciona mejor en aliños, salsas y para hornear.

Otros comentarios: se trata de una buena fuente de ácidos grasos omega-3.

SOYA

Composición de las grasas: 24 por ciento de monoinsaturadas, 61 por ciento de poliinsaturadas, 15 por ciento de saturadas.

Aplicaciones: desabrido, pero tolera bien el calor; se utiliza para sofreír y para freír.

Otros comentarios: por lo común en el supermercado se le conoce como "aceite vegetal". No es una opción tan saludable como los aceites de oliva o de *canola*, pero sí ofrece algunos ácidos grasos omega-3.

A fin de compensar la reducción general en los carbohidratos, la dieta permitía una generosa cantidad de grasas y proteínas de origen animal. Esta decisión se oponía totalmente a las dietas famosas desarrolladas específicamente para las personas con problemas del corazón, como los planes Pritikin y Ornish. Para un cardiólogo significaba pisar sobre hielo fino. No obstante, la experiencia que había tenido con mis pacientes demostraba que aquellas dietas supuestamente saludables para el corazón eran casi imposibles de observar porque dependían demasiado de la capacidad de las personas para reducir su consumo de grasa al mínimo a largo plazo. La dieta South Beach incluiría carne magra (baja en grasa) de res, cerdo, ternera y cordero.

No era necesario restringir el consumo de carne de manera radical, tal como lo hacían los regímenes bajos en grasa. Los estudios más recientes han demostrado que la carne magra no perjudica la composición química sanguínea. Incluso las yemas de huevo son buenas para la salud, al contrario de lo que solíamos pensar. Representan una fuente *natural* de vitamina E e influyen de manera entre neutral y favorable en el equilibrio entre el colesterol bueno y el malo. Mi dieta recomendaba el pollo, el pavo (chompipe) y el pescado (sobre todo las especies grasosas, como el salmón, el atún y la caballa/macarela/escombro), además de frutos secos y quesos y yogur bajo en grasa. En términos generales, los alimentos industriales bajos en grasa *pueden* ser mala idea, pues sustituyen las grasas por carbohidratos, los cuales engordan. No obstante, los productos lácteos bajos en grasa, como el queso, la leche y el yogur, son excepciones a esta regla: son nutritivos y no engordan.

También incluí muchas grasas monoinsaturadas y poliinsaturadas saludables, como las mediterráneas: los aceites de oliva, *canola* y cacahuate (maní). Se trata de las grasas buenas, las cuales de hecho llegan a reducir el riesgo de sufrir un ataque cardíaco o derrame cerebral. Además de ser beneficiosas aportan un mejor sabor a la comida. También llenan el estómago, lo cual es una consideración importante al tratarse de una dieta que promete saciar el hambre.

A continuación encontré a un conejillo de Indias apropiado para las pruebas preliminares, un hombre de edad madura que tenía problemas para controlar su panza cada vez más voluminosa: yo mismo. Me puse a dieta. Renuncié al pan, la pasta, el arroz y las papas. No tomé nada de cerveza.

Ni siquiera fruta —por lo menos al principio—, porque contiene altos niveles de fructosa, el azúcar de la fruta. Aparte de eso estaba decidido a comer de la manera más normal posible, lo cual equivalía a tres comidas al día además de meriendas cuando tuviera hambre.

Después de una sola semana noté la diferencia. Perdí casi 8 libras (4 kg) durante esos primeros 7 días. Fue fácil. No padecí punzadas del hambre ni unos antojos terribles. No sufrí privaciones, que yo me diera cuenta.

Casi de manera tímida me acerqué a Marie Almon, M.S., R.D., la principal dietista clínica de nuestro hospital, el Centro Médico Mount Sinai en Miami Beach, para hablarle de mi experimento. Admitió que la dieta baja en grasa que les estábamos recomendando a los pacientes cardíacos no funcionaba. Por lo tanto, tomamos los principios básicos que yo había establecido y los expandimos hasta crear un plan de alimentación agradable.

Soluciones prácticas

Fijamos algunas pautas más, basándonos en mi experiencia clínica así como en la literatura que había estudiado. En primer lugar reconocimos el defecto principal de las dietas que habíamos probado con nuestros pacientes: eran demasiado complicadas y rígidas. Una dieta puede ser sólida desde el punto de vista médico o alimenticio, pero si es difícil de llevar a cabo, si no toma en cuenta cómo funciona la persona en su totalidad —no sólo su tracto digestivo y metabolismo—, va a fracasar. Por lo tanto, la nueva dieta sería flexible y sencilla, con el menor número posible de reglas. Les permitiría a las personas comer tal como realmente les *gusta* comer, a la vez que mejoraría su composición química sanguínea y les ayudaría a bajar de peso y a mantener el nuevo peso a largo plazo, o sea, durante toda la vida, no por 3 meses o un año. Sólo al cumplirse estas metas el programa lograría la transición decisiva de una dieta a un estilo de vida, es decir, a una forma de vivir y de comer que los seres humanos normales pueden mantener por el resto de sus vidas.

Con esto en mente decidimos que no les pediríamos a las personas renunciar a todos los placeres alimenticios por tiempo indefinido. Por lo común, cuando una persona come algo que su dieta le prohíbe se las tiene

Cómo escoger bien sus meriendas

El simple hecho de que la etiqueta de una merienda (refrigerio, ten-tempié) indique a gritos que no contiene grasa no significa que no engorde. Algunas de ellas, como las tortitas de arroz, sólo lo dejan a uno con hambre y deseando comer más. Consisten sólo en carbohidratos y les falta la fibra y las proteínas necesarias para alargar la digestión. Las siguientes indicaciones le permitirán escoger sus meriendas de acuerdo con las pautas de la dieta South Beach.

Fíjese en la fibra. Afortunadamente muchos fabricantes de alimentos han respondido a estas necesidades produciendo meriendas sabrosas y crujientes de grano entero con fibra para retardar la digestión, como *Royal Sire Whole Wheat Toasts* o las galletas (*crackers*) *Wasa Fiber Rye*. Encontrará la mejor selección en las tiendas de productos naturales.

Controle los carbohidratos. Un gran número de productores de meriendas, como *Just the Cheese*, *Keto*, *Carbolite* y *Lean Protein*, ofrecen meriendas crujientes bajas en carbohidratos, altas en proteínas, altas en fibra y bajas en grasa. Por ejemplo, las hojuelas horneadas de *Carbolite* contienen la impresionante cantidad de 36 gramos de proteínas.

Seleccione la soya. Algunos fabricantes, como *Genisoy*, utilizan harina de soya en lugar de harina de trigo o de arroz. El resultado son unas meriendas que se ven y saben como tortitas de arroz, pero que contienen las proteínas de soya tan saludables para el corazón en lugar de arroz. Y también saben ricas.

Opte por algo fuera de la tradición. En lugar de elegir como merienda hojuelas, tortitas de arroz o algún otro alimento procesado, opte por un palito de queso (alto en proteínas), cecina (charqui, *jerky*) de pavo (chompipe), un huevo cocido duro, unos frutos secos, un pequeño vaso de yogur bajo en grasa o una o dos tiras de langosta o cangrejo (jaiba) de imitación. Todas estas meriendas contienen las proteínas que se requieren para mantener estable el azúcar en sangre (glucosa) y llenarán su estómago a cambio de menos calorías.

que arreglar por su cuenta. Los expertos no atienden a la flaqueza humana ni diseñan una forma de enfrentar las inevitables recaídas a través del mismo plan. Por lo tanto, la gente que hace un poco de trampa hoy por lo común va a hacer más trampa mañana y de ahí se van cuesta abajo hasta que la dieta está patas arriba, han violado todas las reglas, se sienten deprimidos y desalentados y regresan al punto de partida. Por este motivo incluimos los postres creados de manera especial por Marie Almon para el programa. Se trata de manjares deliciosos que sólo usan ingredientes "legales".

También tomamos en cuenta el hecho de que habrá días en que alguien *necesita* un helado de chocolate o una rebanada de pastel (pay, tarta, *pie*) de limón. Soy adicto al chocolate, así que definitivamente entiendo esta situación. El plan permite forzar o violar las reglas, siempre y cuando la persona entienda exactamente el daño que hizo y cómo corregirlo. Si por hacer trampa sube unas cuantas libras o la pérdida de peso continua se detiene, el revés será mínimo y fácil de arreglar en lugar de convertirse en una fatalidad. Una de las maravillas de la estructura de la dieta South Beach, con sus tres fases, es que se puede cambiar fácilmente entre una fase y otra. Si al estar en la Segunda Fase uno se va de vacaciones y come un exceso de dulces, es fácil regresar a la Primera Fase durante una semana, perder el peso que se acumuló debido a todos esos postres y luego volver a la Segunda Fase en el punto donde se quedó.

Por último, las personas son prácticas. Las dietas que requieren menús complejos, tomar suplementos a determinadas horas del día o comer los alimentos en combinaciones precisas simplemente son demasiado fastidiosas para sostenerse durante mucho tiempo. Un gran número de dietas populares son muy complicadas en este sentido, a pesar de no contar con fundamentos científicos que justifiquen tal complejidad. Por lo tanto, fracasan. La mayoría de las personas de por sí llevamos vidas bastante complicadas, sin necesidad de tener un refrigerador a nuestro alcance cada 2 horas. Nadie quiere andar cargando un pastillero o un libro de reglas (o ambas cosas). Por lo tanto, nuestra dieta se basaría en platos fáciles de preparar cuyos ingredientes se encuentran comúnmente en el supermercado o la mayoría de los restaurantes. El plan requiere comer meriendas (refrigerios, tentempiés) entre comidas, pero son de las que pueden echarse a un portafolios o una mochila por la mañana y comerse a las carreras. Además; la dieta se distingue por no haber necesidad de contar calorías ni de calcular el porcentaje de grasas, carbohidratos y proteínas; ni siquiera hay reglas acerca del tamaño de las porciones. Nuestra principal preocu-

La dieta South Beach resumida

PRIMERA FASE

Duración: 2 semanas.

Dedicación que exige: mucha.

Cantidad de peso que probablemente baje: de 8 a 13 libras (4 a 6 kg).

Otros beneficios: pone fin a los antojos físicos de meriendas (refrigerios, tentempiés) azucaradas y otros carbohidratos. Mejora la capacidad del cuerpo para procesar los azúcares y las féculas de manera adecuada. Empieza a mejorar los índices de azúcar en sangre (glucosa), insulina y colesterol.

Lo que no debe comer: golosinas, pastel (bizcocho, torta, *cake*), galletitas (*cookies*), helado, azúcar, pan, arroz, papas, pasta, frutas, jugo de frutas, cerveza y otras bebidas alcohólicas.

Lo que sí puede comer: carne de res magra (baja en grasa); pollo; pavo (chompipe); pescado y mariscos; grandes cantidades de verduras; huevos; queso y yogur bajos en grasa; frutos secos; aceites de oliva, *canola* y cacahuate (maní); café y té.

Ejemplos de platos: huevos a la florentina; bistec a la pimienta; crema de *ricotta* al limón.

SEGUNDA FASE

Duración: hasta que alcance el peso que se fijó como objetivo. Si se sale de la dieta y sube de peso, tendrá que volver a la Primera Fase de manera temporal.

Dedicación que exige: moderada.

Cantidad de peso que probablemente baje: de 1 a 2 libras (456 a 907 g) a la semana.

pación es que las personas ingieran carbohidratos buenos y grasas buenas. Una vez que esto esté controlado, las porciones y los porcentajes se arreglan solos. Al elegir los carbohidratos y las grasas correctas, simplemente no se siente hambre todo el tiempo.

Otros beneficios: continúa mejorando el colesterol al aumentar el colesterol HDL bueno, bajar el LDL malo y los triglicéridos e incrementar el tamaño de las partículas de LDL. Además, el cuerpo debería ser capaz de procesar adecuadamente los carbohidratos que usted le proporcione, ya que se los estará dando en la forma y la cantidad correctas.

Lo que puede agregar: raciones moderadas de carbohidratos buenos elegidos con prudencia, como arroz, pasta y pan integrales; cereal alto en fibra; frutas como bayas y cantaloup (melón chino), aunque estos últimos no deben comerse a primera hora del día. También puede comer un poco de chocolate oscuro, si desea.

Ejemplos de platos: avena; fresas bañadas con chocolate; pollo y verduras fritas y revueltas al estilo asiático.

TERCERA FASE

Duración: el resto de su vida. Volverá temporalmente a la Primera Fase de vez en cuando si acumula algunas libras.

Dedicación que exige: mínima.

Cantidad de peso que probablemente baje: nada; se trata de mantener el peso que se fijó como objetivo.

Otros beneficios: continúa el menor riesgo de sufrir diabetes y enfermedades cardíacas.

Lo que puede agregar: alimentos normales en porciones normales, siempre y cuando observe unas cuantas reglas básicas de la dieta South Beach.

Ejemplos de platos: cuscús, pan árabe (pan de *pita*) con pavo y tomate (jitomate), tarta de queso y limón verde (lima).

Decidimos que nuestra dieta tendría que ser eficaz independientemente de los hábitos de la persona en cuanto a ejercicio. Sin duda alguna el ejercicio acelera el metabolismo del cuerpo, lo cual volvería más eficaz la dieta. También representa una parte crítica de cualquier plan de salud cardíaca. Sin embargo, la dieta South Beach no depende del ejercicio para dar resultado. Se pierde más peso de manera más rápida si se realiza alguna actividad física de manera regular. Pero se baja de peso aun sin el ejercicio.

La flexibilidad y el sentido común, guiados por la ciencia auténtica —al contrario de la ciencia popular que hoy en día con frecuencia se hace pasar por nutrición—, fueron los principios básicos de la dieta South Beach. Teníamos la esperanza de haber encontrado una solución práctica y viable para la obesidad que inquietaba a un número tal de las personas a las que veíamos en nuestras consultas y en el hospital. Pensábamos que les podía funcionar a la mayoría. No obstante, desde luego no lo sabríamos realmente hasta que probaran la dieta.

MI DIETA SOUTH BEACH

BAJÉ 30 LIBRAS (14 KG) Y NO LAS VOLVÍ A SUBIR
—KAREN G. Acababa de regresar a Miami Beach desde Arizona después de mi divorcio. Desde luego todos los que se encuentran en esta situación prueban la dieta que llamo "la dieta del divorciado", porque por primera vez en mucho, mucho tiempo van a tener citas románticas. ¿Y qué hacer con respecto a esas 30 libras que sumaron durante los 30 años que duró el matrimonio cuando pensabas que no importaba?

Como sea, leí acerca de la dieta South Beach en el periódico y sonaba fácil, así que investigué los detalles. Lo más importante para mí es que odio tener hambre. Simplemente no me gusta la sensación. En el pasado había probado muchas dietas bajas en grasa y *siempre* me daba hambre. En cambio, en esta dieta la regla dice que si tienes hambre, comes. Cuando te sientas a comer se supone que comerás hasta quedar satisfecho.

Los alimentos salados y las féculas siempre han sido mi debilidad, mucho más que lo dulce: las papitas fritas, las papas a la francesa, las palomitas (rositas) de maíz (cotufo). Iba a Target y lo primero que compraba era una bolsa grande de palomitas; para cuando terminaba de hacer mis compras me la había acabado. Nunca iba al cine sin comer palomitas con mantequilla. *Nunca*. Estuve casada con un hombre al que le gustaban las cenas completas todas las noches: una ensalada, carne, papas, una verdura, pan. Siempre el pan. Sentarme en un restaurante y no comer pan con mantequilla era un gran sacrificio para mí. La mayoría de las dietas dicen que puedes comer pan, pero sin mantequilla. Esta dieta permite comer la mantequilla, pero no el pan. O bien, si se come el pan este debe ser integral remojado con aceite de oliva, en lugar de untado con mantequilla.

Las primeras semanas —la fase estricta— no me resultaron muy fáciles. Tuve que eliminar todas las cosas que me encantan: el pan, las papas, el arroz, la pasta, las papitas fritas. La verdad es que no me sentí muy bien. No me sentí *mal*, pero tampoco del todo bien. Durante las primeras 3 semanas fue como si estuviera sacando todo lo malo de mi organismo. Si bien no me daba hambre, de todas formas se me antojaban las cosas que no podía comer.

Sin embargo, ahora ni siquiera las deseo. Los antojos desaparecieron. Ahora, cuando quiero una ensalada me la puedo comer. . . con todo y aliño (aderezo). Aliño *de verdad*, no alguna porquería que sabe horrible.

Mi madre probó la dieta cuando vio cuánto peso perdí. Tiene 81 años y el colesterol altísimo. Después de las primeras 2 semanas me comentó: "Sabes, tengo mucha hambre". Y le dije: "Mamá, el chiste de esta dieta es que no *tienes* que sentir hambre. *Come*. Si te da hambre, ve por un trozo de queso". Ella supuso que si se trataba de una dieta había que tener hambre. Siguió mi consejo y empezó a comer, y de todas formas bajó unas 15 libras (7 kg). Nunca antes había logrado bajar tanto.

Soy bastante estricta con respecto a esta dieta. No hago mucha trampa. No como nada de pasta. Nada de arroz. Podría comer arroz integral, pero no me gusta. No como nada de papas, sólo batatas dulces (camotes), e incluso entonces sólo preparadas al horno. Y con poca frecuencia. Nada de dulces. *Sí* volví a agregar el pan, porque aún me encanta. No lo como todos los días, quizá dos o tres veces a la semana. Y no toco el pan blanco. Como pan integral de trigo, centeno o el negro de centeno, pero aun así siempre pregunto si contiene harina refinada. Porque muchas veces *sí* la contiene. El pan de centeno que se consigue en el supermercado contiene harina refinada, por ejemplo. Así que hay que tener cuidado.

Para ser sincera, lo mejor de este programa es que no hay ningún restaurante al que no pueda entrar. Para almorzar, prácticamente todos los restaurantes te preparan una ensalada con verduras y queso o carne o pescado. También se consigue una ensalada de pollo o de atún en cualquier parte. Puedo ir a Burger King y pedir un sándwich (emparedado) de pollo a la parrilla y tirar el pan. Voy a un restaurante italiano que me prepara la ternera a la *parmigiana* sin el pan molido, rematada sólo con salsa de tomate (jitomate) y queso. Vamos a un restaurante de bistecs y pido un cóctel de camarones y un bistec con alguna verdura, como espárragos al vapor o habichuelas verdes (ejotes, *green beans*), e incluso les puedo poner mantequilla. No exagero, pero es mantequilla de verdad. También llego a comerme una ensalada con aliño de queso azul. ¡Y nada de eso es hacer trampa!

Empecé con la dieta hace 3 años y bajé 30 libras sin volverlas a subir. Me siento a gusto otra vez. Ahora mi talla es la 12 y me siento muy bien tal como estoy. Me encantaría bajar otras 10 libras (5 kg), pero no voy a matarme para lograrlo. *Antes* usaba una talla 16, por lo que tenía que ir a la tienda de las señoras gordas. No es divertido ir a la tienda de las señoras gordas. ▪

UNA BREVE
HISTORIA DE LAS
DIETAS POPULARES

S i los programas para bajar de peso lo confunden, no se encuentra solo. En cualquier momento dado las dietas populares cubren toda la gama de posibilidades, desde las bajas en grasa y altas en carbohidratos hasta las altas en grasa y bajas en carbohidratos. Algunas ponen énfasis en muchas proteínas. Otras exigen que los nutrientes se combinen de manera precisa en cada comida. En mi consulta médica he observado que cuando una persona comprende a fondo las consideraciones en las que se basa cualquier dieta se le facilita mucho cumplir con ella. Tendré esto en mente al tratar de proporcionarle conocimientos básicos acerca de los principios en los que se funda la dieta South Beach.

Primero que nada, una breve historia para ponerlo al corriente de la situación en general.

La era moderna de mejorar la salud a través de la pérdida de peso comenzó con las recomendaciones alimenticias de la Asociación Estadounidense del Corazón, las cuales derivaron de los estudios realizados después de la Segunda Guerra Mundial por un investigador pionero, el Dr. Ansel Keys de la Universidad de Minnesota. El Dr. Keys comparó la alimentación con

El glosario South Beach

Arteriosclerosis: un término general que engloba los procesos que ocasionan el engrosamiento y endurecimiento de las arterias. Cuando estas están sanas, son suaves y flexibles.

Por lo común, cuando la gente habla de arteriosclerosis se refiere a un tipo específico, la aterosclerosis. Este término proviene de las palabras griegas para "pasta" (atero) y "dureza" (sclerosis).

En la aterosclerosis son varias las sustancias, entre ellas la grasa, el colesterol y el calcio, que se acumulan sobre las paredes de las arterias, donde forman la placa que estrecha los vasos sanguíneos e interfiere con el flujo de la sangre. También es posible que se presenten coágulos de sangre sobre esta placa, lo cual entorpece aún más el flujo de la sangre. Véase "La nueva perspectiva sobre la formación de la placa" en la página 146 para mayor información.

el índice de ataques cardíacos en diversos países alrededor del mundo y observó que en los lugares donde se consumía poca grasa la gente disfrutaba de una mejor salud cardiovascular. En gran parte era cierto y el resultado nos ayudó a entender mejor la forma en que la comida afecta la salud.

Sin embargo, con todo la conclusión no era completamente cierta, y hemos tardado muchos años en completar nuestros conocimientos acerca de la conexión que existe entre la nutrición y la salud (sobre todo la salud del corazón).

Cuando el Dr. Keys llevó a cabo sus estudios de la relación que existe entre el consumo de grasa y las enfermedades cardíacas, halló una excepción: la isla griega de Creta, donde a pesar de un muy elevado consumo de grasa había índices muy bajos de ataques cardíacos. Este dato contradecía las demás observaciones que había hecho en sus estudios, por lo que pasó por alto la excepción cretense. Resultó ser una decisión desafortunada.

En gran medida basándose en los hallazgos del Dr. Keys así como en otros estudios semejantes, se emitió la recomendación de reducir el consumo total de grasa a nivel nacional en los Estados Unidos. En aquel entonces también se tomó la decisión de no invertir muchos millones de dólares en un estudio que pusiera a prueba los efectos de la alimentación baja en grasa. En cambio, las pautas alimenticias se fijaron basándose en las pruebas más convincentes de las que se disponía. Para ser justos, es difícil medir los efectos que la alimentación tiene en el sistema cardiovascular a largo plazo. La arteriosclerosis se acumula en las paredes de los vasos sanguíneos durante toda la vida antes de adquirir la gravedad suficiente para provocar un ataque cardíaco o derrame cerebral. Por lo tanto se hubiera tardado muchos años en llevar a cabo el estudio ideal de la alimentación, y a lo largo de ese tiempo el costo de vigilar a los participantes en el estudio posiblemente hubiera llegado a ser prohibitivo.

La pauta de consumir poca grasa también contenía un elemento político, un carácter en cierto sentido "dietéticamente correcto" bastante parecido a lo "políticamente correcto" de años recientes. El papel que un comité del Senado presidido por George McGovern desempeñó al establecer nuestras pautas alimenticias nacionales fue documentado de manera brillante por el periodista Gary Taubes para la revista *Science* (Ciencia) en marzo del 2001. Originalmente el comité encabezado por McGovern recibió el encargo de combatir la desnutrición, pero en los años setenta adoptó otro objetivo: prevenir la sobrealimentación. La campaña arrancó con una noción preconcebida: la grasa es intrínsecamente mala y exagerar su consumo representa la principal causa de la obesidad y las enfermedades cardíacas en los Estados Unidos. Además, el comité tendía a sospechar que las personas no convencidas de que la grasa era el enemigo público número uno estaban dejándose influir demasiado por las industrias de la carne de res, el huevo o los productos lácteos. En pocas palabras, el régimen bajo en grasa total y alto en carbohidratos se erigió en la doctrina fundamental, a pesar de la ausencia de pruebas de que tal dieta mejorara el estado de salud en general.

Grasas contra carbohidratos: el debate

¿Cómo nos ha ido a la población de los Estados Unidos desde que se empezó a recomendar la dieta baja en grasa y alta en carbohidratos? Hemos engordado cada vez más. Además, la diabetes del adulto, un indicio seguro de una composición química sanguínea poco saludable, se ha difundido

El glosario South Beach

Carbohidratos: una familia de féculas, azúcares, celulosas y gomas que contiene carbono, hidrógeno y oxígeno. La estructura química de los carbohidratos es, en esencia, una cadena de moléculas de carbono a las que se adhieren moléculas de hidrógeno.

El cuerpo descompone los carbohidratos en glucosa, de la que el cerebro, los músculos y otros tejidos del cuerpo obtienen su energía, y glucógeno, el cual se almacena para futuras necesidades de energía.

Encontrará la forma "simple" de los carbohidratos en los dulces, el azúcar refinada, los refrescos (sodas) y las frutas. Los carbohidratos simples contienen cadenas cortas de moléculas de carbono. Por su parte, los carbohidratos "complejos" consisten en cadenas largas de moléculas de carbono y se hallan en el pan, el cereal, las verduras feculentas, las legumbres, el arroz y la pasta. Actualmente ya sabemos que los carbohidratos complejos hacen aumentar el azúcar en sangre (glucosa) de manera más lenta que los simples.

mucho. ¿Qué pasó? En primer lugar, se pensó que la nueva dieta estadounidense baja en grasa se parecería al régimen bajo en grasa y alto en carbohidratos de países como China y el Japón, donde existe un índice muy bajo de ataques cardíacos. No obstante, la industria estadounidense de los alimentos intervino para proporcionarnos alimentos bajos en grasa de buen sabor. Creó deliciosos alimentos muy procesados, entre ellos galletitas (*cookies*) y productos panificados cuya publicidad destacaba el bajo contenido en grasa y la ausencia de colesterol (lo cual era cierto). He aquí la fuente de las "calorías vacías" que los nutriólogos censuran. En los alimentos integrales, los azúcares y las féculas están ligados a la fibra y los nutrientes, de modo que cuando comemos arroz integral recibimos todo el paquete. Los procesos industriales eliminan la fibra (y por lo tanto los nutrientes) para que el arroz sea más fácil y rápido de cocinar. No obstante, el resultado es que sólo obtenemos la fécula y las calorías, ya sin la fibra y los nutrientes que necesitamos.

Además, la pirámide de alimentos del Departamento de Agricultura de los Estados Unidos se construyó sobre los cimientos de los llamados "carbohidratos complejos": el pan, la pasta y el arroz. Al igual que la mayoría de los estadounidenses, yo interpreté tal hecho en el sentido de que podía consumir estos alimentos en grandes cantidades y de todas formas estar delgado, sano y feliz para siempre. En la escuela de Medicina me enseñaron que el único efecto desfavorable del azúcar era las caries. Si usted recuerda los años setenta, se acordará de que el pan, la pasta y el arroz tenían una imagen saludable en comparación con los supuestos males de la carne.

¿Qué hemos aprendido desde aquellos días? Mucho. En primer lugar, el concepto de la fibra dietética como un elemento importante de la nutrición se desconocía cuando se llevaron a cabo los estudios de Ansel Keys. No empezamos a apreciar el papel crítico de la fibra hasta los años setenta. Incluso entonces lo que más acaparó la atención fue el efecto de la fibra sobre el funcionamiento del colon y de los intestinos. En 1980, el Dr. Keys escribió un libro en el que resumía sus estudios y sugería que la fibra *pudo* haber sido un factor importante que no tomó en cuenta en su obra anterior.

Resulta que los Estados Unidos y los países del norte de Europa, con su elevado consumo de grasa y altos índices de ataques cardíacos, también tenían la menor cantidad de fibra en sus carbohidratos. A manera de contraste, las naciones menos desarrolladas donde se seguía una alimentación baja en grasa y alta en carbohidratos tenían *mucha* fibra en sus carbohidratos. En los años noventa, la Escuela de Nutrición de Harvard, bajo la dirección del Dr. Walter C. Willet, estudió la correlación entre la fibra y los índices de ataques cardíacos. El resultado: cuando la gente consume carbohidratos altos en fibra, como verduras, cereales y harina no procesados, el peligro que pudiera significar la mayor parte de la grasa dietética se reduce al mínimo. Sólo la grasa saturada aún sigue siendo un factor en relación con los ataques cardíacos, y ni siquiera un factor importante.

Cuando la Asociación Estadounidense del Corazón y otras autoridades nacionales hicieron sus primeras recomendaciones de reducir el consumo de grasa, la mayor parte de la grasa que se ingería en los Estados Unidos era saturada y poco saludable. No se sabía mucho acerca de los efectos de otras grasas (como los aceites de oliva, de pescado o de cacahuate/maní). Debido

Triglicéridos: un tipo de grasa que se encuentra en los alimentos así como en los tejidos del cuerpo y el torrente sanguíneo. El cuerpo convierte el exceso de calorías de los alimentos consumidos en triglicéridos, los cuales almacena en las células de grasa para aprovecharlos después. La presencia de una cantidad excesiva de triglicéridos en el torrente sanguíneo —lo cual ocurre comúnmente cuando se sube de peso de adulto— es poco saludable y está relacionado con obstrucciones arteriales y las enfermedades de la arteria coronaria.

a que ni siquiera los expertos comprendían del todo el papel que le corresponde a la grasa con respecto a la salud, se sugirió reducir su consumo total. A manera de respuesta, el consumo de grasa saturada *efectivamente* disminuyó de manera sustancial. De hecho, el índice total de colesterol de las personas que radicamos en los Estados Unidos ha bajado a pesar de que estamos más gordos. ¿Por qué? Debido a que ingerimos menos grasa saturada y más grasas buenas, nuestro índice total de colesterol ha bajado. No obstante, si bien nuestro colesterol malo ha bajado, lo mismo pasó con el colesterol bueno, el cual de hecho sirve para mejorar el funcionamiento cardiovascular. Una tercera grasa en la sangre —los triglicéridos— también ha aumentado: otro efecto desfavorable de la obesidad. Los triglicéridos contribuyen a obstruir las arterias.

Por último, hemos aprendido más acerca de la diferencia entre la grasa y los carbohidratos cuando se trata de subir de peso. Cada onza (28 g) de grasa contiene más calorías que una onza de carbohidratos. Siempre lo hemos sabido, pero interpretábamos mal el significado de este hecho. Lo entendimos en el sentido de que los carbohidratos engordan menos. En realidad es posible que ocurra todo lo contrario. Cuando consumimos grasas saciamos el hambre. Por lo tanto sabemos cuándo dejar de comer. Los carbohidratos refinados producen cambios acelerados en los índices de azúcar en sangre (glucosa), provocan más hambre, impulsan a comer de más y producen obesidad. Una vez más, esto no se sabía cuando se adoptó el régimen bajo en grasa y alto en carbohidratos.

A finales de los años setenta, el Dr. David Jenkins de la Universidad de Toronto introdujo el concepto del índice glucémico, el cual mide el grado en que el consumo de un alimento en particular aumenta el azúcar en sangre y por lo tanto contribuye a que se suba de peso. Sorprendió el hallazgo de que ciertas féculas, como el pan blanco y las papas blancas, hacen que el índice de azúcar en sangre se eleve más rápido que cuando se consume azúcar refinada. ¡Las excelentes intenciones del Departamento de Agricultura de los Estados Unidos y su pirámide habían creado un plan de alimentación basado en el azúcar! La amplia difusión que se le dio fue lo que hizo engordar a la población de los Estados Unidos. Las pautas nacionales que se habían creado para que fuéramos delgados y sanos en realidad nos hicieron gordos y más enfermizos.

El significado de las dietas populares

¿Y qué pasa con las dietas populares que se han recomendado al público en general durante los 30 años transcurridos desde que se publicaron aquellas pautas? En un inicio la mayoría de los programas se apegaron al dogma de que se consumieran poca grasa y muchos carbohidratos. El más popular fue la dieta Pritikin. Este régimen requiere que el consumo total de grasa se restrinja de manera radical. En años recientes, la posición de esta dieta con respecto a las grasas insaturadas se ha vuelto más tolerante. Admiro a los médicos de la dieta Pritikin por su firme deseo de prevenir las enfermedades cardíacas, esfuerzo que ha abrazado con éxito la tarea de promover el ejercicio. No obstante, el problema con la dieta Pritikin —problema que sus defensores reconocen— es que resulta difícil de llevar a cabo y requiere un sentido tremendo de la responsabilidad por parte del paciente. Además, el alto contenido en carbohidratos de la dieta puede empeorar los índices de colesterol y de triglicéridos en algunos pacientes. Definitivamente no se trata de una dieta para el público en general.

A comienzos de los años setenta el Dr. Robert Atkins escribió un libro en el que prometía revolucionar las dietas, el cual escandalizó a todo el

---

El glosario South Beach

Grasas saturadas: estas grasas deben su nombre a los ácidos grasos saturados que contienen.

Por lo común las grasas saturadas son sólidas a temperatura ambiente. Se encuentran en los alimentos de origen animal —como el bistec y el helado— así como en algunas plantas, como la palma y el coco. El consumo de alimentos con un alto contenido en grasas saturadas debe limitarse, ya que incrementan el índice del colesterol LDL malo.

---

mundo al recomendar exactamente lo contrario de lo que sugería la doctrina de la alimentación baja en grasa. Propuso una alimentación alta en grasa saturada y baja en carbohidratos. De inmediato lo denunciaron los círculos más poderosos de la medicina y la nutrición. Las críticas se vieron debilitadas por el hecho de que la dieta del Dr. Atkins parecía funcionar mucho mejor que la baja en grasa y alta en carbohidratos promovida por la Asociación Estadounidense del Corazón. Algunos ataques también se centraron en el hecho de que el Dr. Atkins reducía los carbohidratos de manera tan extrema que la grasa del cuerpo se descomponía para servir de combustible, lo cual causaba un estado que se llama cetosis. Sin embargo, no estoy enterado de ninguna prueba de que la cetosis sea peligrosa en el caso de un individuo con sobrepeso u obeso que esté sano en general. Como sea, la cetosis está relacionada con una disminución en el volumen de los líquidos y con cierta deshidratación, lo cual puede convertirse en un problema en los pacientes con trastornos renales o para los que toman medicamentos contra la presión arterial alta (hipertensión). No obstante, en términos generales se ha exagerado el fantasma de la cetosis.

El problema principal que le veo a la dieta Atkins es el consumo tan abundante de grasas saturadas. Actualmente hay pruebas de que enseguida de ingerir saturadas se da una disfunción en las arterias, incluyendo las que surten de sangre al músculo cardíaco. Por lo tanto, el revestimiento de las arterias (el endotelio) se predispone a constricciones y coágulos. Imagíneselo: en las circunstancias correctas (mejor dicho, en las equivocadas), ¡comer un alimento alto en grasa saturada puede producir un ataque

Grasas buenas y malas

La dieta South Beach le enseñará que no todas las grasas afectan la salud de la misma forma; algunas incluso son buenas para ella, mientras que otras son malísimas (si sabe leer las etiquetas).

A continuación le damos algunos ejemplos de la vida real de grasas buenas y malas.

LAS BUENAS

Grasas monoinsaturadas: estas pueden hacer que baje el colesterol total y el LDL, a la vez que preservan el beneficioso colesterol HDL.

Se encuentran en los aceites de oliva y *canola*, el aguacate (palta), el cacahuate (maní) y la crema de cacahuate así como la nuez de macadamia, la almendra, la pacana (*pecan*), la nuez de la India (anacardo, semilla de cajuil, castaña de cajú) y el pistache.

Grasas poliinsaturadas: este tipo de grasa se divide en dos grupos principales, los ácidos grasos omega-6 y los omega-3. Los aceites de maíz, girasol y alazor (cártamo) son particularmente ricos en omega-6. Los aceites de *canola*, nuez y semilla de lino (linaza, *flaxseed*) son altos en omega-3, lo cual según se ha demostrado reduce la peligrosa formación de coágulos en la sangre y previene las anormalidades en el ritmo cardíaco, además de provocar otras mejorías en la salud. De las grasas poliinsaturadas, estas son las mejores.

LAS MALAS

Grasas saturadas: existen en abundancia en los cortes grasos de carne, la carne oscura de las aves, la mantequilla, la leche entera y los quesos de leche entera. También están presentes en grandes cantidades en el coco, la palma y el aceite de palma.

Ácidos transgrasos: se encuentran en las galletitas (*cookies*), las galletas (*crackers*), los pastelillos, algunas margarinas (principalmente las que vienen en barra), la manteca vegetal, las papas a la francesa y otros alimentos de comida rápida fritos en freidora, así como en alimentos empacados que tengan *"partially hydrogenated oils"* (aceites parcialmente hidrogenados) en su lista de ingredientes. A pesar de ser poliinsaturadas, son las peores grasas para la salud.

cardíaco! Además, después de una comida alta en grasa ciertos elementos, las llamadas partículas remanentes permanecen en la sangre por tanto tiempo que ya no resulta saludable. Estas partículas contribuyen a la acumulación de depósitos sobre las paredes de los vasos sanguíneos. No se conocía nada de ello cuando el Dr. Atkins desarrolló su dieta. Pero actualmente lo sabemos.

Estos efectos adversos no se dan cuando se consumen grasas insaturadas. Por eso en la dieta South Beach ponemos tanto énfasis en las "grasas correctas". Les dan buen sabor a los alimentos y al mismo tiempo realmente contribuyen a la buena salud de los vasos sanguíneos.

El otro fenómeno alimenticio importante de los años recientes fue el plan del Dr. Dean Ornish. El enfoque de Ornish se parece al de Pritikin. Impone una restricción total severa de grasa y recomienda consumir muchos carbohidratos. También pone énfasis en el ejercicio y las técnicas de relajación. A través de varios estudios pequeños ha demostrado que su alimentación mejora la salud vascular. El mayor problema que le veo al programa de Ornish lo reconoce él mismo de buena gana: es muy difícil de seguir. Otra cuestión es su restricción de todas las grasas. La mayoría de las grasas poliinsaturadas y monoinsaturadas son buenas para la salud en general así como para la de los vasos sanguíneos. Así que ¿por qué no incluirlas para sentirse satisfecho y dar mejor sabor a la comida? También preocupa el hecho de que en algunos pacientes el alto consumo de carbohidratos provoca el síndrome de la prediabetes, del que hablaremos a partir de la página 118. En vista de que por lo menos un cuarto de la población de los Estados Unidos tiene predisposición a padecer este síndrome, el cual está presente en más del 50 por ciento de quienes han sufrido ataques cardíacos, no se trata de una preocupación menor. Ornish diseñó su dieta en una época en la que prácticamente se desconocía el efecto nocivo de los carbohidratos refinados. Actualmente el Dr. Ornish pone más énfasis en los carbohidratos altos en fibra que no provocan la prediabetes.

Conozco y admiro al Dr. Atkins y al Dr. Ornish. Ambos lucharon con éxito contra la sabiduría convencional y han contribuido al creciente interés que se vive en el país por prevenir los ataques cardíacos a través de mejoras en la alimentación y el estilo de vida. Se les ha criticado por el éxito comercial de sus programas, pero han perseverado. A menos que alguien divulgue la ciencia de la nutrición, los Estados Unidos no lograrán controlar los problemas que tienen con la obesidad y las enfermedades cardíacas.

No es mi intención promover una alimentación baja en grasa ni baja en carbohidratos. Quiero que usted aprenda a elegir las grasas y los carbohidratos correctos. Aprenderá a disfrutar los alimentos que saben ricos, sacian el apetito y no provocan hambre horas después. De esta forma podrá desarrollar los mejores planes de alimentación para usted, para bajar de peso a corto plazo, mantenerlo a largo plazo y gozar de una salud óptima.

BAJÉ 20 LIBRAS (9 KG) EN 2½ MESES —*ELLEN P.* Se acercaba el *bat mitzvah* de mi hija mayor y yo quería bajar de peso un poco, más o menos 20 libras.

Durante toda mi vida pude comer lo que fuera sin que se me notara. Me encantan los dulces. Los chocolates. A mis amigas siempre les daba envidia. Me decían: "¿Cómo puedes comer tanto y estar tan delgada?".

Por lo tanto, me llevé una impresión muy fuerte cuando al cumplir 40 años empecé a subir de peso de repente. Supongo que mi metabolismo cambió. Como sea, en realidad no estaba muy enterada de las dietas porque nunca me habían hecho falta. No obstante, cuando investigué y vi todos los planes para bajar de peso me dije que de ningún modo iba a ser supercuidadosa con todo lo que comía ni iba a tomar esos batidos (licuados) dietéticos ni nada de eso. Por eso esta dieta resultó perfecta para mí, porque nunca me sentí obligada a comer cosas que no me gustaran ni a levantarme de la mesa con hambre.

Al principio lo más difícil para mí fue eliminar la fruta. Me encantan la fruta y los jugos de fruta. Además, paso mucho tiempo metida en la casa con mis tres hijos y a cada rato les doy meriendas (refrigerios, tentempiés). Por lo menos dos veces a la semana mis hijos y yo comprábamos masa para galletas *chocolate chip*, de la que se rebana y hornea. También solía comprar mucho helado. Me sentaba a comer un plato a la mitad del día. O comía tarta de queso. También galletitas (*cookies*).

Al principio no sabía si lo lograría. Cuando alguien me dice: "No puedes comer esto", casi es como si reforzaran mi deseo de hacerlo. No obstante, esta dieta de hecho resultó bastante buena desde el principio. Mi esposo la hizo conmigo y casi se convirtió en una pequeña competencia entre nosotros. Se supone que no hay que hacerlo, pero nos pesábamos todos los días.

Lo que me gustó de la dieta fue que realmente se baja de peso enseguida, por lo que uno se siente bien. Se puede comer langosta y camarones y bistec si se tiene hambre, y también verduras, y no hay que limitarse demasiado. Ni siquiera fue tan difícil renunciar a los dulces. Después de un tiempo ya ni se antojan. Y cuando me daba hambre me comía un trozo de pavo (chompipe) o algo así. O de queso. Recuerdo que antes mi esposo siempre quería su pan. Cuando íbamos a un restaurante era capaz de oler el pan desde la puerta. Una vez que empezó con la dieta le decía al mesero: "Ni siquiera nos lo traiga a la mesa. No queremos esa tentación".

Me puse a dieta durante 2½ meses. Y en ese tiempo bajé 20 libras. Sé que uno sólo debe observar la fase estricta durante 2 semanas, pero me quedé en ella por unas semanas más. Quería asegurar que fuera a bajar de peso a tiempo para el *bat mitzvah*. E incluso la fase estricta no estuvo tan dura.

Supongo que ahora estoy en la fase de mantenimiento. No la sigo de manera muy estricta, pero no me dan tantos antojos como antes. Ni siquiera le echo un ojo al helado cuando salgo de compras, y antes lo deseaba tanto. Solía comer sándwiches (emparedados) todo el tiempo y ahora como el pavo o lo que sea envuelto con lechuga en lugar de pan. Pico las sobras de bistec, por ejemplo, y se las pongo a las ensaladas. Antes solía saltarme el desayuno la mayoría de los días, pero ahora siempre desayuno y me parece que por eso ha sido más fácil seguir con la dieta. Desayuno un huevo con tocino de pavo y con eso me siento satisfecha hasta la hora del almuerzo. Antes no desayunaba, pero si encontraba unos *donuts* me los comía. Todavía como galletitas de vez en cuando. Pero eso es más o menos lo único en cuanto a dulces. ■

UN DÍA HACIENDO LA DIETA SOUTH BEACH

E mpecé el libro con una breve descripción de cómo serían las primeras semanas con la dieta South Beach. Ahora retomaré el tema para relatarle con mayor detalle cómo será un día típico.

Empecemos con el primer día de la Primera Fase. Sin duda se agasajará con una comida memorable la noche previa a comenzar la dieta, pero los antojos que los carbohidratos le provoquen se producirán mientras usted esté dormido, sin hacerle mayor daño. Para cuando despierte, su torrente sanguíneo estará relativamente limpio. El objetivo inmediato será *mantenerlo* así. Y lo lograremos evitando simplemente introducir carbo-hidratos malos en su organismo.

Comenzaremos con un *omelette* de dos huevos reforzado con dos lonjas (lascas) de tocino canadiense y cocinado con una rociada de aceite de oliva o de *canola*. Tal vez anhele su pan tostado o *bagel* de costumbre, pero si logra apartar sus pensamientos del pan su cuerpo seguirá el ejemplo. Se tratará de la primera prueba del nuevo régimen. Quizá pasen varios días para que se le deje de antojar la acostumbrada dosis matutina de carbohidratos. No obstante, durante la primera fase el objetivo será empezar a revertir la incapacidad de utilizar los azúcares y las féculas de manera adecuada que

El huevo: ocaso y renacimiento

Hay buenas noticias actualmente para las personas a quienes nos encantan los *omelettes* —y para los más de 240 millones de gallinas ponedoras del país que quieren conservar sus empleos—: los huevos están de regreso.

Desde hace unos cuantos años los huevos han ido liberándose de la mala fama de ser un alimento dañino para quienes se preocupan por su índice de colesterol. El alimento encontró el apoyo de un estudio que en 1999 llevó a cabo la Escuela de Salud Pública de la Universidad de Harvard, en el cual se analizaron los datos de casi 120,000 personas. Los investigadores llegaron a la conclusión de que consumir hasta un huevo al día no debe producir un incremento considerable en el riesgo de una persona sana de sufrir enfermedades cardíacas coronarias o derrames cerebrales.

Además, cada vez que la Asociación Estadounidense del Corazón (o *AHA* por sus siglas en inglés) publica nuevas pautas dietéticas parece relajar más su posición con respecto a los huevos. La AHA ya no recomienda imponer límites específicos al número de yemas de huevo que se consuman por semana. Sólo indica que se debe tomar en cuenta el colesterol de los huevos al elegir los demás alimentos que se vayan a comer.

Sin lugar a dudas las yemas de huevo contienen mucho colesterol: aproximadamente 213 miligramos cada uno. No obstante, cuando hace años surgieron las primeras advertencias al respecto los investigadores sólo

probablemente afecta a su cuerpo; se trata de la afección a la que se deben la mayoría de los problemas de salud. A fin de lograrlo debemos eliminar todos los carbohidratos excepto los más saludables. Esto significa que sólo permitiremos los carbohidratos más altos en fibra y nutrientes y más bajos en azúcar y féculas: dicho de otra manera, sólo verduras y ensaladas, al menos durante estas primeras 2 semanas.

La combinación de proteínas (los huevos y el tocino canadiense) y grasas buenas (el aceite y el tocino, que es más bajo en grasa que su primo estadounidense) de esta mañana mantendrá su estómago lleno y entretenido con la digestión. No sufrirá punzadas de hambre ni enseguida de desayunar

se estaban fijando en el efecto de los huevos sobre el índice *total* de colesterol, no en subgrupos como el colesterol HDL o LDL.

Ahora ya sabemos que los huevos aumentan tanto el colesterol LDL
malo como el colesterol HDL *protector*, de modo que no se modifica la
proporción en total. En segundo lugar, a pesar de que los expertos han
probado que las grasas saturadas y las transgrasas definitivamente son
malas para la salud, el efecto del colesterol que se ingiere a través de los
alimentos no está tan claro. La tercera razón para sentirse bien con respecto
a los huevos es su rico contenido en nutrientes como la vitamina E. Los expertos opinan que esta vitamina, al obtenerse de manera natural a través de
los alimentos, ayuda a prevenir los ataques cardíacos y derrames cerebrales, a diferencia de la vitamina E de los suplementos que al parecer no
tiene este efecto.

Les recomendaría a la mayoría de los pacientes que no están seguros
acerca de si deben comer huevos o no que lo hagan. Si por algún motivo
su índice de colesterol LDL llegara a dispararse a consecuencia de ello (lo
cual *nunca* he visto que suceda), tendrán que pensar el asunto y limitar su
consumo de huevos.

Mientras tanto, ¡disfrute ese *omelette*!

ni tampoco más tarde por la mañana. El *omelette* de tocino canadiense no es
obligatorio; también se pueden servir dos huevos y un poco de espárragos,
brócoli, hongos o pimiento (ají, pimiento morrón). De esta forma se agregaría un poco de la fibra buena de las verduras a la mezcla. Un *omelette* con
jamón o queso bajo en grasa también estaría bien.

Si quiere puede acompañar la comida con un café o té tomado con
leche semidescremada al 1 por ciento (*low-fat milk*) y sustituto de azúcar.
Actualmente existe una gran selección de sustitutos de azúcar. Yo prefiero
los que realmente derivan en parte de algún tipo de azúcar, aunque no
tengan calorías. Algunas dietas prohíben el café o el té negro porque la

Desayune sin pensarlo dos veces

¿Acostumbra usted saltarse el desayuno? Haga caso de los siguientes consejos para animar a su mente y cuerpo y comenzar el día como debe ser.

Confíe en el proceso. Lo primero que tiene que hacer es convencerse de que *comer* realmente le ayudará a bajar de peso. Muchas personas adquieren el hábito de saltarse el desayuno a fin de disminuir el número total de calorías que consumen. No obstante, de todas las comidas que pudiera saltarse, la única imprescindible es el desayuno. Después de dormir toda la noche, por lo que no ha comido, su azúcar en sangre (glucosa) está baja al despertar. Tratar de aguantar hasta el mediodía sin comer sólo daría por resultado fatiga y antojos por la tarde.

Empiece despacio. Si simplemente no tiene hambre a primera hora de la mañana, trate de levantarse un poco más temprano para darle a su estómago tiempo para despertar. Comience con un vaso de agua. Luego puede desayunar por partes, comiendo algo en casa, por ejemplo, y lo demás en el escritorio de la oficina. Por ejemplo, en lugar de desayunar todo un *omelette* empiece por un huevo cocido duro; un poco más tarde, el tocino canadiense; después de un rato, cómase unas verduras.

cafeína efectivamente intensifica los antojos un poco. No obstante, usted tendrá que habérselas con suficientes cambios sin necesidad de renunciar, además, a su café matutino.

Al tratar a personas con sobrepeso he reparado en el fenómeno de que muchos de ellos se saltan el desayuno por completo, sobre todo las mujeres, por algún motivo. Ni siquiera intentan necesariamente ahorrar calorías. Dicen que simplemente no les agrada comer a primera hora de la mañana. El problema es que de esta forma el azúcar en sangre (glucosa) baja y el hambre crece en el curso de la mañana, lo cual da por resultado fuertes antojos de un almuerzo que incluya carbohidratos de valor dudoso, justo de los que con toda seguridad lo mantendrán con sobrepeso. Por lo tanto saltarse el desayuno es mala idea, sobre todo si se pretende luchar contra la obesidad.

Cómo planear sus comidas

En la Segunda Parte del libro hemos incluido planes dietéticos completos que detallan cada comida y cada plato para todas las fases de la dieta. Usted verá que la selección de desayunos es muy variada, incluso durante la Primera Fase más estricta. Hay una *frittata* de salmón ahumado, por ejemplo, y un plato de huevo con espinacas al que le pusimos "*Quiche* de verduras para llevar"; para facilitarse la vida puede prepararlo con anticipación y calentarlo en el horno de microondas a la hora de desayunar. Los huevos aparecen en abundancia para desayunar, lo cual inquietará a las personas a quienes se les ha enseñado a evitarlos por la preocupación del colesterol. Resulta que los huevos no contienen grasa saturada y aumentan el colesterol bueno además del malo. Asimismo, la yema es una buena fuente de vitamina E *natural* y proteínas. Por lo tanto son aceptables. Al llegar a la Segunda Fase de la dieta empezaremos a reintroducir los carbohidratos, incluso el pan integral tostado y los *muffins* ingleses integrales, además de cereales altos en fibra. También la fruta.

Ya sea que sienta necesidad de una merienda (refrigerio, tentempié) a media mañana o no, deberá disponerse a comer una más o menos a las 10:30. De manera prudente habrá recordado tener a la mano un palito de queso *mozzarella* semidescremado. Tal como lo comenté en "Carbohidratos buenos y malos", los únicos alimentos industriales bajos en grasa que recomiendo a las personas que desean bajar de peso son el queso y el yogur, porque son los únicos a los que no se agregan carbohidratos malos para reemplazar las grasas. El azúcar se limita a la lactosa —el azúcar de la leche—, que es un elemento aceptable de la dieta South Beach. Encontrará palitos de queso en la mayoría de los supermercados. Se han convertido en una merienda predilecta de los niños. Son prácticos y saben ricos. Lo más importante es que cumplen con el propósito de llenar el estómago con grasas buenas y proteínas. Eso significa que no se estará muriendo de hambre a la hora del almuerzo.

Cuando llegue la hora del almuerzo tal vez coma una ensalada de lechuga y tomate (jitomate) mezclada con pollo o pescado a la parrilla, aliñada (aderezada) con una vinagreta preparada con aceite de oliva. También tomará agua o alguna otra bebida que no contenga azúcar. Otro día quizá opte por camarones a la parrilla sobre un lecho de lechugas mixtas, o bien un tomate relleno de ensalada de atún. La ensalada *niçoise* también es excelente. Todos estos platos se preparan fácilmente en casa y normalmente también se encuentran fuera de ella, gracias a la tendencia de los restaurantes a ofrecer comida fresca y saludable. Ni se le ocurra limitar las cantidades que

TRANSFORME SUS MERIENDAS A LO SOUTH BEACH

Algunas meriendas (refrigerios, tentempiés) ayudan a estabilizar el azúcar en sangre (glucosa), lo cual previene antojos de comida más avanzado el día. Otras hacen que se dispare el índice de insulina, lo cual impulsa al cuerpo a comer en exceso. En términos generales, entre más proteínas contenga una merienda y más se tarde uno en comérsela (como por la necesidad de pelarla o de quitar una cáscara), menos probabilidad hay de excederse.

Malo	Regular	Lo mejor
Una bebida preparada con café	Café solo con leche descremada	Café solo con un palito de queso bajo en grasa
Pretzels	*Pretzels* remojados en *hummus*	Un vaso de yogur bajo en grasa
Papitas fritas	Nueces tostadas y saladas	Almendras crudas sin sazonar
Una cucharada de jalea	Una cucharada de crema de cacahuate (maní)	Una cucharada de crema de cacahuate natural
Uvas	Una manzana	Una toronja (pomelo)
Totopos (tostaditas, nachos) sin grasa	Zanahorias	Una manzana en rodajas con crema de cacahuate

come: todo el sentido de esta dieta radica en comer bien. La comida es uno de los placeres confiables de la vida, y puede ser un placer saludable si elige los alimentos correctos. Si lo logra podrá darse gustos vedados de cuando en cuando.

Espero que empiece a reconocer el patrón de estas comidas: todas combinan carbohidratos, proteínas y grasas saludables. Se trata de platos cotidianos normales que tienen la intención de satisfacer el hambre por completo a la vez que privan al organismo de los azúcares y las féculas de mala calidad que causan tales estragos en la composición química de la sangre. Es posible

Malo	Regular	Lo mejor
Un plátano amarillo (guineo, banana)	Una manzana	Bayas
Pan tostado con jalea	Pan tostado con mantequilla	Pan tostado de grano entero con crema de cacahuate
Palomitas (rositas) de maíz (cotufo)	Cáscara de papa al horno	Pepinos con *hummus*
Yogur con sabor a fruta	Yogur sin grasa con sabor a fruta	Yogur natural con bayas
Tortitas de arroz	Tortitas de arroz de grano entero	*Genisoy Soy Crisps* (hojuelas de soya)
Totopos de tortilla al horno	Totopos de tortilla al horno con salsa tipo mexicano	Totopos de tortilla al horno con guacamole
Nueces de macadamia	Nueces de la India (anacardo, semilla de cajuil, castaña de cajú)	Pistaches en su cáscara
Cecina (charqui, *jerky*) de res	Cecina de pavo (chompipe)	Cecina *Ahi Jerky*

que se haya dado cuenta de que no hemos mencionado la necesidad de contar calorías o gramos de grasa ni de medir las porciones. La dieta South Beach está diseñada para que no necesite tomar en cuenta nada de eso. Una de las características de este programa es su sencillez. La vida es bastante complicada de por sí sin tener que analizar la comida en exceso antes de comerla. Si come los alimentos correctos no es preciso obsesionarse con la cantidad. En vista de que las grasas y las proteínas crean la sensación de saciedad de manera mucho más eficiente que los carbohidratos refinados, no se sentará frente a la televisión durante toda la noche metiéndose trozos de bistec en la boca, ¡aunque fácilmente pueda imaginarse comiendo papitas fritas o galletitas (*cookies*) durante horas!

Para cuando termine este libro contará con una idea general muy clara de cuáles son los alimentos que puede comer sin medir las cantidades, cuáles necesita disfrutar con moderación y cuáles evitará por completo. Comprenderá los principios del metabolismo, no como una cuestión de interés académico sino de un modo práctico y concreto que le brindará el entendimiento básico de cómo los alimentos afectan la composición química sanguínea y de cómo esta circunstancia a su vez determina el peso. De hecho aprenderá a controlar la composición química de su sangre y su metabolismo a través de los alimentos que elija.

Conocer cómo afecta al funcionamiento interno del cuerpo cada uno de los alimentos le ayudará a bajar de peso y a no volverlo a subir. En el futuro, si deja de cumplir con la dieta un poco y descubre que ha subido unas libras, sabrá cómo reparar los daños. Los índices glucémicos de los alimentos, los cuales se explican y se identifican en las páginas 113 a 117, le

ENGAÑE A SUS ANTOJOS

En lugar de envolturas duras para taco. . .

No use su ensalada saludable para rellenar una grasosa envoltura dura y frita para taco. En cambio, rellene una verdura ahuecada. Algunas buenas opciones en cuanto a "envolturas vegetales" son el tomate (jitomate), el *zucchini* (calabacita) y la alcachofa.

Índice glucémico: la medida de la velocidad a la que un alimento en particular hace que aumente el índice de azúcar en sangre (glucosa). También se conoce como el "efecto glucémico". Los investigadores utilizan el pan blanco o la glucosa como puntos de referencia con los que comparan los demás alimentos; en este libro empleamos la escala basada en el pan. En esta escala, el pan blanco tiene un índice glucémico de 100. Los alimentos con un número menor se convierten en azúcar de manera más lenta y los alimentos con un número más alto se convierten en azúcar más rápidamente. No obstante, otros factores también pueden afectar el índice glucémico de un alimento, como la forma de cocción y los alimentos con que se acompaña.

Con la dieta South Beach usted tenderá a comer alimentos con un índice glucémico bajo preparados o comidos de una forma que permita una digestión más lenta.

servirán como una herramienta importante para ayudarle a comprender qué alimentos contribuyen a la obesidad. No obstante, una vez que adquiera los conocimientos básicos sabrá todo lo que necesita para comer adecuadamente. Le resultará fácil preparar la comida en casa o comer fuera sin dejar de cumplir con el plan.

Cómo cambiar su forma de pensar

De acuerdo, en algún momento llegará la media tarde, que suele ser la primera hora peligrosa del día en lo que se refiere a las dietas. A esta hora es posible que normalmente se le hubiera antojado una buena dosis de azúcar a causa de la baja natural en el azúcar en sangre (glucosa) y por consiguiente en la energía que tiene lugar más o menos a esta hora. La gente tiende a ir corriendo al café, la dulcería o las máquinas expendedoras. En cambio usted comerá frutos secos, digamos almendras naturales (no saladas ni ahumadas). Los frutos secos contienen grasas buenas y saludables y llenan

el estómago. Sin embargo, no debe comerlos en exceso, pues eso dificul-
taría su pérdida de peso. Recomiendo contar 15 almendras o nueces de la
India (anacardos, semillas de cajuil, castañas de cajú) o lo que sea. Algunas
personas me han dicho que prefieren los pistachos, en parte porque son

Favorezca los frutos secos

Es cierto que contienen grasa y pueden ser altos en calorías. No obstante, la dieta South Beach recomienda comer frutos secos en cantidades moderadas por una buena razón: contienen grandes cantidades
de las grasas insaturadas buenas que mejoran el índice de colesterol.
Asimismo pueden brindarle una cantidad saludable de vitamina E natural, un antioxidante beneficioso para la salud del corazón, así como
ácido fólico, fósforo y potasio.

A continuación se resumen los tipos de grasa (abreviando "monoinsaturada" y "poliinsaturada" usando los prefijos "mono" y "poli") y las
calorías que contienen los frutos secos más populares, con el tamaño
de la ración entre paréntesis.

Fruto seco	Calorías	Mono	Poli	Saturada
Almendra (15)	104	5.8 g	2.2 g	0.7 g
Cacahuate (maní) español (15)	81	3.2 g	2.4 g	1.1 g
Coquito del Brasil (castaña de Pará) (7)	186	6.5 g	6.8 g	4.6 g
Nuez (15 mitades)	198	2.7 g	14.4 g	1.9 g
Nuez de Castilla (15)	132	9.6 g	1.7 g	0.9 g
Nuez de la India (anacardo, semilla de cajuil, castaña de cajú) (15)	128	6.1 g	1.7 g	2.0 g
Pacana (15 mitades)	147	8.7 g	4.6 g	1.3 g
Pistache (30)	103	4.4 g	2.5 g	1.0 g

TRANSFORME SUS CENAS A LO SOUTH BEACH

Uno de los primeros pasos para transformar sus cenas es que llegue a casa sin hambre. Una pequeña merienda por la tarde —sobre todo durante la Primera Fase de la dieta South Beach— ayudará a evitar que arribe a casa muerto de hambre. En cuanto a la cena, en términos generales se recomienda una fuente magra (baja en grasa) de proteínas así como algunas verduras.

Malo	Regular	Lo mejor
Camarones con pasta	Camarones a la parrilla con verduras	Salmón con brócoli
Puré de papas	Puré de batata dulce (camote)	Puré de coliflor
Hamburguesa	Hamburguesa de bistec *sirloin* molido	Hamburguesa de atún con la mitad del pan
Zanahorias cocidas	Zanahorias crudas	Habichuelas verdes (ejotes, *green beans*)
Pescado frito con papas	Platija con salsa cremosa	Salmón a la parrilla
Camarón frito	Pasta con *pesto* y camarones	Camarón a la parrilla sobre un lecho de lechuga
Bistec de costilla	*Filet mignon*	Bistec *sirloin*
Verduras fritas y revueltas al estilo asiático	Verduras fritas y revueltas al estilo asiático con arroz integral	Pollo y verduras fritos y revueltos al estilo asiático con arroz integral
Risotto con verduras	Cuscús con verduras	Cuscús con verduras y camarones

tan pequeños que se puede comer hasta 30. El acto de pelar y comer 30 pistachos le agrega trabajo a la merienda (refrigerio, tentempié), por lo que satisface más.

Ha llegado la hora de empezar a pensar en la cena. Las tendencias recientes en alimentos selectos nos han acercado a todos a una forma de pensar parecida a la de la dieta South Beach: las verduras frescas, el pescado

TRANSFORME SUS POSTRES A LO SOUTH BEACH

La mayoría de los postres consisten sólo en carbohidratos —como el sorbete (nieve) de frutas— o están llenos de la grasa saturada que tapa las arterias así como de un sinnúmero de calorías, como la tarta de queso. No obstante, sin el postre favorito la vida no es vida. Así que acuérdese: puede comer el postre que se le antoje siempre y cuando se limite a tres bocados.

Malo	Regular	Lo mejor
Barra *Hershey*	Fresas bañadas con chocolate	Fresas
Sorbete	Yogur congelado	Helado
Plátano amarillo (guineo, banana)	Melón	Bayas
Manzana acaramelada	Manzana al horno	Pera con requesón y frutos secos
Mango rebanado	Fresas rebanadas	Fresas con yogur
Crème brûlée	*Tiramisu*	Queso *ricotta* endulzado
Tarta de queso sin grasa	Tarta de queso normal	Una porción individual de tarta de queso *Sara Lee*

y las carnes magras (bajas en grasa) son los ingredientes básicos de la cena en nuestro programa. Por lo tanto, la Primera Fase se distingue por platos como salmón a la parrilla con limón, berenjena asada y una ensalada, pollo preparado con vinagre balsámico o incluso un bistec *London broil* adobado (remojado) acompañado de sombreretes de hongos rellenos de espinacas. Podría dar con cualquiera de estos platos en la carta de un buen restaurante y pedirlos con gusto. ¡Y se trata de la fase *estricta* de la dieta! Tal como lo verá en la Segunda Parte, en los planes dietéticos de la Primera Fase ponemos énfasis en el pollo, el pescado, la carne magra de res y una gran cantidad de verduras y ensaladas como acompañamiento.

Le recomendamos fuertemente que coma un postre después de cenar.

La segunda hora más peligrosa del día llega entre la cena y la hora de dormir. Entonces es cuando todas las buenas intenciones y las resoluciones fuertes enfrentan un gran desafío. En parte se debe a la rutina nocturna normal: uno se relaja con un libro o frente a la televisión, quizá en compañía de amigos o familiares, y entra en acción el hábito de comer alguna merienda junto con los demás. Si usted tiene hijos, como yo, casi con certeza la cocina guarda muchas tentaciones. También es posible que simplemente se haya programado para probar algo dulce después de una cena salada.

Como sea, concebimos dos estrategias básicas en lo que se refiere a los postres de la Primera Fase. La primera y más sencilla es comer un poco de gelatina sin azúcar. En el caso de las personas a quienes les encanta la fruta es posible que incluso les compense la ausencia de los sabores de la fruta fresca durante estas 2 semanas. La otra sugerencia recurre ampliamente al queso *ricotta* bajo en grasa. Le servirá de punto de partida para varios deliciosos postres permitidos. El que sugerimos recuerda un poco el manjar italiano conocido como *tiramisu*, el cual combina queso con chocolate, café exprés y soletas. En cambio, usted tomará media taza de queso *ricotta* bajo en grasa y le agregará unas cucharaditas de cocoa en polvo sin edulcorante, unas almendras rebanadas y un paquete de sustituto de azúcar. Sabe exquisito y le garantizo que al terminar tendrá la sensación de haber disfrutado de un postre de verdad. Hemos probado diversas variaciones de este postre, utilizando extracto de vainilla o de almendra, peladura de limón o incluso bañando el queso con almíbar (sirope) de chocolate sin azúcar para luego meterlo al horno.

¡Y así habrá transcurrido el primer día de la dieta South Beach! Para cuando se termine la última cucharada del queso *ricotta* achocolatado, ya habrá empezado a deshacerse de los antojos que lo hicieron entrar a formar parte de las filas crecientes (en todos los sentidos) de las personas con sobrepeso en los Estados Unidos. Su sangre será distinta de cómo era 24 horas antes: será más saludable. Si pasa otro día de la misma forma se habrá acercado todavía más a su meta de bajar de peso y a mi objetivo para usted: una mejor salud en general.

MI DIETA SOUTH BEACH

**Esta dieta me resultó sumamente fácil —*Daniel S.* ** Fui con mi internista y le dije que necesitaba ponerme a dieta. También le advertí: "No quiero que me dé pastillas". Mido 6 pies y 1 pulgada (1.85 m) y pesaba 264 libras (120 kg). Apenas rebasados los 20 años pesaba aún más, probablemente cerca de 300 libras (136 kg). Perdí un poco de peso, pero luego empecé a subir y bajar de peso una y otra vez. Mi condición física es muy buena. El colesterol, la presión arterial, el corazón: todo muy bien. Sin embargo, me sentía aletargado, incapaz de movilizarme como debía.

Salgo mucho a cenar. Y me dedicaba a llenarme de muchas cosas malas. Definitivamente como más cuando estoy estresado, de modo que por la noche había muchas papas y pasta y otras cosas semejantes. Devoraba el pan.

A la hora del desayuno siempre me portaba bien. A la del almuerzo tendía a portarme bastante bien. El problema empezaba avanzada la tarde —a la hora de las meriendas (refrigerios, tentempiés)— y se prolongaba hasta la cena. Para reanimarme por la tarde comía una barra de chocolate o galletitas (*cookies*) o algo así. Evidentemente no era lo que debía estar comiendo.

Y luego para cenar: lo que quisiera. No me imponía ningún límite. Tampoco en cuanto al postre.

Diría que los alimentos con mucha fécula fueron mi perdición. La hora difícil era de 4 a 8 p.m. Sin embargo, un día difícil —un día estresante— era diferente desde la mañana. Comía *donuts* o alguna clase de pastel (bizcocho, torta, *cake*). Adoptaba la actitud de que: "Vaya, la vida es estresante. Lo mismo da disfrutar de lo que se pueda".

Llevo como 1 año y 2 meses con esta dieta. Tal como lo comenté, hice cien dietas antes de esta. Un millón de dietas. He pasado de resultados muy buenos a otros sólo moderados. Me resulta muy fácil bajar de peso, pero me ha sido casi imposible no volverlo a subir. Bajaba de peso durante 4 meses, 6 meses. Y luego volvía a subir poco a poco.

Esta dieta me resultó sumamente fácil. Pude reintroducir muchas cosas en mi alimentación después de la fase inicial estricta. Encontré que conforme agregábamos alimentos otra vez podía llevar una vida bastante normal, con algunas modificaciones particulares. Lo más importante ha sido enseñarme que después del almuerzo no puedo introducir pan, papas o pasta en mi organismo. Así he vivido durante el último año, sin comer estos alimentos después de las 5 p.m., por decir algo. Puedo vivir sin la pasta y las papas. Pero el pan es algo por lo que aún siento debilidad. Así que simplemente me he obligado a renunciar a él. En los restaurantes les pido a los meseros que no me lo lleven a la mesa. Esto no significa que no haya comido pan a lo largo del último año. Pero cuando lo he comido por la noche, al igual que las papas o la pasta, lo noto porque dejo de bajar de peso. Por lo tanto existe una correlación clara entre estos tres alimentos y la tarea de mantener mi peso.

En ciertas ocasiones —como mi cumpleaños, por ejemplo, que fue hace unas cuantas semanas— voy a un restaurante italiano excelente donde preparan pasta casera. Pedí un plato y me lo comí acompañado de pan de ajo. Estuvo exquisito. Sin embargo, era mi cumpleaños. Debería pasarla bien en mi cumpleaños. También comí un postre esa noche. Pero no probé nada de eso la noche siguiente ni ninguna de las noches que han transcurrido desde entonces.

A la hora del almuerzo o del desayuno como un poco de pan de vez en cuando. Nunca más avanzado el día. Y no siento en absoluto que me esté privado. Ahí está la diferencia entre ahora y antes. Hay veces en que veo pan y pienso: "Caramba, realmente me encantaría comerme una rebanada". Pero me he enseñado a evitarlo. ▪

GRASAS BUENAS
Y MALAS

Todas las grasas que consumimos se condenaron inicialmente debido a un fallo de culpabilidad por asociación. La grasa dominante era la saturada, y en vista de que existían pruebas convincentes de que esta grasa es peligrosa se supuso que todas lo son. A fin de evitar las grasas saturadas en la alimentación lo que adquirió popularidad fue un tipo especial de grasa poliinsaturada: las transgrasas. Se trata de los aceites parcialmente hidrogenados que se encuentran en un gran número de productos comerciales, entre ellos los pasteles (bizcochos, tortas, *cakes*), las galletitas (*cookies*) y las margarinas. Por desgracia las transgrasas son igualmente o más peligrosas que las grasas saturadas. Aumentan el índice de colesterol malo y se vinculan con ataques cardíacos y derrames cerebrales.

Un conjunto creciente de investigaciones documentan que muchas grasas no tienen los efectos adversos de las grasas saturadas y las transgrasas. De hecho hay cada vez más pruebas de que las grasas insaturadas y no transgrasas en realidad nos hacen bien. En las regiones donde se consumen aceites mediterráneos en abundancia, los índices de ataques cardíacos y derrames cerebrales son muy bajos.

El estudio más impresionante que conocemos sobre la alimentación es el Estudio Lyon del Corazón. La mitad de los pacientes a quienes se estudiaron utilizaban una pasta hecha de aceite de *canola*, una grasa preponderantemente monoinsaturada (que también contiene grasa omega-3). Todos los participantes en el estudio ya habían sufrido ataques cardíacos, pero en aquellos que consumían la grasa buena se dio una disminución del 70 por ciento en el índice de ataques cardíacos posteriores.

Otra gran prueba clínica, la prueba GISSI de Prevención, demostró que las cápsulas de aceite de pescado —grasas poliinsaturadas omega-3— reducen el índice de muertes súbitas. Varias pruebas de la alimentación han llegado a la conclusión de que consumir pescado varias veces a la semana previene los ataques cardíacos y derrames cerebrales. Uno de los ingredientes más importantes que están ausentes de la alimentación occidental al parecer es la grasa omega-3.

Por último, varios estudios han documentado que diversos frutos secos ricos en grasas monoinsaturadas y poliinsaturadas ayudan a prevenir los

El glosario South Beach

Grasas monoinsaturadas y poliinsaturadas: los dos tipos de grasa insaturada. Sus nombres derivan de la estructura química de los ácidos grasos de los que están hechas. Los ácidos grasos monoinsaturados (mono = "uno") poseen un enlace doble entre los átomos de carbono, y los ácidos grasos poliinsaturados (poli = "muchos") cuentan con dos o más enlaces dobles entre los átomos de carbono.

Estas grasas pueden ayudar a bajar el índice del colesterol sanguíneo cuando se consumen en lugar de grasas saturadas. Las grasas monoinsaturadas hacen que baje el colesterol LDL malo y aparentemente aumentan el colesterol HDL bueno. Se encuentran en las aceitunas y el aceite de oliva, el aceite de *canola*, el aguacate (palta), el cacahuate (maní) y otros frutos secos. Las grasas poliinsaturadas vienen en tres clases importantes: las transgrasas (muy malas), las grasas omega-6 (pueden ser malas si se consumen en exceso) y las grasas omega-3 (las mejores de todas).

El glosario South Beach

Ácidos grasos omega-3: aparentemente se trata de las mejores grasas buenas.

Los ácidos grasos omega-3 se encuentran en el pescado de agua fría, el aceite de *canola*, la semilla de lino (linaza, *flaxseed*), la nuez, la almendra y la nuez de macadamia.

Las poblaciones humanas que consumen más ácidos grasos omega-3, como los esquimales con su alimentación rica en pescado, padecen menos enfermedades cardíacas, diabetes, depresión, cáncer, asma y trastornos autoinmunes.

El consumo de aceite de pescado por parte de los pueblos occidentales disminuyó radicalmente a lo largo del siglo pasado. Esta disminución coincidió con la aparición de diversas enfermedades crónicas en las sociedades industrializadas, como por ejemplo los ataques cardíacos, los derrames cerebrales, la diabetes, la artritis, la depresión, la enfermedad de Alzheimer y el cáncer.

Diversos estudios recientes han demostrado que los suplementos de ácidos grasos omega-3, además de prevenir los ataques cardíacos, pueden ayudar a tratar la depresión y ciertos problemas inflamatorios, como la colitis y la artritis. También es posible que contribuyan al tratamiento de la demencia y el cáncer.

---

ataques cardíacos y los derrames cerebrales. De esta forma disponemos de una gran variedad de alimentos, aceites y pastas que pueden brindarle un sabor exquisito a nuestra comida a la vez que realmente mejoran nuestra salud. Por lo tanto resultó fácil incluir las grasas correctas en la dieta South Beach. La situación se ve cada vez mejor al difundirse más estudios sobre las grasas buenas.

Una vez que afinamos la dieta, esta pareció lista para ponerse a prueba en serio. Sacamos fotocopias de las reglas así como de unos cuantos menús básicos y una lista de alimentos permitidos y prohibidos, además de algunas recetas sencillas. Empezamos a repartir el material entre nuestros pacientes.

Una vez más, nuestra principal prioridad *no* era que bajaran de peso nada más por bajar de peso, sino mejorar la salud cardíaca de nuestros pacientes al modificar su composición química sanguínea. Queríamos una alimentación que redujera los triglicéridos (unas grasas presentes en la sangre; son necesarias pero ocasionan daños cardiovasculares graves cuando existen en cantidades excesivas) y el *LDL* (las lipoproteínas de baja densidad que se conocen como "colesterol malo"). Buscábamos reducir el colesterol LDL como cifra total y también en relación con el índice de *HDL* (las lipoproteínas de alta densidad), el llamado "colesterol bueno".

También queríamos influir en una circunstancia más, a la cual la mayoría de los cardiólogos desafortunadamente aún no le reconocen su importancia real: el tamaño de las partículas de LDL. Cuando son pequeñas se introducen fácilmente debajo del revestimiento de los vasos sanguíneos, lo cual estrecha estos vasos al acumularse la placa grasosa que con el tiempo provoca los ataques cardíacos y derrames cerebrales. Averiguamos que por medio de la alimentación correcta de hecho es posible aumentar el tamaño de las partículas de LDL. El resultado es que no caben tan fácilmente debajo del revestimiento de los vasos sanguíneos, por lo que no obstruirán las arterias ni causarán una emergencia en algún momento. La mayoría de los médicos no piden pruebas de este factor crucial. De hecho, en la actualidad la mayoría de los laboratorios de sangre todavía no cuentan con el equipo necesario para determinar el tamaño de las moléculas de LDL. No obstante, en el futuro no muy lejano esta prueba se convertirá en un procedimiento habitual de operación y será tan común como hoy en día lo son las pruebas de colesterol.

Nuestra meta secundaria desde luego *sí* era la pérdida de peso, ya que se trata de un indicio de que se está controlando la composición química sanguínea. No tenía previsto que mis pacientes adquirieran la perfección física extraordinaria de los cuerpos esbeltos con un índice muy bajo de grasa corporal que suelen relacionarse con Miami. Francamente, ellos tampoco lo esperaban.

Casi de inmediato los pacientes que adoptaron nuestra dieta empezaron a mostrar resultados positivos. Su composición química sanguínea mejoró de manera radical.

El glosario South Beach

HDL: las siglas en inglés de "lipoproteína de alta densidad". El colesterol no puede viajar a través del torrente sanguíneo por sí solo; lo que hace es adherirse a una proteína. En conjunto, este paquete de colesterol y proteína se llama "lipoproteína".

El colesterol HDL se considera "bueno". Recoge el colesterol de las paredes de las arterias y se lo lleva al hígado para ser desechado. En cierta forma ayuda a mantener despejadas las arterias.

Un paciente que vive en las Bahamas se encontraba en condiciones bastante malas cuando dio con nosotros. Sus pruebas de sangre mostraban altos índices de triglicéridos y de colesterol malo así como partículas pequeñas de LDL: la triple amenaza. Para empeorar las cosas, había jurado tercamente que nunca haría ejercicio: lo aburría, dijo. Y se negó a renunciar a su amado plato diario de helado. Con actitudes así los problemas serían inevitables. No obstante, al adoptar nuestra dieta su composición química sanguínea mejoró rápidamente: bajaron los índices de triglicéridos y de colesterol malo y subió el del colesterol bueno. Efectivamente nunca hizo ejercicio y *no* ha dejado de tomar su helado diario. No obstante, gracias a la dieta bajó casi 30 libras (14 kg) y no ha vuelto a subir de peso en 5 años.

Otro hombre tenía alrededor de 55 años cuando lo empecé a tratar. Tenía la presión arterial alta (hipertensión), al igual que el colesterol y los triglicéridos, y ya se observaba un estrechamiento evidente en sus arterias coronarias. Para tratar estos problemas su médico anterior le había recetado el habitual cóctel diario de sustancias farmacéuticas de las que los pacientes cardíacos dependen en todas partes. Lo pusimos a dieta y al poco tiempo su perfil cardíaco mejoró. Sus triglicéridos, por ejemplo, habían estado arriba de 400, un índice terriblemente alto. Después de un mes con la dieta este número cayó a menos de 100, que es un nivel normal. Y bajó más de 30 libras de peso que no ha vuelto a subir. Ya no está tomando todos esos medicamentos para el corazón.

Otro paciente no debió haber cometido ciertos errores —al fin y al cabo se trata de un médico—, pero también era diabético, tenía sobrepeso y recientemente había empezado a padecer dolor de pecho. Se había sometido a una angioplastia para ensanchar una arteria, pero esta ya comenzaba a cerrarse otra vez. Después de nuestra primera cita lo puse a dieta. Su esposa cocinaba para él y resulta comprensible que le pareció más sencillo comer lo mismo en lugar de preparar dos cenas diferentes todas las noches. Bajó de peso también. Este fenómeno en particular nos ha sorprendido gratamente: las parejas que juntos bajan de peso y mejoran su salud cardíaca porque uno de ellos tiene que ponerse a dieta. Se convierte en un esfuerzo común y se ayudan mutuamente a seguir con la dieta. De hecho la esposa del médico perdió más peso que él. Entre los dos bajaron 80 libras (36 kg). Y no pasó mucho tiempo antes de que se normalizara la composición química de su sangre. Su diabetes se resolvió, de modo que ya no requiere medicamentos para controlar su azúcar en sangre (glucosa) y colesterol. Y sus arterias permanecieron despejadas.

Estos pacientes cardíacos bajaron 10, 20, 30 o incluso 50 libras (5, 9, 14 o incluso 23 kg) en unos cuantos meses. Empezaron a bajar de peso en cuanto comenzaron la dieta, durante la primera semana. No volvieron a subir tampoco. Lo mejor de todo fue la opinión generalizada de que el régimen no era difícil. Los pocos principios básicos resultaban sencillos y fáciles de recordar y las reglas eran flexibles. Los pacientes dijeron que no sentían hambre ni que se estuvieran privando. Al poco tiempo prácticamente ni cuenta se daban de que estuvieran a dieta.

La mayoría de estos pacientes, tanto hombres como mujeres, tenían lo que llamamos "obesidad central", que es cuando el exceso de peso se concentra en la zona del abdomen. Medimos la proporción de la cintura con respecto a la cadera para evaluar el patrón de obesidad de un paciente: cuando la cintura es más ancha que las caderas es una señal de advertencia de que posiblemente ya haya problemas cardíacos o de que estos puedan darse en el futuro. La primera parte del cuerpo que esta dieta afecta es la cintura: ahí es donde la grasa tiende a depositarse en la edad madura, de modo que ahí es donde más se nota la pérdida de peso. Nuestros pacientes se sintieron más esbeltos después de sólo una semana, más o menos, con la

La proporción cintura-cadera

Si usted se ha preguntado si su peso representa una amenaza contra su salud, una simple cinta de medir o metro puede servir para responder a su pregunta. El exceso de grasa en la zona abdominal —al contrario de las libras que se acumulan en las caderas y los muslos— evidencia sin lugar a dudas que se corre un mayor riesgo de padecer diabetes y enfermedades cardíacas.

Por lo tanto, lo que quiere es tener la cintura más estrecha que las caderas. La medida que nos lo indica es la proporción de la cintura con respecto a la cadera o *WHR* por sus siglas en inglés. Para hallar la suya:

- Rodee su cintura con la cinta de medir a la altura del ombligo, asegurándose de colocarla en posición horizontal y de no meter el abdomen ni de pellizcar sus costados con la cinta. Exhale y apunte el número.

- Mida sus caderas en el punto más ancho y apunte el número. Ahora divida la medida de su cintura entre la de sus caderas. El número ideal debe ser menor a 1; si es menor a 0.9, mejor todavía.

Ejemplo: si su cintura mide 34 pulgadas (86 cm) y sus caderas 32 pulgadas (81 cm), su proporción de la cintura con respecto a la cadera equivale a 1.06.

dieta. Resultó muy alentador para ellos y les brindó la inspiración que les hacía falta para perseverar con el programa.

Después de tantos años de haber recetado dietas que fracasaran, quedé contentísimo con los resultados.

Al poco tiempo tuvimos otra sorpresa agradable. Empezamos a recibir llamadas y comentarios de los amigos y conocidos de nuestros pacientes que se habían enterado de la dieta, la probaron y estaban bajando de peso con éxito. Descubrimos que nuestros pacientes habían comenzado a recomendar la dieta a sus familiares cercanos y lejanos así como a sus amigos. Gracias al correo electrónico, la voz se corrió como reguero de pólvora. Personas que no padecían ningún problema cardíaco, incluso los vecinos más jóvenes y más a la moda de South Beach, se estaban enterando de la dieta, la probaban y bajaban de peso. Empezamos a atender una serie constante de preguntas de personas desconocidas (en muchos casos a través de llamadas telefónicas de larga distancia) que querían saber qué estaba permitido con la dieta y qué no, pedían recetas o bien narraban su experiencia de haber bajado de peso de manera rápida y fácil.

Entonces los reporteros empezaron a comunicarse. Es asombroso cuánto espacio dedican al tema de la pérdida de peso los periódicos y las revistas. Se ha convertido en casi un deporte espectáculo. Luego, a comienzos de 1999, recibimos una llamada de un productor de noticiarios de la WPLG, el canal de televisión local afiliado a la ABC. Habían escuchado hablar de nosotros y nos tenían una propuesta: localizarían a una muestra de residentes de Miami Beach que desearan bajar de peso y los pondrían a dieta con nuestro plan. Los noticiarios de las 6 y las 11 p.m. informarían diariamente acerca de sus avances durante el curso de todo un mes. La idea nos emocionó y estábamos seguros de los resultados que se obtendrían.

La serie se presentó todos los días durante el período en que los índices de audiencia de las televisoras se utilizan para fijar las tarifas de publicidad. Cientos de habitantes de Miami se pusieron a dieta y bajaron de peso. La WPLG también tuvo éxito, pues ganó la carrera de los índices de audiencia y pasó a primer lugar entre los noticiarios nocturnos, lo cual se atribuyó en parte al proyecto de la dieta South Beach. El director de noticiarios de la emisora lo calificó de "un éxito tremendo entre nuestros telespectadores" y reportó que habían recibido cientos de llamadas telefónicas y correos electrónicos pidiendo copias del plan. El canal repitió la serie dedicada a la dieta South Beach cada año durante 3 años. El programa de alimentación se volvió objeto de un esfuerzo municipal general. En los supermercados Winn-Dixie y Publix se repartieron folletos en los que se explicaba la dieta y las recetas. Ambos establecimientos también dieron cuenta del gran interés que despertaron entre sus clientes, así como de un aumento en las ventas de los productos que recomendábamos.

He aceptado muchas invitaciones para hablar de la dieta en congresos médicos donde cardiólogos y otros especialistas nos juntamos para hablar de cuestiones de tratamiento, entre ellos de prevención y alimentación. Debido a que soy cardiólogo, al principio supuse que me interrogarían de manera rigurosa acerca de mis conocimientos sobre nutrición. En cambio resultó evidente que la dieta era sólida desde el punto de vista científico. Aún mejor, los médicos empezaron a probarla personalmente, informándome de su éxito. Un número tal de médicos han bajado de peso y mejorado la composición química de su sangre a través del programa de alimentación South Beach que se ha dado a conocer como una especie de "dieta de médicos".

Muchas de las personas que se pusieron a dieta debido a la atención que generó la cobertura por el noticiario televisivo han sido veinteañeros y treintañeros. Una mujer joven con 30 libras (14 kg) de sobrepeso llevaba 7 años tratando de embarazarse. Probó la dieta, en unos cuantos meses perdió ese exceso de peso y luego descubrió que estaba embarazada. Si bien estábamos dispuestos a aceptar el mérito de este acontecimiento tan grato, no descubrí hasta más o menos un año después por qué la dieta le había permitido embarazarse. Existe una afección, el síndrome de ovario poliquístico, que representa una causa común de menstruaciones anormales e infertilidad en las mujeres jóvenes. Resulta que se debe a la resistencia a la insulina o la prediabetes. Al revertir este síndrome a través de la dieta, las menstruaciones de dicha mujer se normalizaron y su embarazo se logró. Actualmente está disfrutando de una preciosa hijita. Otra mujer, una empresaria también treintañera, puso a dieta a todo el personal de su compañía, que bajaron de peso juntos. Muchas de las enfermeras de Mt. Sinai se han enterado de la dieta y empezado a seguirla casi sin darle mucha importancia. Con frecuencia me detienen en los pasillos del hospital para ponerme al día en cuanto a su pérdida de peso.

Nos alentó lo fácil que resulta aprender —y poner en práctica— los principios de operación del programa. Por ejemplo, uno de los camarógrafos del noticiario televisivo afirmó haber bajado de peso basándose únicamente en la información de la que se enteró al grabar mis entrevistas. Hace un par de años describí los principios en los que se basa la dieta a muy grandes rasgos a un joven colega en un congreso médico. Un año después me sorprendió gratamente averiguar que dicho médico había bajado más de 50 libras (23 kg) sólo basándose en mi breve explicación. Esto se ha convertido en una característica distintiva de la dieta: los principios básicos se aprenden y se aplican fácilmente, sin reglas complicadas, tablas ni cálculos.

Un sistema probado

Había llegado la hora de medir nuestros resultados en un marco científico. En primer lugar registramos con detalle el peso y los resultados de las pruebas sanguíneas de 60 pacientes que habían seguido la dieta. Los datos fueron muy alentadores: casi todos bajaron de peso, mostraron una reducción en los triglicéridos y en el colesterol LDL, un aumento en el colesterol HDL y una mejor proporción de la cintura con respecto a la cadera. Presenté esta experiencia inicial en un simposio del Instituto Nacional del Corazón, los Pulmones y la Sangre (o *NHLBI* por sus siglas en inglés), durante el congreso anual de la Asociación Estadounidense del Corazón. El director del NHLBI fungió como moderador de la sesión. Si bien yo ya había presentado mis investigaciones con anterioridad en tales reuniones, siempre había sido en el campo de la cardiografía, que es mi especialidad. En esta ocasión me saldría del tema con el que me sentía más seguro. Me puse bastante nervioso al hacer esta presentación sobre un

El glosario South Beach

LDL: las siglas en inglés de "lipoproteína de baja densidad". Este paquete de colesterol y proteína se considera colesterol "malo", porque se acumula sobre las paredes de las arterias como uno de los componentes de la placa. Si una arteria que surte de sangre al corazón o al cerebro se estrecha demasiado a causa de la placa —o un coágulo sanguíneo se forma y obstruye una arteria más estrecha— puede provocar un ataque cardíaco o derrame cerebral.

asunto de alimentación y nutrición. Temía que me inundaran de preguntas hostiles que plantearan puntos que no habíamos tomado en cuenta. En cambio, la primera respuesta que obtuve del público fue una felicitación por haber tenido el valor de desafiar la doctrina fundamental de la Asociación Estadounidense del Corazón en cuanto a la alimentación baja en grasa. Se hizo evidente que muchos de los profesionales de la salud presentes en la habitación también habían obtenido resultados decepcionantes al recomendar la alimentación baja en grasa y alta en carbohidratos. Sentí alivio y me emocioné mucho al comprobar que íbamos por buen camino.

Entonces realizamos un estudio en el que enfrentamos nuestra dieta con el estricto plan de alimentación conocido como el "segundo paso" de la dieta de la Asociación Estadounidense del Corazón. Asignamos a 40 voluntarios con sobrepeso de manera fortuita a las dos dietas, lo cual significa que la mitad siguió el programa de la Asociación del Corazón y la otra mitad la dieta South Beach. Ninguno de los sujetos del estudio conocía el origen de su dieta. Después de 12 semanas, cinco pacientes asignados a la dieta de la Asociación del Corazón la habían abandonado, en comparación con sólo uno del plan South Beach. Las personas que seguían la dieta South Beach lograron una pérdida de peso de 14 libras (6 kg) en promedio, casi el doble de las 8 libras (4 kg) que bajaron los integrantes del otro grupo. Nuestros pacientes también mostraron una mayor disminución en la proporción de la cintura con respecto a la cadera, lo cual indicó una auténtica reducción en el riesgo cardíaco. El índice de triglicéridos bajó de manera espectacular en el caso de la dieta South Beach, y su proporción del colesterol bueno con respecto al malo mejoró más que en el caso del grupo que hizo la dieta de la Asociación del Corazón. Presentamos este estudio en la conferencia nacional anual del Colegio Estadounidense de Cardiología, donde fue bien recibido. Hemos recorrido un gran trecho desde el día en que decidí convertirme en el primer sujeto de experimento científico para la dieta South Beach.

A estas alturas el siguiente paso prácticamente se impuso solo: había llegado la hora de reunir en un libro todo lo que habíamos aprendido y de permitir que lo sucedido en South Beach se repitiera en todo el país.

MI DIETA SOUTH BEACH

BAJÉ 35 LIBRAS (16 KG) EN 4 MESES —*MICHAEL A.*
Empecé esta dieta porque mi mamá vio un segmento al respecto en el noticiario local de la televisión de aquí de Miami. Ella está enferma del corazón y le preocupaba mi salud. En ese entonces yo tenía 36 años y pesaba como 250 libras (113 kg). Por lo tanto, como obsequio del Día del Padre me hizo una cita con la nutrióloga del Hospital Mt. Sinai.

Mi debilidad en cuanto a la comida eran las cantidades. No comía muchos dulces. Tomaba unas cuantas cervezas, sobre todo los fines de semana. Fue duro bajarle a eso. Nunca desayunaba, sólo tomaba café. Almorzaba una ensalada o pasta. Sin embargo, me pasaba todo el día picando esto y aquello. Lo que llevaran a la oficina me lo comía. Chicharrones. Productos panificados. Y una cena normal: alguna clase de carne o pescado acompañada de papas, arroz o pasta. Muchos alimentos altos en carbohidratos. Y porciones grandes de todo.

Las cosas empeoraban los fines de semana. Salía a cenar el viernes, sábado y domingo, por ejemplo, y me tomaba uno o dos tragos junto con la cena. La comida de restaurante no suele ser la más saludable del mundo. Además, no hacía nada de ejercicio.

Cuando vi a la nutrióloga me dijo que mis hábitos no eran excelentes, pero tampoco terribles. El problema era la combinación de lo que comía, cuánto y el hecho de que no hiciera ejercicio. Había probado otras dietas y bajado de peso. Una vez me puse a dieta durante 4 meses. Pero cuando la dejé todo el peso regresó.

Finalmente empecé con esta dieta hace más o menos un año, cuando pesaba más que nunca. Había llegado al punto de que la ropa ya no me quedaba, pero simplemente me negué a salir a comprar un guardarropa nuevo. Entonces fue cuando mi mamá me regaló la cita con la nutrióloga.

Los primeros días no estuvieron tan mal. La nutrióloga me explicó la fase inicial estricta de la dieta y me dijo que podía seguirla durante 2 a 4 semanas. Me encanta la carne. Por lo tanto estuve bien durante la fase inicial, que permite cantidades ilimitadas de proteínas magras. Lo que dejé de comer en cuanto a carbohidratos lo agregué en carne, de modo que no sentía hambre. Desayunaba huevos con un poco de jamón. Me indicaron que me olvidara de tomar *half-and-half* con mi café, por la grasa, así que probé los sustitutos de crema sin carbohidratos y sin lácteos y simplemente no pude tomármelos. Esa fue una cosa que no pude dejar. Les dije que sólo me serviría un poco.

Con eso aguantaba bastante bien hasta el almuerzo, hora en que comía una pequeña ensalada con una porción decente de jamón o pavo o pollo picado. Por la tarde me daba hambre, así que tomaba una merienda (refrigerio, tentempié) de queso bajo en grasa. Bebía mucha agua. Cenaba pechuga de pollo o un bistec a la parrilla. Y eso era más o menos todo. Una pequeña porción de verduras, pero no muchas. Realmente quería reducir los carbohidratos. Nada de fruta durante las primeras 4 semanas. Sólo tomé agua. Durante este período también empecé a hacer ejercicio. Tres o cuatro veces a la semana caminaba aquí en la casa en la estera mecánica (caminadora, *treadmill*), de 30 a 40 minutos por vez.

Comía lo mismo los fines de semana que entre semana. Cuando iba a un restaurante pedía una ensalada pequeña con aliño (aderezo) bajo en grasa y luego un bistec. Nada de cerveza, nada de alcohol, ningún postre, ninguna papa al horno, nada de arroz. Me quedé con la fase inicial durante 4 semanas en lugar de las 2 que recomiendan, porque la encontré muy fácil y estaba notando los resultados. El Día de la Independencia coincidió con la primera semana de mi dieta. Tuvimos invitados y se pusieron a beber y a comer muchas cosas ricas. Pero yo me ceñí a la dieta.

Después del primer mes empecé a agregar carbohidratos del extremo inferior del índice glucémico. Comía ensaladas más grandes y volví a agregar un poco de fruta, que realmente había extrañado. Empecé a comer una manzana o una pera después de almorzar. Encontré un pan integral en la sección de productos naturales de la tienda local de comestibles. Era muy bajo en carbohidratos y a veces comía un sándwich (emparedado) con este pan en lugar de una ensalada. Salí de vacaciones ese verano y me fue más o menos bien. Seguí la dieta en términos generales; no subí de peso, pero tampoco bajé nada. Al regresar a casa volví a la fase estricta y también a hacer ejercicio. En la siguiente visita con la nutrióloga agregamos otras verduras, como batata dulce (camote), arroz silvestre (*wild rice*), arroz integral, *squash*, habichuelas verdes (ejotes, *green beans*) y legumbres.

Después de unos 4 meses bajé 35 libras (16 kg). Mi meta inicial había sido perder un 10 por ciento de mi peso en 6 meses. Lo logré en 4. Mi siguiente objetivo era bajar otro 10 por ciento, para un total de 50 libras (23 kg). En realidad no seguí la dieta de manera muy rigurosa más o menos entre el Día de Acción de Gracias y el Año Nuevo. De todas formas me fue bastante bien. Terminé subiendo unas 7 libras (3 kg) durante la temporada de fiestas. En enero regresé a la dieta —a la fase estricta— y al ejercicio.

Llevo casi 8 meses con esta dieta. Nunca había perseverado tanto con ninguna. No me ha resultado difícil. Se puede cumplir con ella aunque se esté de vacaciones o se coma fuera. Simplemente requiere un poco de disciplina y fuerza de voluntad. Cuando la gente a mi alrededor empieza a entrarles a los postres también pruebo una cucharada de vez en cuando. Pero no me como todo un postre yo solo.

Me faltan otras 15 ó 20 libras (6.8 ó 9 kg). Estoy seguro de que lo lograré este mismo año gracias al ejercicio y a la dieta. ▪

LES PRESENTO
AL PAN

Una vez que usted haya cumplido con las 2 semanas de la Primera
Fase y perdido su adicción al azúcar, estará listo para comenzar a
agregar más carbohidratos a su alimentación. A estas alturas ya
habrá desaparecido el síndrome de resistencia a la insulina. Prácticamente ya no se le antojarán tampoco los azúcares ni las féculas. Estará
comenzando desde cero.

Uno se imaginaría que lo difícil es evitar que las personas agreguen muy
pronto un exceso de carbohidratos con un índice glucémico alto a su alimentación, pero por lo común sucede todo lo contrario: la gente está
renuente a abandonar la seguridad de la Primera Fase y a comer los alimentos que los hicieron subir de peso para empezar. Si el pan o el arroz los
hicieron engordar, ¿por qué querrían empezar a comérselos otra vez? No
desean perder lo bueno que ya lograron. Definitivamente no quieren bajar
de peso más despacio.

Sin embargo, hay varias buenas razones para agregar más carbohidratos.
En primer lugar, muchos son buenos para la salud, particularmente los que
se encuentran en las frutas. Incluso el pan, si se elige uno de grano entero,
aporta beneficios alimenticios. Además, es importante que las personas

Carbohidratos buenos y malos

Lo que distingue a los carbohidratos buenos de los malos —particularmente dentro del marco de la dieta South Beach— es la cantidad de
nutrientes y gramos de fibra que brinden además de su contenido en
calorías, y la rapidez con la que hagan que se eleve el azúcar en
sangre (glucosa). Consulte las páginas 113 a 117 para darse una idea
del efecto que los siguientes alimentos tienen en el azúcar en sangre.
Este efecto también se conoce como su índice glucémico.

LOS CARBOHIDRATOS BUENOS

Verduras: la mayoría de los carbohidratos que se consumen sobre
todo durante la Primera Fase de la dieta provienen de las verduras no
feculentas como el pimiento (ají, pimiento morrón), la berenjena, la espinaca, la lechuga, el *zucchini* (calabacita) y el pepino.

Frutas: algunas frutas (como el plátano amarillo/guineo/banana)
hacen que el azúcar en sangre se eleve rápidamente. Durante la Primera
Fase no se comen frutas. Después de eso las frutas representan una
fuente nutritiva de vitaminas, minerales y fibra en la alimentación.

Pan de grano entero: nada de pan durante la Primera Fase. Después de eso lo puede comer con moderación. Acuérdese de optar
siempre por el pan de grano entero.

LOS CARBOHIDRATOS MALOS

**Los dulces, el pastel (bizcocho, torta, *cake*), los *donuts*, las ho-
juelas:** ofrecen pocos nutrientes o fibra, muchas veces nada, y hacen
que el azúcar en sangre se eleve mucho.

Jugos de frutas: brindan nutrientes, pero también hacen que se
dispare el azúcar en sangre. No se obtiene prácticamente nada de la
fibra que se recibiría al comer la fruta en su estado natural.

Jalea: tal como lo hemos dicho con frecuencia, consumir jalea es
como si comiera el azúcar directamente de la azucarera.

Pan blanco y pasta: causan una elevación repentina del azúcar en
sangre y aportan poca fibra.

disfruten de su comida al igual que siempre, aunque estén a dieta, y que puedan escoger entre una selección variada de platos e ingredientes. A la gente le encanta comer y es posible aprovechar esta pasión, aunque no se pueda consumir de manera irresponsable cada alimento que uno quiera.

Desde luego los carbohidratos con un índice glucémico más alto se van a agregar poco a poco. Por lo común recomendamos empezar con una fruta al día, la cual no debe hacer que el azúcar en sangre (glucosa) se eleve mucho. Las manzanas están muy bien, pues su índice glucémico es bajo y la cáscara contiene mucha fibra beneficiosa. La toronja (pomelo) es otra opción segura, al igual que las bayas.

No obstante, en esta etapa les advertimos a los pacientes que *no* coman fruta a la hora del desayuno. A veces la fruta produce un aumento mayor en la insulina si se come a primera hora del día, lo cual estimula mayores antojos más adelante. Y si bien la fruta en su estado natural contiene mucha fibra, también cuenta con cantidades sustanciales de fructosa, el azúcar de la fruta. Por lo tanto, guárdela para después de almorzar o de cenar.

Otro carbohidrato que puede agregarse nuevamente al principio de la Segunda Fase es el cereal, ya sea uno que se coma frío, como *Kellogg's All-Bran with Extra Fiber*, o avena auténtica en copos (no instantánea). (La dieta South Beach nunca pide que los alimentos se pesen. No obstante, a quienes desean reintroducir el arroz a su alimentación les recomendamos que sus porciones no rebasen el tamaño de una pelota de tenis. Y no compre las papas más grandes que encuentre en el supermercado).

En todo caso, si lo que desea es salvado de avena, sugerimos que lo coma con un sustituto de azúcar y leche descremada (*fat-free milk* o *nonfat milk*). Agregar un huevo, que contiene proteínas y grasas buenas, hará que los carbohidratos se absorban más despacio.

Si usted decide consumir su nuevo carbohidrato a la hora de la cena en lugar del desayuno, puede comer una rebanada de pan de grano entero por la noche sin temor a consecuencias desfavorables. Sin embargo, no debe comérselo a la hora del desayuno *y* a la hora de la cena, por lo menos no al principio. La siguiente regla le permitirá agregar más carbohidratos de manera segura: hágalo de manera gradual y manténgase alerta. La meta es volver a ingerir más carbohidratos y también bajar de peso. Si agrega una manzana y una

Los pormenores de la pasta

Hubo un tiempo en que la pasta se consideraba un alimento saludable para las personas a dieta, debido a su contenido prácticamente nulo de grasa, pero por fin se está corriendo la voz de que desde el punto de vista de la salud da lo mismo comer la mayoría de las pastas o una barra de caramelo. Hechas de trigo refinado, estas pastas están desprovistas de fibra y otros nutrientes. ¡Se convierten en glucosa (azúcar) en la boca al masticarlas!

Las pastas asiáticas no son superiores a las tradicionales. Los fideos de frijol (habichuela) *mung* definitivamente suenan saludables, pero son fécula pura. Los fideos secos de arroz no son mejores.

Existen algunas excepciones. Si le gusta la pasta, trate de cambiar los productos típicos de harina de trigo fanfarrón refinado por alguna de las siguientes:

- **Pasta de soya.** Algunos fabricantes están empezando a usar la harina de soya —rica en las proteínas que hacen más lenta la digestión— en lugar de trigo.

- **Pasta de trigo integral.** No se deje engañar por marcas grandes como *San Giorgio*, cuya línea de productos *Healthy Harvest* presume de una *"whole-wheat blend"* (mezcla de trigo integral). Esta "mezcla" consiste principalmente en trigo refinado con un toque de trigo integral. A fin de encontrar las pastas auténticas de grano entero, revise la etiqueta para averiguar su contenido de fibra en gramos. El *fettuccine* de trigo integral de *Hodgson Mill*, por ejemplo, contiene 6 gramos de fibra por porción de 2 onzas (56 g), mientras que *Healthy Harvest* sólo ofrece 3.

- **Pasta de alforjón (trigo sarraceno, *buckwheat*).** Esta pasta, que también se conoce como fideos secos de *soba*, se elabora con harina de alforjón y contiene las proteínas y la fibra necesarias para reducir el apetito. La encontrará en *Diamond Organics* (www.diamondorganics.com) o en la sección de productos asiáticos de su tienda de comestibles.

rebanada de pan al día y sigue despidiéndose de las libras, excelente. Si trata de comer una manzana, dos rebanadas de pan y un plátano al día y se da cuenta de que deja de bajar de peso, significará que exageró. Tendrá que reducir su consumo o probar otros carbohidratos y vigilar los resultados.

Procederá de esta forma cautelosa mientras permanezca en la Segunda Fase: consumirá los carbohidratos que mayores beneficios le aporten y pondrá atención a cómo lo afectan. No pretendo sugerir que se pese todos los días. De hecho me opongo a esta práctica. Por lo general notará si sube de peso o no; en todo caso, su ropa se lo dirá. También debe estar al pendiente de los alimentos que le produzcan antojos mayores. Nadie experimenta esta fase de la misma forma que los demás. Hay gente que puede comer pasta una vez a la semana sin sufrir efectos perjudiciales. Otros tienen que evitar la pasta, pero no les pasa nada si comen una batata dulce (camote). Queremos una dieta que sea flexible y se adapte a sus gustos y hábitos, así que tendrá que resolver estas cuestiones por sí mismo. Nuestro objetivo es ayudarlo a diseñar una dieta llena de los alimentos que le encanta comer. Las reglas que mencionamos bastan para que cree su propia versión del plan.

Hemos observado que las personas que más éxito tienen con la dieta son las que prueban todas las recetas habidas y por haber y aprovechan todos los alimentos e ingredientes permitidos. Encuentran aplicaciones interesantes para las hierbas y las especias, sobre todo las de sabor más intenso, como el rábano

ENGAÑE A SUS ANTOJOS

En lugar de verduras aburridas. . .

Si ha caído en la rutina en lo que se refiere a las verduras y no soporta la idea de comer más coliflor, se lo debe a su salud —y a su paladar— variar el menú un poco.

Aproveche al máximo todos los sabores y las texturas que le ofrece la sección de frutas y verduras de su supermercado: tirabeques (*sugar snap peas*); alcachofas; tiras delgadas y anchas de *zucchini* (calabacita) cortadas a lo largo; toda la gran variedad de lechugas como *field greens*, *arugula*, endibia (lechuga escarola) y berros; *coyote squash* y los coloridos pimientos (ajíes, pimientos morrones).

picante, el chile, el ajo, la canela y la nuez moscada. Un paciente inventó una sopa nueva utilizando todas las verduras verdes que pudo encontrar.

El enemigo a vencer es el aburrimiento, que impulsa a las personas a volver a sus malos hábitos de antaño. Por lo tanto, en cada etapa lo mejor que se puede hacer es variar y animar esta dieta lo más posible.

La estrategia más eficaz para lograr sus metas es que realice sustituciones de manera creativa. Se trata de uno de los pilares de esta dieta: reemplazar los carbohidratos malos por buenos, de modo que termine comiendo las cosas que le encantan con unas cuantas pequeñas variaciones.

Ya hemos mencionado lo básico: pan integral de grano entero (*whole-grain bread*) en lugar de blanco, batatas dulces en lugar de papas blancas, arroz integral (*brown rice*) o silvestre (*wild rice*) en lugar de arroz blanco, pasta integral. Estas sustituciones ayudarán mucho a que la dieta resulte eficaz. Sin embargo, existen muchos trucos más.

La siguiente sugerencia es excelente para sustituir el puré de papas que a todo mundo encanta y que frustra cualquier dieta, desde luego. En lugar de las papas cocine al vapor un poco de coliflor ya sea fresca o congelada, es igual. (Incluso lo puede hacer en el horno de microondas). Cuando esté cocida, aplástela con un poco de sustituto líquido de mantequilla. *I Can't Believe It's Not Butter!* sabe muy rico y no contiene ácidos transgrasos malos. Luego agregue un poco de sustituto descremado de *half-and-half* de *Land O' Lakes*, el cual también es sabroso y además bueno para la salud. Sal y pimienta al gusto, y tendrá un plato que con toda franqueza puede competir muy bien con la versión original.

Cuando primero comenzamos con la dieta, antes de que la moda de los sándwiches (emparedados) enrollados (*wrap sandwiches*) se apoderara de los restaurantes, hasta cierto punto tuvimos éxito en convencer a los pacientes de sustituir el pan por hojas de lechuga. Tomaban el contenido del sándwich —carne o pescado, queso, verduras, incluso condimentos— y lo envolvían con hojas frescas de lechuga. Sorprendidos, descubrieron que el pan no era tan imprescindible como creían. Lo que sabía tan rico y saciaba su hambre era el relleno, más que el pan. También sugerimos muchas creaciones culinarias salidas directamente de los años 50, como los alimentos rellenos; por ejemplo, tomates (jitomates) rellenos de ensalada de atún.

Pusimos a la gente a probar este concepto con cualquier verdura lo bastante grande y fuerte para resistir a tales tratos. Los grandes favoritos resultaron ser la berenjena, el *zucchini* (calabacita) y las alcachofas rellenas.

También para los postres probamos unos cuantos trucos. Por ejemplo, a la gente a la que le encanta el chocolate casi siempre le gusta en grandes cantidades. No se dan cuenta de lo satisfactorio que puede resultar aun en porciones más pequeñas. En lugar de un enorme postre de chocolate, pruebe unas fresas bañadas con chocolate oscuro (el cual contiene menos azúcar que el chocolate con leche). Quedará satisfecho con unas cuantas fresas y en realidad habrá comido una cantidad relativamente pequeña de chocolate y mucha más de fruta. También les hemos indicado a la gente que rebane el plátano amarillo (guineo, banana), lo congele y luego bañe las rodajas con una salsa de chocolate sin azúcar. Incluso el mayor antojo de dulce quedará satisfecho con esto, de nueva cuenta con una cantidad pequeña de chocolate.

La estrategia de la sustitución le permitirá seguir comiendo cosas que otros programas prohíben para toda la eternidad, incluyendo algunos de los manjares aquí mencionados. No obstante, primero necesita saber exactamente qué ingredientes hay que sustituir. Los alimentos y las combinaciones de alimentos que enumeraremos a continuación —con algunas modificaciones— podrán apoyar sus esfuerzos para bajar de peso en lugar de entorpecerlos.

Los huevos con tocino

Hasta fechas muy recientes, la visión imperante de lo que debe ser la buena nutrición analizaba el desayuno estadounidense clásico compuesto por huevos, tocino, tortitas fritas de papa (*home fries* o *hash browns*), pan tostado, jugo de naranja (china) y café y determinaba con facilidad qué perjudicaba la salud —los huevos (por el colesterol), el tocino (por la grasa) y el café (por la cafeína)— y qué hacía bien —las papas (una verdura), el pan (no hay nada más saludable que el pan tostado, ¿verdad?) y el jugo de naranja (toda esa vitamina C).

Desde luego esta visión está mal a la luz de lo que ahora sabemos. Otro ejemplo de uno de los fenómenos más frustrantes de la ciencia: lo que hoy se alaba por bueno tal vez se condene por malo mañana y a la inversa. No significa necesariamente que hayamos estado mal antes y que ahora estemos bien. Simplemente ocurre que nuestros conocimientos aumentan de manera constante y en el camino a veces debemos descartar lo que creíamos cierto.

El desayuno es un buen ejemplo de ello. Antes de la Segunda Guerra Mundial se consideraba que los huevos eran saludables por su alto contenido en proteínas y otros nutrientes. Desde los años setenta, cuando los médicos empezaron a estudiar los efectos perjudiciales del colesterol, los huevos de repente se convirtieron en uno de los principales enemigos de la buena nutrición. Se recomendaba comer sólo dos o tres a la semana, y ninguno si se tenía un índice alto de colesterol. También el tocino se retrataba no sólo como malo sino como tóxico, debido a sus grasas saturadas y a las sustancias químicas que se utilizan para curarlo. No nos preocupábamos por los carbohidratos en cuanto categoría alimenticia y mucho menos por el jugo de naranja, que se erigió en la bebida saludable favorita de los Estados Unidos.

Ahora sabemos que los huevos son un alimento irreprochable. Resulta que su consumo hace que ambos tipos de colesterol suban, tanto el bueno como el malo, y no afecta de manera adversa la proporción entre los dos, que es la cifra que importa en realidad. La yema contiene vitamina E natural, un antioxidante importante que ayuda a prevenir el cáncer y las enfermedades cardíacas.

Ni siquiera el tocino es tan malo, siempre y cuando no se coma en exceso. El café también es aceptable, con la misma advertencia.

No obstante, el resto del desayuno debe desaparecer de nuestro menú. ¿Las tortitas de papa? Ya hemos hablado del índice glucémico tan alto de la papa, sobre todo de la blanca. Y cuando un alimento se pica en pedacitos suelta sus azúcares y féculas más rápidamente. Tome una papa blanca, píquela en trocitos y fríala en la freidora con algún aceite poco saludable: quedará muy sabrosa pero causará estragos en la composición química de su sangre.

¿El pan tostado? A estas alturas usted ya sabe lo malo que el pan blanco es para cualquiera que pretenda bajar de peso. Cada rebanada es peor que comerse una cucharada de azúcar refinada. Si la etiqueta del pan presume que está "enriquecido", el asunto se torna realmente peligroso. Los fabricantes sólo agregan nutrientes cuando los naturales del trigo se han eliminado junto con la fibra. Las personas actualmente se sienten sabias cuando piden pan tostado integral de trigo o de centeno, pero sólo se trata de otro triunfo de la mercadotecnia y del etiquetado, porque el término "trigo integral" (*whole wheat*) prácticamente carece de significado. Es posible que el pan tenga más nutrientes, pero la harina sigue siendo refinada. Esta etiqueta no significa que esté obteniendo el grano entero de trigo con su fibra y todo, como debería; el grano entero sólo se encuentra en el pan que indique con claridad que es de *grano entero* (*whole-grain bread*). Y el pan de grano entero rara vez hace acto de presencia en el supermercado o sobre la mesa de desayuno de un restaurante.

TRANSFORME SUS DESAYUNOS A LO SOUTH BEACH

Muchas personas desayunan sólo carbohidratos. . . y les da hambre una hora después. Las siguientes ideas le ayudarán a convertir las opciones comunes en alternativas altas en proteínas y en fibra y bajas en grasas saturadas, para un auténtico desayuno South Beach.

Malo	Regular	Lo mejor
Bagel sencillo	*Bagel* de trigo integral	Una rebanada de pan tostado de grano entero con crema de cacahuate (maní)
Batido (licuado) de frutas	Frutas surtidas picadas	Bayas con yogur natural
Fruit Loops	*Special K*	*Kashi Go Lean Crunch*
Salchicha de carne de cerdo	Salchicha de pavo (chompipe)	Salchicha vegetariana
Omelette con queso	*Omelette* con verduras	*Omelette* de sustituto de huevo con verduras
Jugo de naranja (china) (concentrado)	Jugo de naranja (recién exprimido)	Una naranja y un vaso de leche descremada
Tocino	Tocino vegetariano	Tocino canadiense
Tortitas fritas de papa y cebolla	Pan tostado de grano entero	Salvado de avena

¿Decidió untar su pan tostado con jalea (*jelly*) en lugar de mantequilla, por razones de salud? El problema con esta decisión está en que la mayoría de las jaleas contienen una enorme cantidad de azúcar. La mantequilla (si su consumo se mantiene dentro de ciertos límites) de hecho es mejor para la salud, ya que debido a la grasa los carbohidratos del pan se absorben de manera más lenta. Existen opciones mejores para acompañar el pan que la mantequilla, pero la jalea no es una de ellas. Lo mismo es cierto con respecto a la mermelada. Está llena de sacarosa: azúcar refinada.

¿Y el jugo de naranja? Si es procesado y se vende en un envase de cartón, un refresco (soda) de cola casi le daría los mismos resultados. El jugo de naranja contiene buenos nutrientes, pero puede obtenerlos de muchas formas sin necesidad de asimilar toda el azúcar que se incluye en un jugo

Malo	Regular	Lo mejor
Avena instantánea de sabor	Avena instantánea sin sabor	Avena de cocción lenta (cortada en máquina/ *steel-cut*) con bayas
Panqueques (*hot cakes*) con almíbar (sirope)	Panqueques con fruta	Panqueques de grano entero con fruta
Huevos benedictinos	Huevo revuelto	Un huevo cocido duro con hebras (tiras) de queso *mozzarella* (*string cheese*)
Un *waffle* belga	*Omelette* de tres huevos	*Omelette* de tres huevos con verduras
Jugo de manzana	Jugo fresco de naranja	Jugo de tomate
Moca *latte*	Moca *latte* con leche descremada	Café solo
Fruta tropical rebanada	Bayas con yogur sin grasa	Huevo revuelto
Huevo revuelto	Huevo cocido duro	Huevo escalfado con verduras al vapor

procesado. El jugo recién exprimido es algo mejor, porque contiene fibra —la pulpa—, por lo cual la fructosa se absorbe de manera más lenta. Tendemos a creer que lo dulce de la fruta y lo dulce de las golosinas, por decir algo, son dos cosas totalmente diferentes, pero no es así. Todos los sabores que describimos como dulces provienen de azúcares. Es cierto que la fructosa, el azúcar que se encuentra en la fruta, posee un índice glucémico más bajo que el azúcar refinada. De hecho la fructosa es aceptable si se acompaña de fibra. Sin la fibra puede perjudicar su dieta. Por lo tanto, coma la fruta en lugar de tomar el jugo.

¿Puede disfrutar su desayuno favorito y cumplir con la dieta South Beach? Sí, con algunas modificaciones.

Cocine los huevos de alguna forma saludable, como hervidos o escalfados. Si los va a freír use un aceite en aerosol —de soya, *canola* u oliva— en lugar de mantequilla o margarina.

Pruebe el tocino canadiense en lugar del común: es más magro (bajo en grasa) y contiene menos grasa saturada y más proteínas que el tocino normal.

Tendrá que borrar las papas de su mente. No hay forma de rescatarlas. Sin embargo, puede reemplazarlas con algún cereal, de manera particular con el salvado de avena, que contiene mucha fibra y también ayuda con el colesterol. No obstante, evite la avena instantánea, la cual brinda menos fibra y más carbohidratos malos. Consiga la que realmente tiene que cocinarse durante varios minutos, entre más basta mejor, y utilice un sustituto de azúcar, no azúcar, así como leche descremada (*fat-free milk* o *nonfat milk*) (si le hace falta). Es posible que la avena no iguale del todo esas ricas tortitas de papa, pero puede ser un sustituto aceptable. Algún sacrificio hay que hacer.

Si el sabor de la naranja le gusta demasiado para renunciar a él, entonces coma la fruta. De esta forma obtendrá el jugo, la pulpa, la fibra, los nutrientes y la vitamina C: todo el paquete, tal como lo pretendía la Naturaleza. Y le apuesto que no consumirá tres o cuatro naranjas en una sola sentada, como lo hace al tomar un vaso grande de jugo.

Puede comer una rebanada de pan tostado de grano entero untado con alguna pasta saludable para el corazón. La sección de lácteos de la mayoría de los supermercados ofrece varias opciones buenas. Sin embargo, no me

Entretenga a su estómago

Entre más retarde el proceso digestivo, menos calorías consumirá y más satisfecho se sentirá. He aquí algunas maneras de lograrlo.

Coma comida cruda. El estómago tiene que trabajar más arduamente para descomponer las verduras crudas que las cocidas. Esto no significa que deba comer *sólo* alimentos crudos. No obstante, cuando pueda elegir, particularmente a la hora de las meriendas (refrigerios, tentempiés), opte por lo crudo.

Coma alimentos en su estado natural. El cuerpo tiene que trabajar para descomponer las cáscaras o la piel de las frutas y las verduras así como los granos enteros. La mayoría de los alimentos procesados ya no cuentan con nada de ello, lo cual reduce de manera drástica la cantidad de fibra y el valor nutritivo de los alimentos.

Cuando sea posible, limítese a alimentos naturales sin procesar. Además, trate de no procesar los alimentos excesivamente en casa. Coma las manzanas con todo y cáscara y pique la comida lo menos posible. Entre más pique y desmorone los alimentos, más rápido los digiere el estómago.

Coma alimentos ácidos. El pan de masa fermentada (*sourdough bread*), el limón, el limón verde (lima) y el vinagre hacen que el estómago se vacíe más despacio.

Agregue algo de fibra. Los frijoles (habichuelas), las verduras y frutas y los granos enteros contienen la fibra que retarda la digestión. La fibra también hace que disminuya el apetito, por lo que recomiendo tomar un vaso de *Metamucil* o de algún otro suplemento de fibra antes de comer.

Agregue un poco de proteínas o una grasa saludable. Las grasas y las proteínas hacen que la comida se digiera más lentamente. Una rebanada de pan blanco sin nada se convertirá en azúcar en su boca, pero si come el mismo trozo de pan con una rebanada de queso o remojado en aceite de oliva se hará más lenta la digestión y su apetito disminuirá.

refiero a las margarinas de antaño, las cuales contienen los ácidos transgrasos malos que pueden perjudicar el sistema cardiovascular.

El café también está bien, con leche semidescremada al 1 por ciento (*low-fat milk*) y sustituto de azúcar (o ningún edulcorante).

El desayuno clásico de huevos con tocino desde luego ha sido desplazado actualmente por la versión que inventó la industria de la comida rápida: el *Egg McMuffin*. En este caso debemos lidiar con la grasa saturada mala del tocino. Sin embargo, la porción de carne resulta tan pequeña que

Proteínas buenas y malas

Cuando recorra los pasillos del supermercado con su carrito, elija fuentes de proteínas acompañadas de un mínimo de componentes superfluos, como grasa saturada o carbohidratos con un alto índice glucémico.

LAS PROTEÍNAS BUENAS

El huevo: el huevo es un alimento muy rico en proteínas.

El pescado: todas las variedades de productos marinos, incluyendo los mariscos. Opte por salmón, atún, sardinas, caballa (macarela, escombro) y arenque, por su alto contenido en ácidos grasos omega-3.

La carne de res magra (baja en grasa): los cortes más magros de carne roja incluyen las palabras "*loin*" o "*round*" en sus nombres en inglés; el *sirloin*, el *tenderloin* y el *top round* son buenas opciones.

Fíjese en la calidad de la carne de res molida. La "selecta" (*select*) y la "superior" (*choice*) son las más bajas en grasa. O bien escoja alguno de los cortes magros mencionados en el párrafo anterior y pídale al carnicero que se lo muela para asegurar el contenido en grasa que desee.

La carne de cerdo: busque la carne para asar *tenderloin roast* o *loin roast*. Los cortes de la pierna también pueden ser excelentes opciones bajas en grasa.

El pollo y el pavo (chompipe): las pechugas de pollo y de pavo son

el problema en realidad no es tan grave, a menos que se coma dos diarios. En cuanto al huevo mismo, lo más probable es que no se cocine con la grasa más saludable del mundo, pero de nueva cuenta brinda proteínas y nutrientes buenos sin una cantidad peligrosa de colesterol malo, así que es aceptable. El mayor problema lo plantean, por supuesto, los carbohidratos muy procesados del *muffin* de harina refinada. Si se lo come —y también las papas y el jugo de frutas—, habrá empezado el día con una gran carga de alimentos con un índice glucémico alto, lo cual con toda seguridad le

bajas tanto en colesterol como en grasa saturada. Quite el pellejo antes de comer la carne para reducir la grasa.

Los productos lácteos: opte por productos lácteos bajos en grasa, como la leche descremada (*fat-free milk* o *nonfat milk*) o semidescremada al 1 ó 2 por ciento, el yogur bajo en grasa o sin grasa y los quesos semidescremados o bajos en grasa.

Las legumbres (como los frijoles/habichuelas, el chícharo/guisante/ arveja y la lenteja): cuando se complementan con un poco de carne, productos lácteos o cereales, los frijoles proporcionan todos los aminoácidos esenciales, que es el motivo por el que consumimos proteínas. Los frijoles, los chícharos y las lentejas también son maravillosos en lo que se refiere a la dieta South Beach debido a su bajo efecto glucémico.

LAS PROTEÍNAS MALAS

Las carnes: evite los cortes "de primera calidad" (*prime*) de carne, los cuales contienen muchas vetas de grasa. También prescinda del bistec de costilla, la costilla, el tocino y las salchichas.

Los productos lácteos: pase por alto todos los productos lácteos de grasa entera debido a su alto contenido en grasa saturada.

despertará antojos adicionales de carbohidratos más tarde. McDonald's no es un emporio de la alimentación saludable, pero también es verdad que nadie se engaña en este sentido. Si tiene que optar por este desayuno tire el *muffin* y coma lo demás con un tenedor, o bien simplemente pida el desayuno de huevos revueltos con tocino sin las papas y sin el jugo.

El *banana split*

Parece saludable en comparación con otros postres, pero en realidad es mortal. El plátano amarillo (guineo, banana) es una fruta, cierto, pero al igual que la mayoría de las de origen tropical su índice glucémico es relativamente alto; anda por la misma zona que la piña (ananá) o el mango. Por lo tanto, lo primero que debemos hacer es reemplazarlo por fresas, arándanos o frambuesas. Todas estas opciones también quedan muy bien con el helado. Además de la fruta agregue unos frutos secos, no empapados en un almíbar (sirope) azucarado sino naturales, como por ejemplo nueces, almendras, coquitos del Brasil (castañas de Pará) o cacahuates (maníes). Son muy buenos para la salud y agregan un poco de fibra y grasa buena al plato. En cuanto al helado mismo no hay mucho que se pueda hacer. Desde luego está cargado de azúcar, la cual no le viene bien a ninguna dieta. No obstante, también contiene mucha grasa, lo cual significa que sacia el hambre. Y si se lo come no tendrá la falsa impresión de haberse portado bien, de modo que hay menos probabilidad de que a la noche siguiente piense merecer más de lo mismo. Por el contrario, el helado o el yogur congelado bajos en grasa no ofrecen ninguna de estas ventajas: reemplazan la grasa por azúcar, de modo que en realidad son peores para una dieta, además de que no sacian el hambre tal como lo hace un helado auténtico y tal vez incluso lo induzcan a pensar que se portó muy bien. Si va a romper las reglas, por lo menos debe estar consciente de ello.

La hamburguesa con queso

Quizá hayamos llegado al pináculo de la cocina estadounidense: una hamburguesa con queso, papas a la francesa y un refresco (soda) de cola. No se puede negar que se trata de una comida deliciosa, además de ser la más fácil de conseguir en la historia gastronómica del mundo gracias a los imperios de comida rápida que hemos construido. También es muy problemática, aunque no por las razones que comúnmente se manejan.

La hamburguesa común de un restaurante de comida rápida ofrece cierto peligro para la salud debido a su alto contenido en grasa saturada y a causa de la grasa en que se cocina. Comer una al día sería un hábito muy malo, pero como gusto ocasional cabe dentro del régimen South Beach. No obstante, si opta por pedir una hamburguesa en un restaurante para gustos más exigentes o mejor aún se la prepara en casa, el asunto cambia de inmediato. De esta forma podrá comer una hamburguesa preparada con un buen corte de carne, como *sirloin*, que es mucho más magro (bajo en grasa) que la carne de res molida común.

Sin embargo, ¿con qué la servirá? El blando pan blanco de siempre es sólo azúcar. Mejora con el simple acto de tirar el pan y comer la hamburguesa con cuchillo y tenedor. Sería aún mejor comer esa hamburguesa con pan árabe (pan de *pita*) de trigo integral o bien pan de masa fermentada (*sourdough bread*) en lugar del pan para hamburguesa. Si bien el pan de masa fermentada no es de grano entero, posee otra cualidad que reduce su índice glucémico: la acidez. El ácido hace que el estómago pase los alimentos al intestino delgado de manera más paulatina, por lo que la digestión en general se vuelve más lenta, así como también el incremento y la posterior disminución del azúcar en sangre (glucosa).

Definitivamente lo mejor sería eliminar el pan por completo.

Asimismo hay que olvidarse de la *catsup* (*ketchup*), aunque no se sirva mucha, pues está cargada de azúcar. El tomate (jitomate) en rebanadas está

ENGAÑE A SUS ANTOJOS

En lugar de *catsup* (*ketchup*). . .

El espeso condimento rojo que tarda tanto en salir del frasco por lo común está cargado de azúcar. En lugar de *catsup*, póngales salsa tipo mexicano o *relish* de tomate (jitomate) a sus alimentos. Así comerá más verduras picadas y menos carbohidratos procesados.

TRANSFORME SUS ALMUERZOS A LO SOUTH BEACH

Trate de equilibrar sus almuerzos con el mayor número posible de ingredientes que retarden la digestión: fibra, proteínas, alimentos ácidos. A cualquier plato que se le antoje puede darle la vuelta a lo South Beach. A continuación algunas sugerencias para lograrlo.

Malo	Regular	Lo mejor
Ensalada con aliño (aderezo) sin grasa	Ensalada con aliño estilo *ranch*	Ensalada con una vinagreta
Ensalada de verduras	Ensalada de verduras con trocitos de tocino	Ensalada de verduras con pollo a la parrilla
Sándwich (emparedado) tipo *wrap* con verduras	Verduras envueltas con hojas de lechuga	Ensalada de atún y verduras envuelta con hojas de lechuga
Pasta con salsa roja	Pasta con aceite de oliva y tomate (jitomate)	Tomate relleno de ensalada de pollo picado
Hot dog	*Hot dog* de pavo (chompipe)	*Hot dog* de pavo sin pan

muy bien. La lechuga, los pepinillos y la cebolla son perfectos. La mostaza está muy bien e incluso la mayonesa, siempre y cuando no exagere. Acuérdese de usar la normal en lugar de la versión baja en grasa. La mayonesa normal es alta en grasa, pero se trata principalmente de aceite de soya, que es una grasa buena. La salsa tipo mexicano, la picante y la salsa para bistec también están bien.

Las papas a la francesa echan a perder cualquier dieta debido tanto a la fécula que contienen como a las grasas malas en que se cocinan. A fin de mejorar su sabor, algunos restaurantes las preparan con grasa de res, lo cual sólo aumenta el peligro. Incluso las papitas fritas son una opción más prudente. La batata dulce (camote) preparada a la francesa es mejor aún, si se fríe con un aceite monoinsaturado. Lo mejor sería comer otra verdura, como una ensalada. Como sea, si no puede resistirse a unas papas de vez en cuando, no las consuma en grandes cantidades.

Malo	Regular	Lo mejor
Sándwich de crema de cacahuate (maní) y jalea con pan blanco	Sándwich de crema de cacahuate y jalea con pan de trigo integral	Medio sándwich de crema de cacahuate y jalea con pan de trigo integral y un palito de queso bajo en grasa
Pollo rostizado sobre un lecho de lechuga	Sándwich de pechuga de pollo	Pechuga de pollo rebanada
Macarrones con queso	Pasta con verduras al vapor	Pasta de grano entero con camarones y verduras
Sándwich de verduras	Sándwich de rosbif	Rosbif sobre una rebanada de pan
Sándwich de pavo	Sándwich de pavo y tomate	Pan árabe (pan de *pita*) relleno de pavo y tomate
Sopa fría de fruta	Sopa de tomate	Sopa de frijoles

El otro miembro letal de esta trinidad, el refresco de cola, desde luego debe reemplazarse por lo menos por una bebida de dieta, si no es capaz de ir al otro extremo y pedir agua.

Si sustituye su comida típica de hamburguesa con queso, papas a la francesa y refresco de cola por una hamburguesa sin la mitad superior del pan, una ensalada (como *McSalad Shaker* de McDonald's, sin queso y con un aliño/aderezo para ensalada César) y un refresco de dieta, los carbohidratos disminuirán de manera dramática.

El sándwich (emparedado) de crema de cacahuate (maní) y jalea

La parte menos dañina de este clásico es la crema de cacahuate, por supuesto. Se trata de una buena fuente de grasa monoinsaturada. También contiene resveratrol, el mismo fitoquímico que le brinda al vino tinto sus cualidades protectoras contra las enfermedades cardíacas y el cáncer. La crema de cacahuate asimismo ofrece folato, el cual ayuda al metabolismo a asimilar la homocisteína, un producto secundario de la asimilación metabólica de las proteínas que sin el folato perjudicaría el sistema cardiovascular. Los inconvenientes de la crema de cacahuate procesada de tipo comercial es que a veces se le agregan grasas malas —saturadas— y también azúcar. Lo mejor es optar por una crema de cacahuate completamente natural. Comer jalea, por su parte, es como tragar el azúcar a cucharadas; incluso en combinación con la crema de cacahuate impulsaría al páncreas a producir más insulina de la que resulta saludable. Y el pan que sin duda usaría como base sería el pan blanco común de supermercado, que es lo peor que puede haber. En conjunto este sándwich más bien parece postre que otra cosa. La mejor opción es una crema de cacahuate natural con la menor cantidad de jalea que su paladar soporte, sobre pan árabe (pan de *pita*) o pan de masa fermentada (*sourdough bread*), acompañado de leche descremada (*fat-free milk* o *nonfat milk*). Incluso con estas modificaciones sólo hay que darse este gusto muy de vez en cuando.

La pizza y la cerveza

Apuesto a que a estas alturas ya habrá adivinado que el aceite y el queso de la pizza no son lo peor que ofrece. Sobre todo si se trata de un buen aceite de oliva y de un queso *mozzarella* bajo en grasa. La masa es de harina refinada, lo cual *sí* es un problema. Y todo mundo sabe, desde luego, que la cerveza no es una bebida de dieta. La maltosa —el azúcar de la cerveza— tiene un índice glucémico más alto que el pan blanco. La producción de insulina que se da al consumirla estimula el depósito de grasa en el abdomen y da por resultado algo que de manera muy acertada suele llamarse "panza cervecera". No obstante, la pizza no carece totalmente de beneficios. El tomate (jitomate) cocido (de la salsa) es una fuente excelente de licopeno, una sustancia que combate el cáncer. Si la pizza y la pasta se eliminaran por completo y para siempre, se perderían dos de las formas más sabrosas de servir esta verdura. Si puede cambiar la pizza honda (*deep-dish pizza*) por

ENGAÑE A SUS ANTOJOS

En lugar de la masa de la pizza. . .

La masa de la pizza puede aportar un número asombrosamente alto de calorías a una comida, además de una gran cantidad de harina blanca con un alto índice glucémico. En cambio, prepare una pizza con queso *mozzarella*, rodajas de tomate (jitomate) y especias sobre hongos *portobello*.

Vea la receta completa en la página 283.

una de masa delgada (*thin-crust*), habrá logrado cierta mejoría. Y si además del aceite de oliva, la salsa de tomate y el queso bajo en grasa agrega unos pimientos (ajíes, pimientos morrones) verdes, cebolla, hongos y aceitunas, habrá añadido muchos carbohidratos buenos y nutritivos, por lo que el plato resultará más llenador. En lugar de cerveza pruebe una copa de vino tinto. Así obtendrá una comida completamente diferente: no precisamente un alimento saludable, pero mejor que una pizza honda para llevar.

MI DIETA SOUTH BEACH **NUNCA SENTÍ MUCHA HAMBRE —*KANDY K.*** Leí algo acerca de la dieta South Beach en el periódico justo por la época en que decidí que necesitaba perder 15 libras (7 kg). Sonaba como un programa formal, no una de esas locas dietas de moda de las que uno se entera por ahí. El hecho de que un cardiólogo la haya inventado también ayudó a convencerme. Así que empecé.

Los carbohidratos siempre han sido mi debilidad. Me encantan los *donuts*. Cuando pasas por un Krispy Kreme con tu hijo y te solicita uno, no sólo le pides un solitario *donut*. Más bien terminas diciendo: "Bueno, está bien. Que sean *dos*". En realidad no tengo ningún problema en especial, pero sí me gusta este tipo de chatarra.

Las primeras 2 semanas, la fase estricta, fueron un poco difíciles para mí debido a todas las limitaciones. Pensé: "Vaya, no va a ser tan fácil como pensé". Ir a restaurantes y no comer pan fue duro. Sin embargo, en cierto sentido también fue una dieta fácil, porque no había que comer alimentos determinados en cada comida. Era posible sustituirlos. Si no te gustaba una cosa podías comer otra. Si no querías queso como merienda (refrigerio, tentempié), podías comer frutos secos. Por eso fue muy fácil vivir con esta dieta. No incluía alimentos previamente preparados como otras dietas, en las que se debe comer esto hoy por la noche y desayunar aquello mañana. Uno puede comer lo que le guste. Definitivamente esa fue la parte buena.

Una vez que me acostumbré a lo que se podía y no se podía comer y conocí las reglas, incluso la fase estricta se me facilitó mucho. Nunca sentí mucha hambre. Uno se llena con las cosas que están permitidas, por lo que se siente bien. Uno se ajusta.

Perdí como 10 libras (5 kg) con la dieta, pero ahora que empecé a trabajar con un entrenador personal de hecho volví a subir unas 5 de esas libras (2 kg) en masa muscular. No obstante, tengo el cuerpo mucho más firme que antes: los músculos pesan más que la grasa. Hay días en que todavía me dan ganas de detenerme en Krispy Kreme. Pero ahora digo: "No, no, no: no volveré a hacer eso". ▪

NO ES SÓLO LO QUE SE COMA SINO CÓMO SE COMA

Según hemos visto, la ecuación que origina la mayoría de los casos de obesidad es sencilla: entre más rápido el torrente sanguíneo procesa y absorbe los azúcares y las féculas que se comen, más se engorda.

Por lo tanto, cualquier cosa que acelere el proceso por medio del cual el cuerpo digiere los carbohidratos es mala cuando se trata de bajar de peso, y cualquier cosa que lo haga más lento es buena. La digestión equivale simplemente a la acción del estómago para descomponer los alimentos; todo lo que mantenga los alimentos intactos por más tiempo beneficia a quienes pretenden bajar de peso.

Teniendo esto presente, también es importante darse cuenta de que el proceso de la digestión comienza desde antes de que la comida pase al estómago. De hecho empieza en el momento de su preparación. Un ejemplo: el brócoli crudo es crujiente, duro y frío y lo cubre una capa de fibra alimenticia. Si se lo come en este estado, su estómago realmente tendrá que trabajar a fin de obtener los carbohidratos. Eso es bueno. Desde luego casi nunca nos comemos el brócoli crudo, a no ser en la mesa de las verduras

Fibra: dónde encontrarla

Existen dos tipos de fibra. La insoluble no se disuelve en agua y les ayuda a los alimentos a recorrer el intestino más rápidamente. Es posible que este tipo de fibra reduzca la cantidad de grasa que el cuerpo extraiga de la comida. La encontrará en las cáscaras de las frutas, las verduras y los cereales integrales. La fibra soluble sí se disuelve en agua. Este tipo de fibra pesa dentro del estómago, por lo que uno se siente satisfecho con menos calorías. La encontrará en las frutas, las verduras, los frijoles (habichuelas) y los cereales integrales.

La siguiente lista incluye 20 alimentos altos en fibra que caben dentro de la dieta South Beach.

Alimento	Ración	Fibra (g)
Kellogg's All-Bran	½ taza	13.8
Habas blancas secas (*butter beans*)	½ taza	6.9
Frijoles (habichuelas) colorados	½ taza	6.9
Aguacate (palta)	½ taza	6.8
Frijoles blancos pequeños	½ taza	6.5

crudas de un cóctel. Primero lo lavamos, luego tiramos la parte más dura del tallo y finalmente lo picamos y hervimos o bien lo cocinamos al vapor hasta que quede blando y caliente.

El estómago le hace más o menos lo mismo a la comida: al combinar el movimiento de los músculos con la producción de jugos gástricos y ácidos fuertes, el estómago destroza la comida físicamente y la licúa en parte. Ya sea que se encuentre en una olla sobre la estufa o en su estómago, en esencia el brócoli y todo lo demás que usted coma se somete al mismo proceso.

En el caso de los alimentos procesados la digestión arranca desde antes, incluso desde mucho antes de que el producto llegue a los estantes del supermercado. Piense en aquel pan blanco rebanado. Primero se le quita el

Alimento	Ración	Fibra (g)
Alcachofa	1 mediana	6.5
Frijoles negros	½ taza	6.1
Quaker Oat Bran	1 taza	5.3
Lentejas	½ taza	5.2
Cebada	¾ taza	4.5
Avena Quaker	1 taza	4.4
Ciruelas secas	½ taza	4.1
Trigo bulgur	½ taza	4.1
Batata dulce (camote)	½ taza	4.1
Coles (repollitos) de Bruselas	½ taza	3.8
Chícharos (guisantes) partidos	½ taza	3.1
Manzana	1 pequeña	2.8
Zarzamoras	½ taza	2.5
Brócoli	½ taza	2.4
Kiwi	1 grande	1.7

salvado y la fibra al trigo. Luego este se pulveriza hasta convertirse en una finísima harina blanca. El proceso de horneado lo infla y lo transforma en unas ligeras y suaves rebanadas de pan. Con razón el estómago lo trabaja tan rápidamente. ¡Una rebanada de pan blanco provoca la misma alteración repentina al llegar al torrente sanguíneo que una cucharada de azúcar refinada tomada directo de la azucarera! A María Antonieta le hubiera costado trabajo distinguir entre el pan blanco y el pastel (bizcocho, torta, *cake*), y a decir verdad no hay mucha diferencia.

Por el contrario, el pan auténtico hecho a la antigua —basto y correoso, con una costra gruesa y trozos visibles de granos, ese pan que sólo se encuentra en la panadería o en la tienda de productos naturales— pone a trabajar

Los pormenores de la papa

A diferencia del pan blanco y del arroz, la papa realmente tiene un gran valor alimenticio. Incluso la menos nutritiva —que desafortunadamente es la que más se come— ofrece aproximadamente 3 gramos de fibra por papa para hornear mediana y una cantidad considerable de potasio (bueno para bajar la presión arterial), hierro, ácido fólico y vitamina C.

Por desgracia la papa se digiere de manera demasiado rápida. Si decide comerla por ser su carbohidrato feculento favorito, tome las siguientes medidas para hacer más lento el proceso digestivo e incrementar sus beneficios alimenticios.

Agregue grasa o proteínas. A fin de bajar el índice glucémico de la papa —y por lo tanto de prevenir antojos y hambre más adelante durante el día— espolvoréela con queso parmesano, agréguele una cucharada de crema agria baja en grasa o píquela en trocitos y mézclela con frijoles (habichuelas).

Coma la papa apropiada. La papa de cáscara roja le pega más fuerte al índice de insulina, seguida de cerca por la papa blanca para hornear. De ser posible opte por alguna variedad de papa "nueva" más joven, ya que tiende a contener menos azúcares. A fin de incrementar el contenido en nutrientes, elija las papas más coloridas. Las papas azules, moradas y anaranjadas que se cultivan en Sudamérica, así como en algunas granjas pequeñas o dedicadas a cultivos ecológicos en los Estados Unidos, contienen un montón de antioxidantes saludables para el corazón.

Pruebe su pariente lejano. La batata dulce (camote) proviene de una familia diferente de la papa común para hornear. Es mucho menos probable que usted se exceda en el consumo de estas que cuando coma papa, su prima de color más claro. También contienen muchos nutrientes, entre ellos grandes cantidades de betacaroteno (un precursor de la vitamina A), vitaminas C, E, B_6, B_{12} y folato.

al estómago. También está hecho de trigo, pero ningún proceso industrial ha matado los granos. Tal vez incluso logre distinguir los trozos de salvado. Contiene féculas, las cuales sólo son cadenas de azúcares pero debido a que están ligadas a la fibra, la digestión de estas se vuelve más lenta. El resultado es que los azúcares entran al torrente sanguíneo de manera gradual. Si no se da un aumento repentino en el azúcar en sangre (glucosa), el páncreas no produce tanta insulina y no se siente un antojo exagerado de consumir más carbohidratos después.

Este hecho resulta crucial para comprender la forma en que el cuerpo funciona: entre más procesos previos de elaboración hay, más nos hace engordar el alimento.

La buena noticia, desde luego, es que es posible controlar en parte el índice glucémico de los alimentos al decidir cómo prepararlos.

Tome una papa, por ejemplo. Se trata de una verdura increíblemente versátil. Es posible hacer cien cosas con ella, desde una sopa hasta el vodka. Y lo que se le haga determinará cuánto nos hace engordar.

¿Cuál es la peor forma de preparación desde el punto de vista del índice glucémico? Al horno. El proceso de horneado hace que el sistema digestivo obtenga acceso a las féculas de manera más fácil.

¿Y cuál sería una forma un poco mejor? Aunque usted no lo crea, esa papa al horno engordará menos si se remata con una cucharada de queso o crema agria bajos en grasa. Aumentará un poco la suma de las calorías, pero la grasa que se encuentra en el queso o la crema agria hará más lento el proceso digestivo, por lo que la papa no estimulará al cuerpo a producir tanta insulina.

De todas formas no vaya usted a pensar que cuando esté en el centro comercial y de paso se detenga a comer una papa al horno en una franquicia se trata de una merienda (refrigerio, tentempié) saludable. Comer una papa al horno a la mitad de la tarde prácticamente garantiza que al llegar la cena se estará muriendo de ganas de comer carbohidratos. Le irá mejor con una pequeña porción de helado o incluso con un chocolate oscuro en lugar de esa papa al horno.

¿Qué es mejor que una papa al horno? En puré o cocida, debido a la diferencia en el proceso de cocción, en primer lugar, pero también porque de esta forma probablemente se la comerá con un poco de mantequilla o crema agria, y la grasa volverá más lento el proceso de digestión. Aunque usted no lo crea, incluso las papas a la francesa son mejores que las preparadas al horno debido a la grasa en que se cocinan. Desde luego lo mismo sucede con las papitas fritas, pero no se deje engañar: ninguna de estas opciones son buenas para alguien que esté haciendo la dieta South Beach. El tipo de papa de que se trate también es muy importante en este sentido. La de cáscara roja tiene el más alto contenido de carbohidratos. La de cáscara gris es mejor. Las papas nuevas son aún mejores; cualquier verdura o fruta contiene menos carbohidratos entre más verde esté a la hora de recogerse. Si tiene que darse el gusto de comer papas, hágalo con moderación. Y pruebe la batata dulce (camote) en lugar de la papa blanca.

El factor de la fibra

¿Qué tan malo es el pan blanco? Peor que el helado. Si usted está a punto de sentarse a cenar y debe elegir entre acompañar su cena con pan blanco o tomar un helado al terminar, opte por el helado: engorda menos.

Sin embargo, desde luego no todos los panes son blancos. Una buena regla general es que entre más basto y pesado el pan, mejor es para su salud.

El mismo principio se aplica a todos los alimentos: lo entero e intacto es mejor que lo picado o rebanado, lo cual es mejor que lo picado en cubitos, lo cual es mejor que lo aplastado o en puré, y todo lo anterior es mejor que el jugo. La cáscara de la manzana, por ejemplo, contiene una buena cantidad de pectina, una fibra soluble. Por lo tanto, si come una manzana su estómago tendrá que habérselas con la fibra antes de poder llegar hasta la fructosa. De manera semejante, una naranja (china) contiene fibra en la pulpa y en la sustancia medular blanca adherida a esta.

No obstante, si toma esa manzana, la pela y la convierte en jugo obtendrá algo muy diferente. Los micronutrientes y la fibra se encuentran en la cáscara. Si esta está intacta usted puede tardar 5 minutos en comerse la manzana. Por el contrario, sólo requeriría unos cuantos segundos para beber su equivalente en jugo. Y tenga presente que el índice glucémico se determina en parte por la velocidad con la que se coma y se digiera el alimento o la bebida. Por eso los diabéticos rápidamente toman un poco de jugo de naranja —en lugar de comer la fruta natural— cuando sufren una reacción hipoglucémica. Y si bien la fructosa es preferible a la sacarosa, un vaso

Los pormenores del pan

La mayoría de los panes sólo contienen una mezcla de harina refinada, agua, azúcar, levadura y un poco de aceite. Estos panes llegan al torrente sanguíneo rápidamente y se digieren más pronto de lo que pueda pronunciar la palabra "caloría". Sin embargo, no todos los panes fueron creados iguales.

Al andar de compras: no se deje engañar por las etiquetas de pan que indican "pan de trigo integral" (*whole wheat*). La mayoría de estos panes sólo contienen colorante vegetal color marrón. El envase debe decir *"100 percent whole-grain"* (100 por ciento de grano entero). Busque un pan que contenga por lo menos de 2 a 3 gramos de fibra por rebanada. Muchas tiendas de productos naturales y algunas de comestibles ahora venden panes de grano entero hechos con harina de soya y semilla de lino (linaza, *flaxseed*). Entre ellos están los productos de Alvarado St. Bakery y French Meadow Bakery, los cuales contienen las proteínas y la fibra que hacen falta para retardar el proceso digestivo e incluso ácidos grasos omega-3 saludables para el corazón.

Al comer fuera: fíjese en el peso al elegir un pan del cesto (panera). Los panes más pesados contienen más fibra, la cual hace más lenta la digestión. Si alcanza a distinguir pedacitos de salvado o semillas en el pan, mejor todavía. Si tiene dudas, pregúntele al mesero cómo se preparó el pan.

Al hornear pan en casa: agregue ingredientes que reduzcan el apetito, como semillas de girasol y harina de trigo integral (por la fibra), harina de soya (por las proteínas) e incluso semilla de lino molida (por la fibra, las proteínas y las grasas saludables). *Hodgson Mill* vende muchas harinas preparadas de granos enteros y semilla de lino para panes y *muffins*, apropiadas para hornos eléctricos para pan (*bread machines*).

grande de jugo funciona en gran medida de la misma forma que un refresco (soda): provoca una repentina descarga de azúcar pura. Esto es cierto particularmente con respecto al jugo procesado sin fibra ni pulpa, el único que muchas personas compran.

La fibra alarga el esfuerzo del estómago por obtener los azúcares y las féculas de los carbohidratos. La fibra de las verduras como el brócoli es celulosa, o sea, en esencia se trata de *madera*. Los nutrientes también vienen ligados a la fibra, de modo que el estómago tiene que trabajar más arduamente para nutrirse.

Los "apagazúcares"

La fibra no es lo único que se interpone en el camino de los azúcares.

Las grasas y las proteínas también alargan el tiempo que el estómago requiere para procesar los carbohidratos. Es conveniente acompañar los carbohidratos con un poco de proteína o de grasa —grasa buena, naturalmente—. Acompañar el pan con un poco de aceite de oliva o bien un trozo de queso bajo en grasa de hecho es mejor para la salud que comérselo solo. Un plato de pasta con salsa de tomate (jitomate) y un trozo de pan italiano dan una comida sumamente alta en carbohidratos. La situación mejora si se le acompaña con un poco de carne o queso. Sentarse a almorzar una rica papa al horno no es muy buena idea. Acompañar esta papa con un pedazo de bistec y un poco de brócoli la vuelve mejor para su dieta que si se la comiera sola. De hecho su cuerpo producirá menos insulina y usted no sentirá tantos antojos de comer más pocas horas después.

El siguiente truco bajará el índice glucémico de cualquier comida: quince minutos antes de empezar a comer tómese una cucharada de *Metamucil* en un vaso con agua. Ciertamente este remedio suele aplicarse como un laxante suave. No obstante, simplemente se trata de semilla de pulguera (zaragatona, *psyllium*), o sea, de fibra, fibra insoluble. Cuando usted tome esa cucharada la fibra formará una bola resbalosa que bajará por su tracto digestivo y despejará todo lo que se encuentre en el camino. Si toma un poco antes de comer, la fibra se mezcla con la comida y tiene el efecto de bajar la velocidad con la que el estómago digiere lo que come.

Al hablar de dietas por lo común nos limitamos de manera casi exclusiva a las cosas que comemos, de modo que resulta fácil olvidar cuánto depende de lo que bebemos. No obstante, el cuerpo no establece esta distinción; para cuando la comida llega al intestino delgado, *todo* es líquido.

De hecho lo que bebe resulta crítico, porque requiere de poca digestión y pasa al torrente sanguíneo de manera más directa. Si la bebida contiene azúcar, esta entrará a su organismo a toda velocidad y provocará la descarga repentina de insulina que produce antojos más adelante.

No sorprenderá a nadie que en un extremo del espectro de las bebidas se encuentre el agua. A estas alturas todos hemos escuchado el dogma de que necesitamos por lo menos entre 2 y 3 cuartos de galón (entre 1.89 y

TRANSFORME SUS BEBIDAS A LO SOUTH BEACH

Muchas personas beben más calorías de lo que se dan cuenta. Tenga presentes esas calorías líquidas y opte por agua mineral siempre que le sea posible. Cuando forzosamente necesite beber algo "con sabor", elija una bebida que contenga un poco de grasa o proteínas —como la leche— para hacer más lenta su digestión.

Malo	Regular	Lo mejor
Cerveza	Cerveza *light*	Vino
Whisky	Vino blanco	Vino tinto
Té helado endulzado	Té helado sin edulcorantes	Agua mineral
Una bebida preparada con café	Café solo	Café con leche descremada
Jugo de manzana	Limonada de limones recién exprimidos	Una medida (*shot*) de jugo de limón con agua mineral
Jugo de zanahoria	Jugo *V8*	Jugo *V8* bajo en sodio
Jugo de fruta	Batido (licuado) de fruta	Batido sin grasa
Refresco (soda)	Refresco de dieta	Leche

2.84 l) al día para conservarnos sanos. Hasta cierto punto se duda que realmente nos haga falta *tanta*, pero es una buena regla tomar agua cuando le dé sed. Les conviene de manera particular a las personas que están a dieta, porque crea la sensación de tener la barriga llena.

El otro extremo del espectro le corresponde a la cerveza. Tal como ya se mencionó, esta bebida tiene un índice glucémico alto gracias a su principal componente, la maltosa, que es aún peor que el azúcar refinada.

El vino e incluso el *whisky* son mejores porque se elaboran a partir de diversos cereales, verduras o frutas. Desde luego el *whisky* no cabe en ningún esfuerzo serio para bajar de peso. El vino blanco es mejor. Lo mejor de todo es el vino tinto, porque gracias al resveratrol que se encuentra en la cáscara de la uva aporta beneficios importantes y probados al corazón.

No es novedad que los refrescos (sodas) sean una fuente importante de azúcar, así que no abundaré en ello. El té helado endulzado no es mucho mejor.

El café solo desde luego no contiene azúcar. Las personas se han acostumbrado a que los médicos advirtamos contra el exceso en su consumo, pero no creo que sea tan malo si se toma con moderación. Algunas dietas sugieren que se tome café descafeinado por la simple razón de que la cafeína efectivamente estimula al páncreas a producir insulina, lo cual es lo último que una persona con sobrepeso requiere. Sin embargo, el efecto no es tan fuerte y pienso que si una o dos tazas de café al día lo hacen feliz debe darse este gusto. Por su parte, es posible que el té negro realmente ayude a prevenir los ataques cardíacos y el cáncer de próstata.

Una vez más, los jugos de frutas causan muchos problemas, en parte porque hemos aprendido a relacionarlos con hábitos saludables. En efecto contienen nutrientes, sobre todo cuando se preparan al momento. No obstante, también aportan niveles muy altos de fructosa, lo cual puede frustrar cualquier esfuerzo por bajar de peso.

Ya que vivo en la Florida, el mejor ejemplo de una fruta que se me ocurre es la naranja (china). Uno de mis pacientes empezó a mostrar síntomas de diabetes. Su azúcar en sangre (glucosa) de repente subió a más de 400, lo cual no es una buena señal. Sin embargo, no padecía ninguna de las afecciones que por lo común están presentes al iniciarse un caso de diabetes, como una infección o algún otro motivo de estrés en su organismo. Empecé a interrogarlo para identificar cualquier cambio en sus hábitos alimenticios. Comentó que acababan de instalar un exprimidor de jugos en su oficina. Pensó haber tomado una decisión saludable al reemplazar el café que antes le gustaba por varios vasos de jugo de naranja al día.

"Olvídese del jugo porque está echando demasiada azúcar a su torrente sanguíneo", le aconsejé. Cambió a agua y su azúcar en sangre volvió a un nivel normal.

Este ejemplo ilustra todo lo que usted necesita saber acerca del jugo de frutas. Al comer una naranja usted consume la misma cantidad de fructosa que cuando toma el jugo. No obstante, también obtiene mucha fibra a través de la pulpa y las membranas. Su estómago se ve obligado a ponerse a trabajar para separar el azúcar de todo lo demás a través del proceso de digestión. Además, es posible que se coma una naranja en una sentada, quizá dos, si tiene hambre o son pequeñas. Sin embargo, pelar una naranja significa trabajar y toma tiempo comerse una.

No sorprenderá a nadie que el jugo que se compra en la tienda sea el peor.

El jugo recién exprimido es mejor debido a la pulpa fibrosa y la mejor calidad de los nutrientes que contiene.

Lo mismo es cierto con respecto a casi todos los jugos de frutas. ¿El jugo de piña (ananá)? Está llenísimo de azúcar. ¿El de uva? Igual. Por su parte, los padres de familia en los Estados Unidos en algún momento al parecer se enamoraron del jugo de manzana y empezaron a dárselo a sus hijos con cada comida. Desde el punto de vista del consumo de azúcar fue una mala idea. La cáscara de la manzana de hecho es bastante saludable, pues la pectina es una fibra buena que acompaña a la fructosa al introducirse en el organismo. Por lo tanto, el viejo refrán aún tiene mucho sentido: a diario una manzana es una cosa sana. Pero tomarse su jugo no lo es.

Si forzosamente tiene que tomar jugo de frutas, pruebe sólo un chorrito en agua mineral; es decir, un *spritzer*.

En lo que se refiere a los jugos de verduras se dispone de más libertad. No obstante, eso no incluye el puntal de las tiendas de productos naturistas: el jugo fresco de zanahoria. Tal como lo hemos señalado en otro punto, la zanahoria tiene un índice glucémico alto. Del jugo de remolacha (betabel) se dice que es bueno por muchas razones, pero también está cargado de azúcares. He oído que echar un plátano amarillo (guineo, banana) a la licuadora (batidora) con un poco de leche, unas bayas y hielo da un rico batido (licuado) o *smoothie* para el verano. No obstante, el plátano amarillo es una de las peores frutas en lo que a su contenido de fructosa se refiere. Si usted no supiera nada de nutrición y se le pidiera adivinar qué frutas y verduras contienen la mayor cantidad de azúcar, probablemente acertaría en la mayoría de los casos. Entre más dulce el sabor, más azúcar contiene el alimento. La sandía no es recomendable. El tomate (jitomate) es mejor. El jugo de brócoli sería el mejor, si alguien realmente estuviera dispuesto a tomarse un vaso todos los días con el desayuno. Así que alégrese de que la dieta South Beach no exija que se tome un gran vaso de jugo de brócoli todos los días.

MI DIETA SOUTH BEACH

NO TENGO LA IMPRESIÓN DE ESTARME PERDIENDO NADA —*KATIE A.* He cuidado mi peso más o menos desde los 7 años. En ese entonces mi hermana y yo pasamos un verano de visita con mi abuela en Pensilvania y nos comimos todos los alimentos procesados y envasados que tenía en casa. Ella no cocinaba. Era dueña de una empresa y para tenernos ocupadas nos daba dinero para que nos diéramos una vuelta a la dulcería. Al finalizar ese verano mi hermana y yo regresamos a casa hechas unas gorditas.

Desde entonces he luchado contra mi peso. Probé todas las dietas habidas y por haber. Incluso encontré a un médico dispuesto a ponerme inyecciones para estimular la tiroides y bajar de peso. Me dio la enfermedad de Graves. También estuve con *Weight Watchers*. Y sí, bajé de peso y me dieron mi insignia y todo lo demás. ¿Pero sabe qué sucede? Uno se obsesiona demasiado con la comida y se la pasa analizándola. Algo así como: ¿Cuántos panes? ¿Cuántas frutas? ¿Cuánto de esto o de aquello? ¡Te das cuenta de que piensas en la comida las 24 horas del día 7 días a la semana!

Lo que me traumaba eran los carbohidratos y los dulces. Trabajaba el turno vespertino en el hospital en ese entonces, así que no me acostaba hasta las 4 a.m. Empezaba a comer en el trabajo, porque los pacientes siempre iban por galletitas (*cookies*) y golosinas. Cuando me

cansaba un poco veía a todos sentados ahí comiendo algo. No necesariamente tenía hambre, sólo cansancio, pero iba por la comida. Luego,
al llegar a casa, me sentía culpable por toda la chatarra que había comido en el trabajo. Decía: "Bueno, ahora tienes que comer algo saludable". Así que cenaba y *luego* me acostaba. Sólo comía entre las 3 de
la tarde y más o menos las 3 de la madrugada. Me levantaba para ir a
trabajar, sólo desayunaba un café y llegaba al turno de las 3 a las 11.
Sabía que no se debe comer después de las 8 de la noche. Pero ese
turno te impone un horario anormal. Comía hojuelas y *pretzels* y todo eso.
Mariquitas (platanutres) *y* dulces. . . y galletitas y pastel (bizcocho, torta,
cake). Pan. Arroz. Eso era todo. Y mentalmente me decía: "Bueno, en
realidad no como *tanto*". Porque comía de manera irregular. En pequeñas cantidades. También ingería muchísima cafeína en aquel entonces.
Me acababa seis latas de refresco (soda) al día: coca o *Pepsi* o *Tab* de
dieta. Definitivamente contenían cafeína, y posteriormente averigüé que
la cafeína me estimula el apetito.

Nolo subí todo al mismo tiempo. Las libras simplemente empezaron
a sumarse sin que me diera cuenta. Hasta un día en que mi mamá caminaba detrás de mí en el centro comercial, me alcanzó y comentó:
"¿Sabes qué? Estás empezando a andar como *pato*".

Fue la gota que derramó el vaso. Eso ocurrió hace 2 años, cuando
empecé con esta dieta. Bajé 30 libras (14 kg) desde entonces y no las
he vuelto a subir. Lo mejor de esta dieta es que resulta fácil de observar.
Incluso es flexible. Por ejemplo, hice trampa casi desde el primer día.
Quizá no durante las primeras 2 semanas, la fase estricta. Pero después de eso. Estaba permitido comer frutos secos, digamos, pero había
que contar sólo 30 por cada porción. Bueno, hubo noches en que no
los conté.

Pero más allá de eso he perseverado con esta dieta, a diferencia de
las demás que probé. No he comido una rebanada de pan en 2 años.
Ni un grano de arroz tampoco. Es cuestión de autocontrol. No obstante,
al mismo tiempo no siento que me esté privando. La dieta me permite
comer muchísimas cosas. Y cuento con muchos resultados positivos
que me mantienen motivada. Ahora sé que puedo entrar a una tienda y
no tengo que buscar la talla 16. Estoy entre la 10 y la 12, y me siento a
gusto con eso.

Me resultó tan fácil perseverar con esta dieta que hace como un año le confesé a la nutrióloga de Mount Sinai que no había probado una manzana ni otra fruta en más de un año. Y se enojó conmigo. "Katie, deberías saber que eso no se hace", dijo. Como sea, ahora ya como todo tipo de frutas. Muchas verduras, muchas frutas, muchas ensaladas. Pero sé mucho más acerca de lo que como que antes. Por ejemplo, la gente no se da cuenta de que el glutamato monosódico (o *MSG* por sus siglas en inglés) de su comida china se hace de remolacha (betabel), la cual contiene *mucha* azúcar. Ni sabe que las zanahorias también tienen un índice glucémico alto. Antes comía muchas zanahorias, sobre todo cuando estaba tratando de bajar de peso. Incluso me iba de viaje con bolsitas de zanahorias. Por lo tanto me causó gran impresión enterarme de que contienen tanta azúcar. Uno no se da cuenta de que las zanahorias o las cebollas simplemente se convierten en azúcar que se deposita en el cuerpo en forma de grasa.

Últimamente de hecho volví a subir unas libras —le seré sincera— porque hice trampa con los frutos secos. Por el momento me gusta la nuez de la India (anacardo, semilla de cajuil, castaña de cajú), pero he cubierto toda la gama. He llegado a comer cacahuates (maníes). Y almendras. Una vez más, uno no se da cuenta de que los frutos secos también contienen azúcar. En esta dieta los pistaches son una maravilla, porque si bien sólo se permiten 15 almendras es posible comerse 30 pistaches, por ser tan pequeños. Así que creo que exageré con los pistaches y es posible que haya vuelto a subir unas cuantas libras. Pero ya ni me pongo en la pesa (báscula). Me guío por cómo siento la ropa. No quiero andar obsesionada con la necesidad de pesarme todos los días. Si tengo la impresión de estar exagerando con los frutos secos, les bajo otra vez. Y vuelvo a perder unas libras. Hace muy poco descubrí una pastelería donde venden una tarta de queso sin azúcar. La compro y la parto en porciones muy pequeñas. Luego, cuando se me antoja —no sucede todas las noches, quizá dos o tres veces a la semana—, simplemente voy, tomo un trozo y lo descongelo. Es algo que puedo comer. Es suficiente. Y no tengo la impresión de estarme perdiendo de nada. ∎

POR QUÉ COMER
DA HAMBRE

¿Por qué comer da *qué*?

¿Verdad que usted siempre tuvo la impresión de que comer *sacia* el hambre?

Bueno, es así y no lo es. Comer efectivamente pone fin al hambre por un rato. No obstante, más adelante ciertos alimentos también provocan mayores antojos y más hambre de la que se tendría de no habérselos comido.

No se trata sólo de una teoría ni es cuestión de percepción.

El Dr. David S. Ludwig dirige el programa contra la obesidad del Children's Hospital en Boston y también da clases en la Escuela de Medicina de Harvard. Hace poco este médico estudió la forma en que el desayuno de unos adolescentes obesos influía en la intensidad del hambre que les daba horas más tarde.

A tres grupos de adolescentes con sobrepeso les sirvieron desayunos que sumaban cada uno exactamente el mismo número de calorías que los demás. El menú de uno de los grupos consistía en grasa en un 20 por ciento, proteínas en un 16 por ciento y aproximadamente dos tercios de carbohidratos, aunque de los buenos: avena cortada en máquina (*steel-cut oatmeal*), o sea, avena en copos grandes y con el grano sin procesar, por lo que la fibra seguía intacta. El segundo grupo también comió un desayuno que constaba de dos tercios de carbohidratos, pero se trataba de avena *instantánea*, la cual se distingue porque se ha eliminado la fibra para acortar el tiempo de cocción.

El desayuno del tercer grupo era idéntico a un menú típico de la dieta South Beach: *omelettes* de verduras.

Después de desayunar, se les instruyó a los miembros de los tres grupos que comieran lo que quisieran durante las 5 horas siguientes.

Los sujetos que habían desayunado los carbohidratos malos —el grupo de la avena instantánea— comieron más durante este período de 5 horas. También indicaron sentir las punzadas de hambre más fuertes.

Los adolescentes que comieron la avena cortada en máquina tuvieron menos hambre y comieron menos durante las horas posteriores al desayuno que el grupo de la avena instantánea.

Los integrantes del grupo que había comido los *omelettes* de verduras —el desayuno bajo en carbohidratos— *fueron los que menos hambre tuvieron y menos comieron durante las 5 horas posteriores al desayuno.*

Este estudio es uno de varios que se han hecho recientemente para poner a prueba la teoría de que el consumo de carbohidratos malos aumenta el hambre, mientras que una dieta basada en carbohidratos y grasas buenas (el *omelette* de verduras combina ambas cosas) supuestamente tiene por resultado un menor deseo de comer más tarde. Después explicaré por qué sucede así exactamente, pero por ahora quiero poner énfasis en lo que indican todos los estudios: consumir carbohidratos malos —particularmente los muy procesados— despierta el antojo de más carbohidratos malos, y a eso se debe en última instancia nuestra epidemia de obesidad. Sería difícil exagerar la importancia que reviste la conexión entre los carbohidratos malos, la obesidad y la mala salud cardíaca.

En otro estudio sobre la alimentación y el hambre, los sujetos que habían comido una fruta en su estado natural sintieron menos hambre que quienes habían ingerido la misma fruta en forma de puré, y los que tomaron el puré experimentaron menos antojos que quienes sólo habían bebido el jugo de la fruta. Por su parte, a través de varios proyectos de investigación los científicos han comprobado que después de comer frijoles da menos hambre que cuando se comen papas; después de comer zanahorias crudas da menos hambre que cuando se consumen cocidas; después de comer alimentos de grano entero da menos hambre que cuando se ingieren alimentos de granos quebrados; después de comer arroz ordinario da menos hambre que cuando se elige la variedad instantánea.

La reacción fisiológica elemental a la comida a la que se deben todos estos hallazgos tiene un nombre: hipoglucemia reactiva.

Le describiré lo que esto significa exactamente. Pero antes de decírselo permítame darle un ejemplo gráfico.

Durante años, todos los días alrededor de las 3 o las 4 de la tarde empezaba a perder energía y a sentirme débil, con sueño, a veces incluso mareado. Sin pensarlo dos veces iba corriendo a la sala de descanso de los médicos, donde devoraba un *muffin* de salvado y tomaba una taza de café. Realmente estaba convencido de que el *muffin* era saludable porque la etiqueta decía "bajo en grasa". De hecho la palabra "salvado" (*bran*) se había apuntado ahí principalmente con el fin de evitar que la gente examinara los ingredientes con detenimiento y se diera cuenta de que ese *muffin* no era más que una magdalena (mantecada, panquecito, *cupcake*) disfrazada. Me mostré demasiado confiado: el contenido en grasa del *muffin* tal vez fuera bajo, pero sus carbohidratos añadieron mucha grasa alrededor de mi cintura.

Enseguida de tomar esta merienda (refrigerio, tentempié) me sentía mejor. Hay que reconocerle a mi cuerpo que sabía exactamente lo que necesitaba: carbohidratos. *Azúcar.* Lo sabía porque detectaba que su nivel de glucosa —la forma que el azúcar adopta dentro del torrente sanguíneo— había bajado demasiado. La glucosa es una forma de energía química que el cerebro en particular requiere de manera constante si ha de funcionar adecuadamente. De no contar con ella en cantidades suficientes nos sentimos mareados y débiles y con el tiempo caemos en estado de coma y nos morimos. La diabetes, por su parte, es la incapacidad del cuerpo para convertir la comida en una forma útil de energía. Por eso los diabéticos del tipo I no sobrevivirían por mucho tiempo sin la insulina sintética.

Por lo tanto, mi cerebro detectaba una hipoglucemia —un índice muy bajo de azúcar en sangre— y mi cuerpo reaccionaba (de ahí el término

Hipoglucemia reactiva: el descenso acelerado que se da en el azúcar en sangre (glucosa) de manera posterior a la producción por parte del páncreas de una gran cantidad de insulina a fin de corregir un incremento previo en el azúcar en sangre. Dicho descenso puede ocasionar hambre, temblores, nerviosismo y sudoración. . . y puede impulsar a comer de más nuevamente, para dar inicio a otro ciclo semejante.

"hipoglucemia reactiva") creando los antojos que me impulsaban a buscar la forma más accesible de obtener carbohidratos. Quizá a usted le haya pasado lo mismo.

Cómo operan los carbohidratos

Tal como ya lo hemos dicho, una selección vasta y variada de alimentos contienen carbohidratos. Abarcan desde la verdura más virtuosa hasta la golosina más pecaminosa. Todos estos carbohidratos contienen azúcares. No obstante, existen varias formas de azúcar con nombres diferentes, entre ellos la maltosa (en la cerveza), la sacarosa (en el azúcar refinada), la lactosa (en los productos lácteos) y la fructosa (la cual se encuentra en la fruta).

A pesar de esta similitud, nadie a quien se le antoje un *donut* de azúcar queda satisfecho con un plato de brócoli. Es posible que lo contrario también sea cierto, aunque sería difícil encontrar a alguien que padezca antojos insaciables de verduras verdes.

Por el sabor es fácil distinguir qué carbohidratos contienen la mayor cantidad de azúcar y cuáles se desprenden de esta con la mayor facilidad. Probablemente no sorprenderá a nadie que un chocolate con leche suelte sus azúcares de manera más liberal que un chocolate oscuro, que una piña (ananá) entregue su dulzura más rápido que una toronja (pomelo) o que una rebanada de pan blanco de supermercado le inyecte azúcar a la sangre de manera más expedita que una galleta (*cracker*) integral de la tienda de productos naturales. Entre más azúcar esté presente y más rápido se libere, mayor es la intensidad con la que nos "intoxicamos" de azúcar, es decir, el alivio que corre por el torrente sanguíneo cuando respondemos al llamado por carbohidratos. No obstante, en su interior el cuerpo básicamente trata todos los carbohidratos de la misma forma. La digestión equivale en gran parte al proceso por medio del cual el cuerpo extrae los azúcares de los carbohidratos y los convierte en combustible, el cual quemamos o almacenamos. Quemar el combustible es bueno, pues significa que somos lo bastante activos para utilizar de manera eficiente los alimentos que comemos. Almacenar un poco de combustible es aceptable, pero lo que pase de eso ya no es tan bueno. Usted conoce este exceso de combustible almacenado por otro término: grasa corporal.

La tarea de digerir los carbohidratos comienza en la boca, cuando masticamos la comida y la saliva da inicio al proceso químico de separar los componentes de cada bocado. En el estómago, las contracciones musculares y los ácidos gástricos de este órgano destrozan la comida más todavía. El cuerpo desea llegar hasta los azúcares contenidos en los carbohidratos, pero el proceso se lleva a cabo a diferentes velocidades según determinados factores. En esencia, entre menos obstrucciones encuentran los azúcares, en forma de otras sustancias, más rápido se introducen al torrente sanguíneo.

Los competidores de los carbohidratos

¿Qué sustancias se interponen en el camino del cuerpo? La fibra es el principal factor que retrasa la absorción del azúcar. Por este motivo la avena muy procesada es peor que la variedad cortada en máquina, desde el punto de vista de la dieta. En esta última la fibra todavía está intacta; por lo tanto, antes de que el estómago pueda llegar hasta los azúcares de la avena tiene que separarlos de la fibra. Una vez aislada, la fibra pasa por el organismo sin digerir; su importancia alimenticia deriva de su capacidad para hacer más lenta la digestión. Se trata de un obstáculo para la digestión, lo cual nos hace bien.

Así se demostró recientemente a través de un estudio científico en el que 15 minutos antes de almorzar se les dio a la mitad de los sujetos la fibra conocida como semilla de pulguera (zaragatona, *psyllium*), que usted probablemente conozca más bien por su nombre de marca *Metamucil*. La otra mitad almorzó sin haber tomado primero la semilla de pulguera. Durante las horas posteriores a la comida, el grupo que había tomado la fibra afirmó sentir menos hambre que los demás. Conforme transcurrió el día también comieron menos. La razón es sencilla: en sus estómagos, la semilla de pulguera se mezcló con lo que habían comido y bebido e hizo más lenta su digestión. Cuando los carbohidratos se digieren más despacio el cuerpo produce menos insulina. Al haber menos insulina, la baja en el azúcar en sangre (glucosa) es menos radical. Si el azúcar aumenta y desciende en menor proporción en un momento dado, se siente menos hambre más adelante.

La fibra no es lo único que retrasa la digestión de los carbohidratos. La grasa también tiene como efecto que el intestino delgado procese de manera más lenta los azúcares que se hayan consumido. Por eso en el estudio de los adolescentes con sobrepeso el desayuno del *omelette* fue el que menos deseos de comer provocó más tarde. Se han descubierto otros factores por los que también se digieren más despacio los carbohidratos y que benefician, por lo tanto, a las personas que están a dieta. Los alimentos ácidos, por ejemplo, como el limón y el vinagre, hacen que el estómago se vacíe más lentamente, por lo que reducen el aumento en el azúcar en sangre (glucosa). Usted puede aliñar (aderezar) sus ensaladas o verduras con ambos ingredientes para disfrutar de estos beneficios. Incluso el pan de masa fermentada (*sourdough bread*) es ácido, y aunque no contenga mucha fibra hace que el estómago se vacíe de manera más lenta y de esta forma retrasa la digestión.

Esta lección es importante si se ha de comer correctamente y bajar de peso con la dieta South Beach. Por eso decimos que los carbohidratos que contienen fibra son *buenos* y también consideramos que ciertas grasas son buenas: cualquier cosa que retrase el proceso por medio del cual se extraigan los azúcares de los carbohidratos es buena por definición.

La reacción del cuerpo

Una vez que el alimento se ha licuado en el estómago, baja hasta el intestino delgado, donde millones de vasos capilares absorben lo que se ha comido y lo transportan hasta el torrente sanguíneo. Una vez ahí pasa por el hígado y luego a las demás partes del cuerpo, ya sea para utilizarse, almacenarse o eliminarse.

No obstante, sigamos con los carbohidratos. Tal como lo hemos indicado, todos contienen alguna forma de azúcar. Incluso las féculas son simplemente cadenas de azúcares; el proceso de digestión rompe las conexiones a fin de que el cuerpo pueda aprovechar las moléculas de azúcar. Lo que nos interesa aquí es la *velocidad* con la que el cuerpo llegue hasta los azúcares. No siempre ocurre con la misma rapidez.

Cuando los azúcares ingresan en el torrente sanguíneo, el páncreas enfrenta la tarea de detectarlos y de ponerse a trabajar para producir la hormona conocida como insulina en cantidades suficientes para sacar los azúcares de la sangre y meterlos a los órganos donde hacen falta, o bien para almacenarlos por si se requieren en el futuro. Aquí es donde empiezan los problemas de los diabéticos: ingieren los mismos azúcares que todos los demás, pero al no disponer de una insulina eficaz estos azúcares circulan inútilmente por el torrente sanguíneo. La insulina abre los tejidos para dejar pasar los azúcares.

Afortunadamente el páncreas sabe detectar cuánta insulina hace falta para realizar el trabajo. Si el cuerpo experimenta una inyección acelerada de azúcares se requiere mucha insulina. Si el metabolismo asimila los azúcares más despacio, la insulina se libera de manera gradual.

En lo que se refiere a la obesidad la diferencia es crucial: mientras que el acceso rápido al azúcar no es bueno para la salud, el lento es mejor.

Ahora le diré por qué. Cuando los azúcares se absorben lentamente, el azúcar en sangre (glucosa) aumenta de forma gradual y desciende de la misma manera una vez que la insulina empieza a hacer su trabajo. La disminución paulatina en el azúcar en sangre se traduce en antojos menos insistentes de consumir más carbohidratos después. Usted recordará lo que describí como "hipoglucemia reactiva": la sensación de hambre que se da cuando el índice de azúcar en sangre baja mucho. Cuando el azúcar en sangre disminuye poco a poco, los antojos son menores.

Por el contrario, cuando el páncreas detecta un aumento rápido en el azúcar en sangre proporciona una cantidad igualmente grande de insulina para resolver el asunto. Por lo tanto, el índice de azúcar en sangre cae en picada. La insulina termina siendo demasiado eficaz al realizar su trabajo: el índice de azúcar en sangre baja a tal grado que se producen nuevos antojos, los cuales imponen la ingestión rápida de más carbohidratos. A fin de satisfacer todos estos antojos desde luego consumimos mucho más de lo que nuestros cuerpos requieren para estar bien nutridos. Comemos en exceso, lo cual da por resultado más grasa, más resistencia a la insulina, más hambre y más aumento de peso: un círculo vicioso.

Por lo tanto, dos estrategias nos permiten evitar de la manera más fácil comer en exceso:

1. Optar por los alimentos (y las combinaciones de alimentos) que provocan un aumento y una disminución graduales, no repentinos, en el azúcar en sangre.

2. Aprender a anticiparnos a la hipoglucemia y evitarla por medio del consumo oportuno de meriendas (refrigerios, tentempiés). Esta circunstancia resulta crucial: se requiere mucha menos comida para prevenir la hipoglucemia que para resolverla.

La tercera cosa que todos debemos hacer es aprender qué alimentos hacen que el azúcar en sangre aumente de manera más rápida. A comienzos de los años 80, el Dr. David Jenkins encabezó a un equipo de investigadores canadienses quienes diseñaron una escala para medir, por una parte, la rapidez con la que una cantidad fija de un alimento hace que aumente el azúcar en sangre, así como por otra la proporción en la que esta se incrementa. Lo llamaron el índice glucémico. La lista incluye la mayoría de los carbohidratos, desde el azúcar refinada, la cerveza y el pan blanco, en uno de los extremos, hasta las espinacas y las lentejas en el otro. Usted encontrará una muestra del índice en la página 113, organizada según el tipo de alimento. Lo más probable es que lo que vea ahí no le cause mucho asombro. Cualquier cosa preparada con harina refinada ocupa un lugar alto en la lista, lo cual incluye a la mayoría de los postres, los panes y otros productos panificados, desde luego, pero también la pasta. El arroz instantáneo asimismo es uno de los alimentos con un índice glucémico más alto. Ciertas frutas tropicales tienen un índice bastante alto, al igual que algunas verduras a base de féculas, particularmente las papas y otros tubérculos. La reina de todos los azúcares, la que hace que la glucosa aumente más rápido que los demás tipos de azúcar, es la maltosa, que existe en la cerveza. Ahora usted entenderá a qué se debe la panza cervecera: el aumento acelerado en el azúcar en sangre que se provoca al tomar esta bebida estimula un incremento correspondiente en la producción de insulina, lo cual fomenta que se deposite grasa en la parte del abdomen.

Se está difundiendo el conocimiento y el uso del índice glucémico de los alimentos, pero hay que hacer una advertencia importante, esencial para comprender la conexión que existe entre los carbohidratos y la obesidad: el grado en que se eleva el azúcar en sangre no depende sólo del índice glucémico del alimento sino también de la cantidad. Por ejemplo, la zanahoria tiene un índice glucémico alto, pero también una densidad relativamente baja de carbohidratos. Por lo tanto habría que comer varios puñados de zanahorias para acercarse al aumento total en el azúcar en sangre que se da al comer una sola rebanada de pan blanco.

A mí me viene muy bien una comparación que utilizo para explicarles este concepto a mis pacientes.

Piense en el alcohol. Al tomar, el nivel de alcohol sube en la sangre y cuando pasa de cierto límite nos sentimos achispados. Si se eleva más todavía nos ponemos ebrios. Sabemos que si tomamos con el estómago vacío nos emborracharemos más rápido. Por el contrario, si bebemos para acompañar la comida y tenemos el estómago lleno, hace falta más alcohol para que sintamos los efectos. Así sucede porque cuando las bebidas se mezclan con la comida que tenemos en el estómago, el alcohol es absorbido más lentamente por el torrente sanguíneo. Una vez en el torrente sanguíneo se desplaza al cerebro, donde despierta la sensación de intoxicación. El principio que opera aquí es el siguiente: entre más despacio se absorbe el alcohol, menos nos afecta.

Ahora pensemos en qué pasa cuando consumimos carbohidratos como el pan, por ejemplo.

Si comemos pan blanco no recibimos nada de fibra junto con los carbohidratos. Es como si bebiéramos con el estómago vacío: el estómago puede llegar hasta las féculas sin necesidad de separarlas primero de la fibra. El resultado es que el pan se convierte rápido en glucosa —azúcar en sangre— y provoca un aumento igualmente brusco en la insulina, lo cual produce el tan temido incremento y luego la caída acelerada en el índice de azúcar en sangre, además de provocar mayores antojos después. Comer pan blanco se parece a beber alcohol con el estómago vacío; comer pan de grano entero es como beber un cóctel mientras se está comiendo.

La fibra es la parte del grano que el torrente sanguíneo no absorbe desde el intestino sino que se excreta en forma de excremento. A pesar de que no se absorbe, la fibra asiste a la digestión de otra manera más conocida: ayuda al colon a funcionar eficientemente. La falta de fibra en la alimentación es uno de los motivos por los que el estreñimiento se ha convertido en un problema frecuente.

Por lo tanto, la fibra se une a la grasa, las proteínas y la acidez en la lista de las sustancias que retrasan la absorción de los azúcares y las féculas. Necesitamos incluir uno o varios de estos ingredientes en cada comida a fin de evitar emborracharnos. . . con carbohidratos. Al elegir los alimentos correctos y las combinaciones indicadas de comida, además de programar las meriendas (refrigerios, tentempiés) de manera estratégica, es posible prevenir la hipoglucemia y de esta forma controlar el peso sin necesidad de luchar contra antojos.

Deje de hacer trampa

Si se sorprende comiendo una papa al horno o algún otro alimento no aprobado por la dieta South Beach, no lo ha arruinado todo. De hecho, este tipo de razonamiento radical perjudicaría sus posibilidades de salir adelante más que el hecho de haber comido la papa.

Cuando se dice a sí mismo cosas como: "Ahora que eché a perder la dieta, da lo mismo que. . . ", se está dando permiso para ir al otro extremo y pasar de una bolsa de hojuelas a un bote de helado. En cambio, sea realista. Comer una bolsa pequeña de papas a la francesa o unas cuantas tortas de arroz no arruinará su vida. En cuanto haga trampa, tome nota de ello mentalmente, deténgase y luego felicítese por haber dejado de comer tan pronto. Descarte el pensamiento: "Si ya comí todo esto, da lo mismo que. . . ". En cambio, simplemente deje de comer. Guarde el alimento o tírelo a la basura y continúe con otra cosa.

He aquí otra sugerencia útil. Por lo común hacemos trampa cuando estamos solos, así que imagínese que hay otra persona en la habitación. . . ¡aunque sea yo! Eso debería de darle la fuerza necesaria para devolver esos *Pepperidge Farm Milanos* a su envoltura y tirarlos a la basura.

Una última anécdota servirá para ilustrar este principio. Un amigo y paciente mío estaba en la primera semana de la dieta cuando una tarde salió corriendo a jugar golf. Olvidó planear su almuerzo, así que decidió romper las reglas y comerse un sándwich (emparedado) rápido. Mientras jugaba golf varias horas después, empezó a sentirse débil y tembloroso y reconoció que se trataba de una hipoglucemia reactiva. No había meriendas permitidas a la mano, así que encontró unas bolsitas de azúcar y se la tomó. Alivió el hambre tan fuerte que tenía, además de saberle muy rica. Regresó a casa y se acabó una bolsa de totopos (tostaditas, nachos) y un chocolate. Esta comilona compulsiva no se debió a que hubiera perdido el dominio de sí mismo sino a su mala planeación. Una vez que la hipoglucemia atacó las consecuencias eran inevitables. Si mi amigo hubiera comido una ensalada de atún en lugar del sándwich, además de tomar una merienda de queso bajo en grasa o frutos secos, hubiera evitado tanto la hipoglucemia inicial como el atracón que se dio después.

MI DIETA SOUTH BEACH

DESPEJÉ MI BOTIQUÍN GRACIAS A ESTA DIETA —PAUL L. Pesaba 232 libras (105 kg) hace 5 años cuando empecé con esta dieta. A lo largo de los años siempre había luchado contra mi peso y probé muchas de las dietas que hay. Lo intenté con la de Atkins; de hecho fui paciente suyo hace años, antes de que se hiciera famoso. De modo que probé su dieta baja en carbohidratos. También hice varias de las dietas bajas en grasa, esos programas diseñados al estilo de la Asociación del Corazón. Siempre perdía un poco de peso, pero siempre lo volvía a subir también.

Tengo 73 años ahora y tenía 68 cuando empecé con la dieta South Beach. Antes fumaba mucho y luego lo dejé; esa fue la razón por la que subí de peso tanto. No comía muchos dulces. Pero me encantaba todo lo demás. Comía pan tres veces al día, con todas las comidas. Y papas. Arroz. Pasta. Desde luego carne, etcétera: comidas abundantes y pesadas. Cuando llegué a mi peso más alto también empecé a tener otros problemas. Un día nos enteramos de que tenía diabetes.

Mi presión arterial estaba alta. Mis triglicéridos estaban altos. Mi colesterol estaba alto.

Comencé a ver al Dr. Agatston como cardiólogo y hablamos de cómo mi sobrepeso contribuía a mis afecciones. Sugirió la dieta que había diseñado. En vista de que tenía experiencia con las dietas, dije que lo intentaría.

Los primeros días no fueron precisamente fáciles. No diría que uno se siente mal, pero definitivamente distinto. Un poco raro. Se tiene hambre por no seguir sus patrones normales de alimentación. No obstante, después de esos primeros 3 días de repente se me facilitó. En realidad no me estaba privando. Comí un montón de verduras durante la fase estricta y también mucha carne y pescado y queso. Mucha carne blanca de pollo y pavo. Pero nada de pan ni pasta, ni siquiera fruta.

Después de las primeras 2 semanas empecé a agregar cosas a mi dieta nuevamente. Comía un poco de fruta aunque, para ser sincero, cuando comía un poco quería más. De cierta forma resultaba más fácil simplemente no comer fruta.

Nunca volví a agregar papas a mi alimentación. Supongo que simplemente no las extrañé lo suficiente como para desear comérmelas. Y tal vez me resulte más fácil no comer nada que un poco. Sí me gusta la pasta, así que la como de vez en cuando; digamos que cada dos o tres semanas como un plato. El arroz menos, aunque ocasionalmente también me lo como. He vuelto a comer pan. Ya me lo como prácticamente todos los días, dos o tres rebanadas. Y tomo vino tinto, dos copas al día.

Tardé como un año, pero bajé de 232 a 170 libras (105 a 77 kg) con esta dieta. Sesenta libras (27 kg) en 50 semanas. Y desde hace 4 años he mantenido este peso con bastante facilidad. Una vez volví a subir un poco, a 178 libras (81 kg), así que simplemente regresé a la dieta de la Primera Fase y volví a bajar a 170 bastante pronto.

No obstante, lo mejor ha sido que despejé mi botiquín gracias a esta dieta. Dejé de tomar la medicina contra la diabetes porque esta desapareció. La medicina para la presión arterial: fuera. Tomaba una estatina contra el colesterol, pero hasta esa la tiré. ▪

EL ÍNDICE GLUCÉMICO

La siguiente tabla proporciona el índice glucémico de muchos de los alimentos que probablemente figuren en su vida diaria. Las selecciones se agrupan por tipo de alimento, y dentro de cada grupo se ordenan desde el índice glucémico más bajo hasta el más alto.

El índice glucémico de un alimento es el aumento que ocasiona en el azúcar en sangre (glucosa) en comparación con el incremento que produciría la misma cantidad de pan blanco.

Los alimentos con los números más bajos harán que su azúcar en sangre se eleve y luego vuelva a disminuir de manera más lenta que los alimentos con números más altos. Muchos estudios también han demostrado que los alimentos con un índice glucémico bajo satisfacen el hambre por más tiempo y minimizan mejor los antojos de comida.

Durante la Primera Fase de la dieta South Beach usted sólo debe elegir alimentos con un índice glucémico bajo. Más adelante, después de haber concluido la fase de pérdida de peso acelerada, puede empezar a agregar alimentos con números más altos.

No obstante, de todas formas debe poner atención a las otras reglas de la dieta. Por ejemplo, a pesar de que la leche semidescremada al 1 por ciento (*low-fat milk*) y unos *M&Ms* con cacahuates (maníes) tienen el mismo índice glucémico, la leche es la mejor opción desde el punto de vista alimenticio.

AZÚCARES	IG
Fructosa	32
Lactosa	65
Miel	83
Almíbar (sirope) de maíz alto en fructosa	89
Sacarosa	92
Glucosa	137
Maltodextrina	150
Maltosa	150

BEBIDAS	IG
Leche de soya	43
Jugo de manzana (sin edulcorante)	57
Jugo de piña (ananá)	66
Jugo de toronja (pomelo)	69

CEREALES DE CAJA	IG
Rice Bran	27
All-Bran	60

Avena no instantánea	70
Special K	77
Oat Bran	78
Smacks de Kellogg's	78
Muesli	80
Mini-Wheats de Kellogg's (de trigo integral)	81
Bran Chex	83
Just Right de Kellogg's	84
Life	94
Grape-Nuts	96
Shredded Wheat	99
Cream of Wheat	100
Golden Grahams	102
Puffed Wheat	105
Cheerios	106
Corn Bran	107
Total	109
Rice Krispies	117
Corn Chex	118
Cornflakes	119
Crispix	124
Rice Chex	127

CEREALES EN GRANO	IG
Cebada perla	36
Centeno	48
Granos de trigo	59
Arroz instantáneo	65
Trigo bulgur	68
Arroz hervido	68
Cebada quebrada	72
Trigo de cocción rápida	77

Alforjón (trigo sarraceno)	78
Arroz integral	79
Arroz silvestre	81
Arroz blanco	83
Cuscús	93
Cebada en copos	94
Arroz Mahatma Premium Rice	94
Envoltura dura para tacos	97
Harina de maíz	98
Millo (mijo)	101
Tapioca hervida con leche	115

FRUTAS Y PRODUCTOS DE FRUTAS	IG
Cerezas	32
Jugo de manzana	34
Toronja (pomelo)	36
Melocotón (durazno)	40
Albaricoque (chabacano, damasco) fresco	43
Orejón de albaricoque	43
Melocotón de lata	43
Naranja (china)	47
Pera	47
Ciruela	55
Manzana	56
Uva	62
Pera de lata	63
Pasas	64
Jugo de piña (ananá)	66
Jugo de toronja	69
Cóctel de frutas	79
Kiwi	83

Mango	86
Plátano amarillo (guineo, banana)	89
Albaricoque de lata en almíbar (sirope)	91
Piña	94
Sandía	103

GALLETAS (*CRACKERS*)	IG
Galletas *Breton* de trigo	96
Stoned Wheat Thins	96
Tortitas de arroz	110

GALLETITAS (*COOKIES*)	IG
Galletitas de avena	79
Pastaflora (galletitas dulces de mantequilla, *shortbread*)	91
Arrurruz	95
Galletas integrales *graham*	106
Galletas de barquillo de vainilla	110
Biscotti	113

LEGUMBRES	IG
Frijoles (habichuelas) de soya (*soybeans*) hervidos	23
Lentejas rojas hervidas	36
Frijoles colorados hervidos	42
Lentejas verdes hervidas	42
Habas blancas hervidas	44
Chícharos (guisantes) amarillos partidos, hervidos	45
Habas blancas pequeñas (*baby lima beans*) congeladas	46
Garbanzos	47

Frijoles blancos pequeños hervidos	54
Frijoles pintos	55
Frijoles de caritas	59
Garbanzos de lata	60
Frijoles pintos de lata	64
Frijoles al horno de lata	69
Frijoles colorados de lata	74
Lentejas verdes de lata	74
Habas (*fava beans*)	113

MERIENDAS (REFRIGERIOS, TENTEMPIÉS) Y DULCES	IG
Cacahuates (maníes)	21
Mars M&Ms (con cacahuate)	46
Mars Snickers Bar	57
Mars Twix Cookie Bars (de caramelo)	62
Chocolate de 1.5 onzas (42 g)	70
Mermeladas	70
Papitas fritas	77
Palomitas (rositas) de maíz (cotufo)	79
Mars Kudos Whole Grain Bars (de *chocolate chip*)	87
Mars Bar	91
Mars Skittles	98
Salvavidas	100
Hojuelas de maíz	105
Caramelos de goma (*jelly beans*)	114
Pretzels	116
Dátiles	146

PANES	IG
Pan de salvado de avena	68
Pan de granos mixtos	69
Pumpernickel	71
Pan árabe (pan de *pita*)	82
Pizza de queso	86
Pan para hamburguesa	87
Pan de harina de centeno	92
Pan de sémola	92
Pan de avena en granos (*oat kernel bread*)	93
Pan de trigo integral	99
Tostadas *Melba*	100
Pan blanco	101
Bagel simple	103
Panecillo *kaiser*	104
Relleno de pan	106
Pan de trigo sin gluten	129
Pan francés (*baguette*)	136

PASTA	IG
Espaguetis enriquecidos con proteínas	38
Fettuccine	46
Vermicelli	50
Espaguetis integrales	53
Ravioles rellenos de carne	56
Espaguetis	59
Capellini	64
Macarrones	64
Linguine	65
Tortellini de queso	71
Espaguetis de trigo fanfarrón (*durum spaghetti*)	78
Macarrones con queso	92

Gnocchi	95
Pasta de arroz integral	113

PRODUCTOS LÁCTEOS	IG
Yogur bajo en grasa con edulcorante artificial	20
Leche con chocolate con edulcorante artificial	34
Leche de grasa entera	39
Leche descremada	46
Yogur bajo en grasa con sabor a frutas	47
Helado bajo en grasa	71
Helado	87

PRODUCTOS PANIFICADOS	IG
Pastel (bizcocho, torta, *cake*) esponjoso	66
Panqué (panetela, *pound cake*)	77
Danish	84
Muffin	88
Flan	93
Pastel blanco esponjoso	95
Croissant	96
Donut	108
Waffles	109

SOPAS	IG
Sopa de tomate (jitomate) de lata	54
Sopa de lenteja de lata	63
Sopa de chícharo (guisante) partido	86

Sopa de frijol (habichuela) negro	92
Sopa de chícharo (guisante, arveja) de lata	94

TUBÉRCULOS	IG
Batata dulce (camote)	63
Zanahoria cocida	70
Ñame	73
Papa blanca hervida	83
Papa al vapor	93
Puré de papa	100
Papa nueva	101
Colinabo	103
Puré de papa hervida	104
Papas a la francesa	107
Papa instantánea	114
Papa preparada en el horno de microondas	117
Chirivía (pastinaca)	139
Papa al horno	158

VERDURAS	IG
Acelga	<20
Alcachofa	<20
Apio	<20
Arugula	<20
Berenjena	<20
Berro	<20
Berzas (bretón, posarmo, collard greens)	<20
Betabel	<20
Brócoli	<20

Coles (repollitos) de Bruselas	<20
Col en todas sus variedades	<20
Coliflor	<20
Col rizada	<20
Comelotodo (arveja china, snow pea)	<20
Escarola	<20
Espárragos	<20
Espinaca	<20
Habichuela amarilla (ejote amarillo, wax bean)	<20
Habichuela verde (ejote, green bean)	<20
Hojas de mostaza	<20
Hongos en todas sus variedades	<20
Lechuga en todas sus variedades	<20
Nabo	<20
Pepino	<20
Pimientos (ajíes, chiles) en todas sus variedades	<20
Quimbombó (guingambó, calalú)	<20
Spaghetti squash	<20
Summer squash	<20
Zucchini (calabacita)	<20
Tomate (jitomate)	23
Chícharo (guisante) seco	32
Chícharo	68
Maíz (elote, choclo) dulce	78
Calabaza (calabaza de Castilla)	107

¿SERÁ DIABETES?

Veo a muchísimas personas que padecen la afección a la que en gran parte se debe la actual epidemia de obesidad y enfermedades cardíacas. Usted también las ha visto, aunque tal vez no lo sepa.

Las veo en mi cuarto de reconocimiento, desde luego, pero también en la calle, en fiestas, en el centro comercial, en la playa: prácticamente adonde dirija la mirada. Son muy fáciles de reconocer gracias a un indicio visible que resulta imposible de pasar por alto: la obesidad central, es decir, el exceso de peso concentrado principalmente en una cintura redonda y sobresaliente, la cual con frecuencia se combina con un rostro, brazos y piernas que parecen pertenecer a alguien más delgado. Este tipo de obesidad comúnmente se llama "obesidad con forma de manzana", a diferencia de la "forma de pera", caso en el cual el exceso de peso se distribuye en las caderas, las asentaderas y las piernas.

La gente suele referirse a la obesidad central por medio de algún eufemismo cariñoso, como "barriguita", "panza cervecera" o "pancita". No obstante, desde mi punto de vista se trata de una advertencia seria de que la composición química sanguínea no es sana y que puede haber problemas cardíacos en el futuro. Cuando me encuentro en un entorno social tengo que controlarme para no exhortar a personas a las que acabo de conocer y que coinciden con el perfil mencionado que me hablen a mí (o a cualquier cardiólogo) a primera hora de la mañana siguiente para hacer una cita para pruebas de diagnóstico de la sangre. Me he convertido en una especie de evangelista con respecto a este tema porque se trata de un trastorno muy difundido y peligroso, pero sencillo de tratar por medio de la alimentación, el ejercicio y los medicamentos.

Cuando les pido a mis pacientes con sobrepeso sus antecedentes médicos familiares, con frecuencia mencionan que alguno de sus padres o abuelos padeció diabetes a una edad avanzada, muchas veces más allá de los 70 u 80 años de edad. "Pero sólo se trataba de una diabetes 'química' —suele afirmar el paciente, haciendo uso de un término pasado de moda—. Ni siquiera tenía que inyectarse insulina". A veces se refieren a estos casos como a una diabetes "de azúcar", palabra que representa otra reliquia de la terminología médica. Estos pacientes no tienen la menor idea de que dicha manifestación tardía de la enfermedad en alguno de sus padres de hecho representa un indicio de la presencia de otra afección silenciosa pero posiblemente letal que en su interior está creando el marco para que ellos mismos sufran un ataque cardíaco o derrame cerebral en el futuro. El gen de la diabetes es heredado por todos los hijos. Una señal

El glosario South Beach

Prediabetes: una afección caracterizada por un índice de glucosa en sangre anormalmente alto, aunque no lo suficiente para merecer el diagnóstico de diabetes. Se calcula que más o menos 47 millones de personas radicadas en los Estados Unidos se encuentran en esta situación, la cual se conoce asimismo como síndrome metabólico, resistencia a la insulina o síndrome X. Los prediabéticos también se caracterizan por obesidad central, un índice alto de triglicéridos, un índice bajo de HDL, presión arterial alta (hipertensión), un índice alto de ácido úrico y factores que fomentan la formación de coágulos en la sangre.

temprana de la enfermedad es el aumento de peso al entrar a la madurez, años antes de que se eleve el azúcar en sangre (glucosa).

No obstante, ¿qué relación hay entre la diabetes y un ataque cardíaco o derrame cerebral? La mayoría de las personas plantean esta pregunta. A lo largo de los últimos 10 años nos hemos acercado mucho a comprender la conexión. Sabemos sin duda alguna que están ligados. Más o menos la mitad de las personas que sufren un ataque al corazón padecen un mal al que se le conoce por varios nombres. El término más popular actualmente es "síndrome metabólico", pero también se le ha dicho "resistencia a la insulina" o "síndrome X". Apenas nos enteramos de su existencia en 1989 y aún estamos aprendiendo al respecto. Para los propósitos del presente libro lo llamaremos "prediabetes", ya que expresa mejor lo que realmente es: una fase temprana de la enfermedad. Si no se controla, la prediabetes se convierte en una diabetes auténtica del tipo II.

De acuerdo con las cifras más recientes, se calcula que alrededor de 47 millones de estadounidenses —cerca de uno de cada cinco— padecen prediabetes. No obstante, el porcentaje de los adultos con enfermedades cardiovasculares que también sufren este síndrome es mucho mayor. Más o menos la mitad de mis pacientes muestran indicios de ello. A continuación expongo una lista de los criterios de diagnóstico, de acuerdo con el Programa Nacional de Educación sobre el Colesterol.

- Alto índice de colesterol
- Proporción alta del colesterol malo con respecto al bueno
- Presión arterial alta (hipertensión)
- Obesidad central
- Alto índice de triglicéridos

A lo que yo agregaría:

- Partículas pequeñas de *LDL* (colesterol malo)

Los mismos síntomas se relacionan estrechamente con el ataque cardíaco y el derrame cerebral. La herencia genética determina en gran parte si alguien padecerá estas afecciones. Pero también influye una alimentación inapropiada. Trataré de no agobiarlo con un exceso de datos científicos al explicar la conexión entre las enfermedades cardíacas y la diabetes del adulto, pero créame: es importante entenderla.

Los hechos sobre la diabetes

La mayoría de las personas conocen la diabetes como la incapacidad del cuerpo para procesar adecuadamente los azúcares y las féculas. El cuerpo digiere una comida y convierte todos los carbohidratos en glucosa o azúcar en sangre. Luego el páncreas se encarga de detectar esta inyección repentina de glucosa y a manera de respuesta produce la hormona insulina. La insulina hace falta para permitir que los diversos órganos del cuerpo —el cerebro, los músculos, el hígado, etcétera— extraigan la glucosa del torrente sanguíneo y la utilicen enseguida o la guarden para usarla después. El cuerpo tiene una necesidad constante de azúcar. De no recibirla en cantidades suficientes uno se marea, se siente débil, cae en estado de coma y muere pronto.

Imagínese que cada célula del cuerpo estuviera provista de una cerradura y que la insulina fuera la única llave que le quedara. Si las células permanecen cerradas, los azúcares no pueden entrar en ellas y siguen circulando de manera inútil a través del torrente sanguíneo, donde no sirven de nada y por el contrario causan mucho daño.

No obstante, de lo que la mayoría de la gente no se da cuenta es de que

---

El glosario South Beach

Páncreas: una glándula alargada que descansa en posición horizontal detrás del estómago y secreta las enzimas que ayudan a digerir las grasas, las proteínas y los carbohidratos. Asimismo produce el glucagón, el cual estimula al hígado a producir glucosa cuando el azúcar en sangre anda bajo. La dieta South Beach se interesa principalmente por la insulina que el páncreas produce, la cual permite que el azúcar entre a las células del cuerpo, como fuente de energía, o bien pase al hígado para ser almacenada.

la diabetes no sólo afecta a cómo se procesan los azúcares. También se trata de la incapacidad de procesar de manera adecuada las grasas que ingerimos.

Cuando consumimos grasas, ya sea que procedan de la carne, los aceites vegetales o los productos lácteos, la insulina también se encarga de transportar los ácidos grasos (el componente básico de las grasas) del torrente sanguíneo a los tejidos del cuerpo, donde deben estar, ya sea que se utilicen de inmediato como combustible o bien que se almacenen para uso futuro en la forma que conocemos como triglicéridos o simplemente como grasa.

De hecho es posible considerar la diabetes como la incapacidad del cuerpo para administrar de manera adecuada sus provisiones de combustible. La obesidad también es cuestión, simplemente, de una mala administración de combustibles, la cual se debe tanto a la herencia genética como al estilo de vida. El cuerpo se diseñó para almacenar el exceso de energía (a la que le decimos calorías) por una muy buena razón. Durante la mayor parte de la existencia de la humanidad, nuestro desafío más importante y difícil fue asegurar un abastecimiento constante y suficiente de alimentos. A veces prevalecía la abundancia, a veces la escasez, y a fin de poderse adaptar el

---

El glosario South Beach

Insulina: una hormona producida por el páncreas que le permite al azúcar entrar a las células, como fuente de energía, o bien pasar al hígado y a los músculos para ser almacenada y aprovechada más tarde. Después de una comida, particularmente cuando fue alta en carbohidratos, el páncreas produce más insulina para responder a la presencia de azúcar adicional en el organismo. La insulina también ayuda a despejar el torrente sanguíneo de grasas después de comer.

Cuando se sube de peso en edad madura las células pueden volverse resistentes a la acción de la insulina. En este caso se tarda más en sacar las grasas y los azúcares del torrente sanguíneo. El cuerpo reacciona produciendo repentinos y cuantiosos aumentos de insulina. Después de años de tales aumentos, el páncreas puede "quemarse" y dejar de producir suficiente insulina, lo cual se conoce como diabetes.

cuerpo guardaba la energía sobrante de la abundancia de hoy, consciente de que mañana tendría que quemar el combustible guardado a fin de sobrevivir. Por eso este tipo particular de obesidad concentra la grasa en la zona abdominal: las extremidades siguen siendo ágiles y musculosas a fin de facilitar el trabajo manual y particularmente la huida. La civilización avanzada ha progresado mucho en cuanto a erradicar las hambrunas, pero nuestras cinturas y sistemas cardiovasculares han pagado el precio y ahora sufren por la grasa almacenada que ya no requerimos. Estaríamos mejor si nuestros cuerpos eliminaran el exceso de energía como si se tratara de un desecho, pero no sucede así.

Tal situación se ve exacerbada por la fisiología de la célula de la grasa. Cuando subimos de peso no creamos nuevas células de grasa, cuyo número permanece constante desde la infancia. No, lo que sucede es que las propias células de grasa engordan. Por eso en las personas con sobrepeso le cuesta trabajo a la insulina adherirse a las células de la grasa: han crecido demasiado. Por lo tanto, cuando una persona con sobrepeso come de más, es como si tratara de echar más gasolina a un tanque que ya está totalmente lleno: el exceso se derrama. En el cuerpo, esto significa que los azúcares y las grasas circulan por la sangre durante más tiempo de lo debido. Cuando el cuerpo no es capaz de transferir de manera adecuada la glucosa y los ácidos grasos del torrente sanguíneo a los tejidos los problemas comienzan. Si se dejan sin tratar, los casos graves de diabetes son mortales.

No obstante, existen *dos* tipos de diabetes, los cuales se diferencian entre sí de varias formas importantes.

La diabetes juvenil (del tipo I) por lo común ataca durante la infancia o la adolescencia. Se debe a un daño sufrido por el páncreas, posiblemente a causa de un virus. El resultado es que este órgano produce una cantidad insuficiente de insulina para pasar los azúcares y las grasas del torrente sanguíneo a los tejidos correctos. La diabetes juvenil es una enfermedad incurable actualmente y la única forma de tratarla es reemplazando la insulina del páncreas por inyecciones diarias de esta hormona. Por eso comer con cuidado y medir el índice de azúcar en sangre son tan importantes para asegurar el bienestar de un diabético y la insulina es un medicamento que realmente salva vidas.

> ## El glosario South Beach
>
> **Obesidad central:** la acumulación de grasa en la zona abdominal en lugar de las caderas y las asentaderas. También se le conoce como "panza cervecera" o "forma de manzana" (a diferencia de la "forma de pera"). Se considera que la obesidad central representa una amenaza mayor contra la salud que la grasa ubicada más abajo en el cuerpo. Se trata de una advertencia de que los carbohidratos y las grasas posiblemente se estén procesando de manera indebida, lo cual aumentaría el riesgo de sufrir diabetes y enfermedades cardíacas.

Ni siquiera contamos aún con un nombre apropiado para la otra forma de la enfermedad; de ahí el término común de "diabetes del tipo II". También se le dice "diabetes del adulto" o "de comienzo tardío", porque es entonces cuando por lo común se manifiesta. Tal como lo hemos señalado, en este caso no es posible echarle la culpa a un virus sino sólo a quienes somos (la herencia genética) y a lo que comemos. Es asombroso el porcentaje tan grande de personas genéticamente predispuestas a una diabetes de este tipo. Sin embargo, una predisposición no es más que eso, la *posibilidad* de sufrir diabetes, hasta que la mala alimentación y la falta de ejercicio causan sus estragos. No podemos controlar nuestros genes. No obstante, si puede evitar tomar decisiones malas en cuanto a la comida que consume podrá prevenir esta forma de diabetes.

A las dos enfermedades se les dice por el mismo nombre, pero las causas son totalmente opuestas. La diabetes juvenil se debe a la incapacidad del páncreas para producir insulina. Por el contrario, en la diabetes del tipo II el páncreas funciona perfectamente bien y de hecho produce *demasiada* insulina. Cuando se cuenta con un exceso de grasa corporal se le dificulta a la insulina hacer su trabajo. Por lo tanto, el índice de azúcar en sangre no baja todo lo rápido que debería y estimula al páncreas para producir aún más insulina a fin de abrir las células y dejar pasar la glucosa. El páncreas manda más insulina hasta finalmente rebasar el límite, y por eso el índice de azúcar en sangre baja tanto. El alto índice de azúcar en el torrente sanguíneo que luego cae en picada (cuando por fin se produce una cantidad suficiente de insulina) es lo que provoca los antojos fuertes de comida. Estos antojos impulsan a ingerir más carbohidratos y de esta manera se dan vueltas y más vueltas al círculo vicioso.

Todo lo anterior explica muy bien por qué la obesidad impulsa uno a comer de más y por qué al consumir carbohidratos, en lugar de saciar el hambre, dan ganas de comer más. No obstante, aún no hemos respondido a la pregunta de cuál es la conexión entre la obesidad y la diabetes del tipo II o prediabetes, por un lado, y los problemas cardíacos, por otro.

Los efectos sobre el corazón

Todo comienza con la obesidad central. El ensanchamiento en la zona abdominal no se debe a que haya aumentado el *número* de células de grasa que hay ahí. No. Cuando se padece sobrepeso el número de células permanece más o menos constante. Lo que aumenta es el tamaño de cada una. Dicho de otra forma, las propias células de grasa engordan. Cuando estas células se expanden a la insulina le cuesta trabajo adherirse a ellas adecuadamente y abrirlas. Por eso cuando se tiene sobrepeso los índices de azúcar y grasa en el torrente sanguíneo se elevan más de lo debido. La llave de la insulina tarda más en abrir la cerradura.

Esto a su vez causa otras varias afecciones de la sangre, todas ellas indicios adicionales de la diabetes del tipo II (e incluso de la prediabetes) que sólo un médico sabría reconocer. Se trata de una lista familiar si se ha prestado atención a las noticias en materia de salud a lo largo de la última

---

El glosario South Beach

VLDL: las siglas en inglés de "lipoproteínas de muy baja densidad". Estas lipoproteínas contienen muchos triglicéridos. En los prediabéticos y los diabéticos permanecen en la sangre por demasiado tiempo después de las comidas, lo cual les brinda la oportunidad de depositar colesterol en las arterias.

década: presión arterial alta (hipertensión), índice alto de triglicéridos, índice bajo de colesterol bueno, alta proporción del colesterol total con respecto al bueno y la cuestión relativamente desconocida pero crítica de las partículas demasiado pequeñas de colesterol malo.

Evite las trampas bajas en grasa

¡Ay! La moda de la alimentación baja en grasa que tuvo inicio a fines de los años 80 y principios de los 90 demuestra que las teorías alimenticias dominantes no siempre son correctas. . . pero también nos ofrece lecciones valiosas acerca de cómo elegir los alimentos.

En aquel entonces, los círculos más importantes dentro de la profesión médica habían empezado a recelar públicamente de la grasa dietética. Los fabricantes de alimentos a su vez predijeron que los alimentos sin grasa y bajos en grasa resultarían muy atractivos para el público consumidor. Tenían razón.

En determinado momento, las galletitas (*cookies*) *Snackwell's* bajas en grasa y sin grasa adquirieron tal popularidad en el sur de la Florida que había que apuntarse en una lista de espera en el supermercado para conseguirlas. Desafortunadamente los fabricantes de tales alimentos solían agregar edulcorantes, como azúcar y almíbar (sirope, miel) de maíz, para compensar la falta de grasa. Por lo tanto, los compradores —y había muchísimos— que comían cajas enteras de *Snack-well's* en 1 día consumían hasta 600 calorías totalmente superfluas.

Ahora sabemos que no es recomendable tratar de eliminar la grasa de la alimentación, ya que algunas grasas —particularmente el aceite de oliva y los ácidos grasos omega-3 de los pescados de agua fría— desempeñan un papel beneficioso en la alimentación. Y lo mejor es renunciar a comprar meriendas (refrigerios, tentempiés) horneadas comercialmente sólo porque el envase afirma que no contienen grasa o que no hay por qué sentirse culpable al comerlas. En cambio, dedique unos momentos a leer los ingredientes y la información alimenticia que se proporciona en la etiqueta antes de decidir qué va a comer.

Cuando la insulina no funciona apropiadamente tarda más de lo debido en guardar la grasa que se acaba de comer. A causa de este retraso el hígado se ve inundado por ácidos grasos. En respuesta a ello el órgano emite unas partículas dañinas que depositan grasa y colesterol en los vasos sanguíneos del corazón; es decir, se dan los inicios de oclusiones futuras.

He ahí, pues, la conexión entre la obesidad y las enfermedades cardíacas. El peligro no está en los carbohidratos o los azúcares en sí. El problema está en cómo afectan la capacidad del cuerpo para procesar las grasas. Es posible que comer demasiados *donuts* rellenos de jalea no provoque un ataque cardíaco. Sin embargo, lo que sí puede producir y efectivamente lo produce son las condiciones que llevarán a un ataque cardíaco. La obesidad en sí no perjudica al sistema cardiovascular. Simplemente se trata de la señal más importante de un perfil sanguíneo poco saludable que algún día casi con certeza acabará con la buena salud y tal vez con la vida de la persona.

Causa alarma que actualmente nos encontremos con la diabetes del tipo II en adultos jóvenes e incluso en adolescentes. Genéticamente no somos menos sanos que las generaciones anteriores. Sin embargo, nuestros hábitos han empeorado mucho. Las membresías en gimnasios y las esteras mecánicas (caminadoras, *treadmills*) son accesorios básicos de la vida clasemediera, pero la verdad es que realizamos menos actividad física que nuestros padres y abuelos. Es posible que sus trabajos les hayan exigido un mayor esfuerzo físico o que contaran con un menor número de aparatos para ahorrarles trabajo. O bien tal vez simplemente caminaban mucho más que nosotros.

Esta falta de ejercicio abarca incluso a los más jóvenes entre la población. Me aflige la falta de oportunidades que actualmente se les brindan a los niños para la actividad física. La tendencia a construir escuelas sin patios —lo cual también significa que no hay recreo— y de reducir el tiempo dedicado a la educación física a fin de ofrecer más tiempo en el salón de clases preparan la escena para un futuro desastre. El tiempo que los jóvenes pasan delante de la televisión, los juegos de computadora y las computadoras tampoco ha ayudado en este sentido.

No obstante, los cambios en la alimentación probablemente sean aún más peligrosos que la disminución en la cantidad de ejercicio. Conforme dejamos cada vez más a cargo de los restaurantes de comida rápida así como de los fabricantes de alimentos que nos preparen nuestra comida, la calidad de esta se ha deteriorado, no sólo en lo que se refiere al sabor sino también en cuanto a su contenido en fibra y nutrientes. En cierto sentido, los fabricantes de alimentos inician el proceso digestivo por nosotros. Hasta hace muy poco no nos dábamos cuenta de que los alimentos procesados fueran malos para la salud y hubieran contribuido a la actual epidemia de obesidad. Padecimos hambre alguna vez; ahora la prosperidad que disfrutamos como nación se traduce de forma directa en la cantidad de comida que llena nuestros platos a la hora de cenar. El hecho de que más de la mitad de las comidas de restaurante correspondan a la modalidad de la comida rápida sólo ha servido para empeorar las cosas. Antaño los carbohidratos que consumíamos se procesaban menos que ahora. Ingeríamos más pan preparado en casa o en la panadería local, no de fábrica, y ese pan se hacía de granos enteros, no de harina demasiado procesada y desprovista de toda su fibra. En aquel entonces, los ideales máximos a los que aspiraban los alimentos no eran la comodidad y la rapidez en la preparación. Teníamos menos prisa y cocinar en casa significaba partir de ingredientes crudos. El arroz contaba con más fibra intacta y había que cocinarlo por mucho tiempo. Las papas no se compraban rebanadas y congeladas ni tampoco en polvo en una caja. Las meriendas (refrigerios, tentempiés) que los niños comían a la salida de la escuela no se limitaban a lo que se pudiera meter al horno de microondas. Una mayor proporción de lo que comíamos se echaba a perder en unos cuantos días, ¡en lugar de varios meses o incluso años!

No requeríamos grandes inyecciones de azúcar con cada comida, empezando por el cereal a la hora del desayuno y pasando por todas las comidas a lo largo del día hasta ingerir a altas horas de la noche, como última merienda, unos *pretzels* hechos de pura harina blanca procesada. No pasábamos tanto tiempo en las zonas de comida rápida de los centros comerciales ni en los puestos de galletas *chocolate chip* ni ante los refrigeradores de las tiendas pequeñas de comestibles ni con los *Slurpees* o los *Big Gulps* y demás cosas por el estilo.

Incluso el deseo de alimentarnos de manera saludable fomentó esta situación poco sana. La próxima vez que visite el supermercado, examine la información alimenticia que aparece en los productos "bajos en grasa".

De manera invariable verá que las grasas se sustituyeron por carbohidratos procesados. O bien fíjese en cuántos tipos de pan indican *"vitamin-enriched"* (enriquecido con vitaminas) o simplemente "enriquecido" (*fortified*). ¡Esto significa que se eliminó una cantidad tal de fibra natural (la cual contiene las vitaminas) que hizo falta reponer otra vez algunos nutrientes!

Sé que mi descripción corresponde a los hábitos de alimentación de muchas personas, no sólo de algún paciente aislado. El estado de la nación en cuestión alimenticia tiene la culpa de lo que está pasando dentro de los cuerpos de millones de personas. Por lo común los daños graves no se manifiestan hasta pasados los 50 ó 60 años. No obstante, el deterioro invisible ocurre desde décadas atrás y crea el marco para la catástrofe posterior.

Afortunadamente la cura para esta situación es idéntica a la solución al problema del sobrepeso que molesta a millones de personas no muy preocupadas por su futuro bienestar cardíaco. Es la que intenté resumir en el plan de alimentación sensato, práctico y fácil de recordar y de seguir que se explica en el resto de este libro. Para mí la verdadera meta de una dieta excelente debe ser esta. Sé que es importante verse bien por fuera. No obstante, contar con vasos sanguíneos hermosos en excelentes condiciones así como con una composición química sanguínea sana como consecuencia de una dieta la vuelve aún más importante.

MI DIETA SOUTH BEACH

BAJÉ DE LA TALLA 32 A LA 18 —*JUDY H.* Tengo 55 años. Soy divorciada. Hace más o menos un año pesaba 386 libras (175 kg).

Es cosa de familia. Por parte de mi madre, todos los padres y sus hijos mayores —pero sólo el hijo mayor, lo cual me incluye a mí— tenemos sobrepeso. Fui bastante delgada durante la mayor parte de mi juventud. No obstante, después de haber tenido a mi hijo y a mi hija subí de peso y luego me la pasé subiendo y bajando constantemente. He intentado muchas dietas a lo largo de los años y siempre he podido bajar de peso. Una vez perdí 100 libras (45 kg) con una dieta muy rigurosa. Pero con el tiempo las volví a subir.

Nunca me ha gustado desayunar. No tomaba café. No fumo, no bebo. No probaba bocado durante toda la mañana, ni siquiera una merienda (refrigerio, tentempié). Y a la hora del almuerzo simplemente comía lo mismo que todos los demás en la oficina. No lo pensaba mucho. Podía ser comida china, podían ser hamburguesas. Lo que las muchachas pidieran. Pedíamos muchos almuerzos completos. Con frecuencia comía pasta.

Después de eso no comía nada hasta la hora de la cena. Nada de meriendas por la tarde. Y la cena normalmente consistía en carne, una verdura, una ensalada y una fécula. Pasta. O papas. Nunca me gustó el arroz. Pero realmente me encantaban los demás carbohidratos: la pizza y también los sándwiches (emparedados). Prefería un sándwich que sentarme a comer un bistec y papas. Los pastelillos también: me encantan los pastelillos. No acostumbro comer dulces, pero me gustaban el pan y los postres. No tomaba mucho refresco (soda). En realidad no tenía mucha sed. Ese era otro problema.

Todo mundo decía: "Ve a *Weight Watchers*". "Prueba la dieta de Jenny Craig". Lo intenté todo. Un día estaba hablando con una de las muchachas de la oficina y le dije: "Oye, te ves fabulosa". Me contestó: "Ah, estoy haciendo una dieta de la que me acabo de enterar, la dieta del Dr. Agatston". Así que me dio una copia. La tomé y me clavé de cabeza en ella. Bajé 135 libras (61 kg) en el año, más o menos, que ha pasado desde entonces.

Cuando primero le eché un ojo a la dieta y vi que restringía los carbohidratos, me dije: "Nunca la aguantaré". Pero luego pensé: "No, *tienes* que aguantar". Así que decidí: "No va a haber más pan en la casa. No habrá más leche en la casa". Seguramente tenía 20 cajas de pasta en la cocina. Las tiré todas. Le dije a mi hija: "Mira, si necesitas un sándwich, ve a comprar un panecillo y prepáratelo. Simplemente no puedo permitir que esas cosas estén por aquí". Me deshice de todo y no lo he vuelto a meter a la casa.

Hasta la fecha extraño el pan. Realmente lo extraño. Mataría por sentarme a comer un pan italiano con un poco de mantequilla. Pero no lo haré. Porque sé que no puedo controlarme con esas cosas. Estas últimas semanas he estado cerca de fallar un poco; por ejemplo, cuando me tomo sólo una probadita de esto o de aquello. De alimentos que antes ni se me hubiera ocurrido probar. Le pregunté a alguien que conozco del trabajo: "¿Has notado que haga algo distinto?". Y me contestó: "Sí, lo he notado. Antes, cuando almorzábamos en la oficina, no tocabas ni un bocado de las cosas que no debías comer. Ahora aceptas una o dos cucharadas". Así que tal vez me haya salido de la dieta un poco. Pero es bueno saberlo. Voy a tener que cuidar los carbohidratos por el resto de mi vida.

El primer día no fue tan malo. Sentí que realmente *tenía* que hacer la dieta. Que era mi última oportunidad. Empecé y simplemente me seguí. Noté la diferencia después de una semana. Al cabo de 6 semanas había bajado 50 libras (23 kg). Después de eso empecé a incorporar más frutas y verduras en mi alimentación y un poco de mayonesa con el atún. Cosas así. Pero evité comer cereal o avena, ni siquiera un poco. Nada de féculas. De vez en cuando, como un gusto especial, tal vez me haya comido un pedacito de un panecillo o algo. Pero me controlo. Cuando salgo sólo voy a restaurantes donde sé que puedo comer algo. No voy a matarme sentándome en un restaurante italiano. Sé que no puede ser. Voy a un restaurante chino cuando sé que no usan glutamato monosódico (o *MSG* por sus siglas en inglés). Uno mismo escoge la carne fresca y las verduras y todo eso y ellos te lo preparan frito y revuelto al estilo asiático. Así que voy ahí unas dos veces a la semana, tal vez. Me encantan los mariscos. Como mejillones, manos de cangrejo (jaiba), camarones. Preparan unas habichuelas verdes (ejotes, *green beans*) con aceite y ajo. Soy capaz de comerme todo un plato. Tomo un té helado con *Sweet'N Low* o un refresco de dieta y me regreso a casa satisfecha. Ese es el gusto que me doy dos veces a la semana.

Ya no voy para nada a ningún restaurante de comida rápida, porque realmente no hay nada que pueda pedir. Sólo me doy un gran gusto una vez al mes: voy a McDonald's y pido un yogur de fruta bajo en grasa. Contiene carbohidratos, pero de todos modos me lo como. Lo que pasa es que nadie te dice nada acerca de los carbohidratos. Y aunque indique "bajo en grasa" es posible que contenga azúcar. Tal vez congelaron la fruta en azúcar. Hacen creer que uno se está comiendo algo saludable, pero no es cierto. Hay que leer cada ingrediente antes de comprar algo. Como cuando voy al supermercado, compro las paletas congeladas sin azúcar. Eso es lo que me como cuando quiero algo dulce. Y si tengo una mala noche en la que realmente se me antoja lo dulce, quizá me coma tres o cuatro. Me ayudan a superar esos momentos. También preparo gelatina sin azúcar. Compro refresco (soda) de dieta. Tomo una taza de café al día, por la mañana.

Ahora incluso trato de desayunar. Me como unos *Egg Beaters* y tal vez dos rebanadas de tocino. O tomo alguna carne fría (tipo fiambre) y la enrollo con un poco de queso bajo en grasa y un tomate (jitomate) en rodajas. Sigo sin desayunar mucho. Pero me he dado cuenta de que echa a andar mi metabolismo.

Nada de productos panificados. En el trabajo, si llevan atún con pan francés (*baguette*), quizá me comeré un poco de pan con el atún. Pero sólo muy de vez en cuando. No puedo permitírmelo. Por ejemplo, ahora me estanqué un poco. He estado subiendo y bajando las mismas 10 libras (5 kg) durante los últimos 3 meses. Pasé 3 semanas en casa en Pensilvania, donde asistí a una boda, una fiesta de cumpleaños y el Día de Acción de Gracias. . . y no subí de peso. En la boda de mi sobrino comí salmón, ensalada y nada más. No probé el pastel (bizcocho, torta, *cake*) de boda.

El Día de Acción de Gracias mi cuñado me preparó una berenjena y comí una ensalada. No comí el pavo (chompipe) ni el relleno ni las papas ni nada. Mi familia me apoya mucho cuando voy a casa. Y se sintió bien regresar, porque tenía tiempo de no verlos. Una vez bajé 60 libras (27 kg) entre una visita y otra, y la siguiente vez que los vi había perdido otras 30 libras (14 kg). En mi última visita a casa había bajado unas 125 libras (57 kg). Iba a cenar con un viejo amigo de la secundaria (preparatoria) y pasó de largo sin reconocerme. Luego se dio la vuelta y dijo: "¿Judy? Te ves igual que hace 25 ó 30 años". Le di un besote. Sigo pasada de peso, no quiero que me malentiendan, pero con esta dieta bajé de la talla 32 a la 18. Es la única que realmente me ha funcionado". ▪

CÓMO COMER EN UN RESTAURANTE

Esta dieta se diseñó para que fuera práctica y fácil de aplicar. Por lo tanto, es fácil seguir sus reglas aunque con frecuencia se cene fuera de casa.

Por lo común no ocurre así con los programas para bajar de peso. Sin embargo, era muy importante para nosotros que la dieta South Beach funcionara sin importar quién estuviera cocinando. El dilema que las personas enfrentan al salir de casa da pena particularmente si siguen un régimen bajo en grasa. Tienen que interrogar al personal que los atiende —"¿con qué sofríen (saltean) las pechugas de pollo?"; "¿qué contiene la vinagreta exactamente?"— o bien llevar su propia comida y esperar que nadie les objete nada. Aunque no les digan nada, resulta triste observar a unos adultos sanos limitándose al contenido de sus recipientes de *Tupperware* mientras sus compañeros de mesa disfrutan de unas cenas espléndidas.

En general la comida de restaurante ha optado cada vez más por ingredientes saludables y frescos a lo largo de las últimas décadas. El aceite de oliva es ahora un ingrediente básico de la cocina estadounidense. Parece que todos los días leemos más acerca de los beneficios de ciertos pescados. Los menús incluyen muchos alimentos preparados a la parrilla

La guía South Beach para comer fuera

Usted puede seguir la dieta South Beach aunque coma fuera de casa. Sólo tiene que observar los siguientes consejos.

Haga su selección estando sobrio. El alcohol tiende a disminuir la fuerza de voluntad. No tome ninguna bebida alcohólica antes de pedir su comida.

Estudie el restaurante. Aléjese de los restaurantes donde continuamente termine por comer en exceso los alimentos equivocados. Luego apréndase las cartas de los lugares en cuya comida cree poder confiar. Al ordenar, ni siquiera vea el menú. Simplemente pida el plato del que sepa —por la investigación previa que realizó— que cabe dentro de la dieta South Beach.

Devuelva el pan. La mayoría de los restaurantes ofrecen algún tipo de merienda (refrigerio, tentempié): pan, fideos fritos, hojuelas. Pídale al mesero que no se la sirva. A fin de ayudarse a evitar las tentaciones previas a la cena, mastique chicle (goma de mascar) sin azúcar mientras espera a que le lleven la comida.

Haga preguntas. Averigüe qué tipo de salsa acompañará su plato principal. Haga preguntas acerca de las guarniciones. ¿Puede hacer alguna sustitución? La mayoría de los restaurantes lo aceptan.

Empiece por la sopa. Una sopa le llenará el estómago, tanto que ya no podrá comerse la papa al horno que tal vez le sirvan junto con el plato fuerte. Escoja un consomé retacado de verduras.

Pida que le cambien las féculas. Ordene alguna fuente de proteínas magras (bajas en grasa), como pescado asado al horno, y luego sustituya la papa, el arroz o la otra fécula que normalmente venga con el plato por verduras.

Comparta la comida. La mayoría de los platos fuertes consisten en demasiada comida. Si alguien lo acompaña, compártala. O bien divida su porción de inmediato y júrese comer sólo la mitad. Llévese lo demás a casa en un recipiente.

No se presente con hambre. Sus ojos querrán comerse todo lo que vean. Tómese un vaso de agua mineral y una merienda alta en proteínas (como un palito de queso) antes de salir de la puerta de su casa.

ENGAÑE A SUS ANTOJOS

En lugar de galletas (*crackers*) con los aperitivos. . .

Ahórrese usted y también a sus invitados los carbohidratos procesados y las grasas hidrogenadas de las galletas. En cambio, sirva los *dips* o las pastas con verduras. Puede usar rodajas de pepino o de *zucchini* (calabacita), tomates pequeños, sombreretes de hongos y hojas de endibia (lechuga escarola) a manera de base para queso, *hummus* y otros aliños (aderezos) saludables.

y pocos fritos. Por lo tanto no es difícil comer fuera al seguir la dieta South Beach.

Desde luego aún tendrá que cuidarse, pero comer fuera es una buena oportunidad para darse el gusto de probar las cosas que más le agraden, aunque sólo sea porque le facilitará moderarse el resto del tiempo. Varias estrategias —muchas de ellas aprendidas de nuestros pacientes— le permitirán comer de manera prudente aunque ande fuera de casa.

Aquí va una sencilla: coma algo 15 minutos antes de llegar al restaurante. Sólo una pequeña merienda (refrigerio, tentempié), alguna clase de proteína. Un trozo de queso bajo en grasa es bueno porque lo puede llevar en la cartera (bolsa) o en el portafolios. Dará inicio al proceso de llenar su estómago, de modo que cuando llegue el momento de pedir sus alimentos no esté muerto de hambre.

Se trata de una estrategia que también recomiendo porque le permitirá resistirse a la parte más peligrosa de cualquier comida de restaurante: la canasta del pan. Lo típico es que uno llegue con hambre y ahí está: fresco, quizá caliente y aromático, y cargadísimo de carbohidratos malos. En realidad el pan no contribuye mucho a satisfacer el hambre, pero inyecta glucosa de golpe al torrente sanguíneo y crea el marco para que durante el resto de la velada se padezca hipoglucemia reactiva y antojos.

Muchas de las personas que hacen esta dieta toman la medida preventiva de decirle al mesero que ni les lleve la canasta del pan, lo cual es una idea excelente siempre y cuando no les importe a sus compañeros de mesa. Si les importa, puede pedirles que tomen el pan que se vayan a comer y *luego* deshacerse de la canasta.

He aquí otra buena idea que puede aplicar enseguida de llegar: pida una sopa, de preferencia un consomé. El propósito es que, además de llenarle el estómago, alargue el tiempo que dedique a comer. Se trata de una buena

Acabe con ese antojo

La Primera Fase de la dieta South Beach le ayudará a reducir y con el tiempo a eliminar sus antojos de carbohidratos. No obstante, también es posible que se tope con desafíos durante este proceso de desterrar por completo de su vida los carbohidratos feculentos y azucarados.

A fin de superar tales antojos durante la Primera Fase, observe las siguientes sugerencias.

Elimine los estímulos. Si se da cuenta de que se le antoja la comida rápida porque huele las papas a la francesa desde su carro al desplazarse del trabajo a la casa, prométase que de ahora en adelante tomará una ruta diferente. Si se le antojan las palomitas (rositas) de maíz (cotufo) después de ver cierto comercial de televisión, tome nota mentalmente de que tratará de salir de la habitación durante los comerciales. Al comer fuera, pídale al mesero que se lleve el pan de su mesa. Por último, evite comer en restaurantes donde sepa que se sentirá tentado a consumir alimentos no aprobados por la dieta South Beach.

Véase comer. Coloque un espejo en la oficina y en el comedor. ¡Si se ve comer es mucho menos probable que haga trampa!

Tome agua primero. Luego pruebe alguna proteína. Con frecuencia un vaso con agua le pesará justo lo suficiente a su estómago para sentirse demasiado satisfecho como para ingerir la comida que se le esté antojando. Si de todas formas no puede sacar de su mente ese pan o chocolate, coma una pequeña merienda (refrigerio, tentempié) de proteínas o alta en fibra, como un huevo cocido duro o el cereal *All-Bran*.

Salga a caminar. Con frecuencia se nos antoja comer cuando estamos estresados o nos afecta alguna otra emoción negativa. Una breve caminata ayudará a disipar el estrés y a levantarle el estado de ánimo. También lo alejará de las tentaciones.

idea, porque hay un intervalo entre el momento en que se empieza a llenar la panza y el momento en que el cerebro se da cuenta de ello. Según los expertos son unos 20 minutos. Este hecho explica por qué es tan fácil llegar al punto de sentirse desagradablemente retacado. En esta época en que se valora a tal grado la velocidad en la preparación y también en el consumo de la comida, dicha circunstancia plantea un peligro. Comemos tan rápido que rebasamos el punto de saciedad muy pronto, nos seguimos alimentando y de repente nos sentimos a punto de explotar.

Empezar la comida con un consomé da inicio al proceso de satisfacer el hambre y comienza a enviar al cerebro la señal de que ya empezó el proceso de saciarse. Cualquier cosa que calme el hambre un poco es buena, porque evitará que al rato, cuando la comida llegue, coma más de lo que realmente necesite.

Si se asoma a la canasta del pan y encuentra un ejemplar de la variedad buena de grano entero, tal vez decida darse el gusto. Si lo hace, remójelo en aceite de oliva, lo cual hará que las féculas se absorban más lentamente y contribuirá a la sensación de saciedad. Aunque no lo crea, comer el pan con aceite o incluso un poco de mantequilla es mejor para la dieta que el pan solo, a pesar de que se agreguen calorías.

Le tengo otra sugerencia: visite restaurantes que sirvan comida mediterránea. No me refiero sólo a la italiana; de hecho los restaurantes italianos pueden ser peligrosos porque la pasta y el pan tienden a dominar la comida. Más bien estoy pensando en la comida griega o la del Medio Oriente.

ENGAÑE A SUS ANTOJOS

En lugar de espaguetis. . .

En lugar de comer todos los carbohidratos procesados de un plato de espaguetis, prepare una comida con base en el *spaghetti squash*. Después de cocinar esta verdura puede raspar su pulpa sacándola con un tenedor, para así producir largas hebras de *squash* que en la mesa se verán y funcionarán igual que los espaguetis.

Vea la receta de "*Spaghetti squash* a lo italiano" en la página 301.

Estas cocinas emplean mucho aceite de oliva, lo cual siempre es una ventaja. Podrá comer *hummus* (una pasta hecha de garbanzos) con pan árabe (pan de *pita*), lo cual es *mucho* mejor —así como más sabroso— que el pan blanco con mantequilla. Encontrará granos enteros buenos como el *tabbouleh* y el cuscús, que sirven para reemplazar las papas o el arroz. Y por lo común estas

TRANSFORME LA COMIDA RÁPIDA A LO SOUTH BEACH

No le recomiendo consumir comida rápida con mucha frecuencia. Sin embargo, esto no significa que no pueda observar la dieta South Beach cuando coma a las carreras. Cada restaurante de comida rápida ofrece por lo menos una alternativa que no le arruinará la línea. Como regla general opte por el sándwich (emparedado) o la orden de papas a la francesa más pequeños (¡si tiene que darse el gusto!). En lugar de un refresco (soda) grande pida uno pequeño, un refresco de dieta o —lo que sería aún mejor— leche semidescremada al 1 por ciento (*low-fat milk*) o agua.

MCDONALD'S

Malo	Regular	Lo mejor
Caesar Salad	Chef Salad	Grilled Chicken Caesar Salad
Filet-O-Fish	Chicken McGrill	Chicken McGrill sin mayonesa
Quarter Pounder with Cheese	Cheeseburger	Hamburguesa sencilla
Papas a la francesa tamaño súper	Orden mediana de papas a la francesa	Orden pequeña de papas a la francesa
Steak, Egg, and Cheese Bagel	Egg McMuffin	Scrambled Eggs
Hotcakes con almíbar (sirope)	Hotcakes sencillos	Breakfast Burrito

TACO BELL

Malo	Regular	Lo mejor
Double Decker Taco Supreme	Grilled Steak Soft Taco	Chicken Soft Taco

tradiciones culinarias echan mano de las especias y los condimentos en lugar de los edulcorantes a la hora de sazonar sus platos.

Y si *a pesar de todo* va a un restaurante italiano, trate de estructurar la comida tal como lo hacen en Italia: por platos, empezando por una porción moderada de pasta preparada *al dente* acompañada de una saludable salsa de

BURGER KING

Malo	Regular	Lo mejor
Double Whopper with Cheese	Original Whopper	Whopper Jr.
Bacon Double Cheeseburger	Hamburguesa con queso sencilla	Hamburguesa sencilla
BK Big Fish	Chicken Whopper	Specialty Chicken Sandwich sin mayonesa y con sólo la mitad del pan
Fresh-Baked Cookie	Dutch Apple Pie	Hershey Sundae Pie

SUBWAY

Malo	Regular	Lo mejor
Meatball Sub	Steak and Cheese Sub	Roast Beef Sub
Italian B.M.T. Sub	Red Wine Vinaigrette Club	Turkey Breast Sub

WENDY'S

Malo	Regular	Lo mejor
Taco Supreme Salad	Spring Mix Salad	Mandarin Chicken Salad
Big Bacon Classic	Spicy Chicken Sandwich	Grilled Chicken Sandwich

tomate (jitomate), seguida por un plato principal compuesto de carne o pescado y verduras frescas, incluyendo algunas de hoja verde, como la *escarola* o la espinaca, o bien crucíferas como el brócoli, además de una ensalada aliñada (aderezada) con aceite de oliva. En Italia uno no se sienta a cenar frente a un enorme plato de pasta acompañado de una canasta de pan sin fondo. Por eso los italianos pueden comer pasta dos veces al día sin sufrir los índices de obesidad que vemos en los Estados Unidos. En muchos restaurantes de este país es posible pedir media orden de pasta como entremés. Si lo intenta verá que queda satisfecho. Es importante consumir una cantidad suficiente de grasas buenas (el plato fuerte y el aceite de oliva) y carbohidratos buenos (las verduras y la ensalada) para contrarrestar las féculas de la pasta.

Todos tendemos a suponer que los restaurantes donde se sirve comida asiática son saludables. Las diversas formas asiáticas de alimentación suelen contener mucho pescado y verduras y pocas carnes pesadas o dulces. Sin embargo, no siempre es cierto en el caso de los restaurantes asiáticos de los Estados Unidos. Una diferencia importante es el tamaño de las porciones: estamos acostumbrados a ver mucha más comida sobre nuestros platos. Y en vista de que todo mundo odia desperdiciar la comida, tendemos a acabarnos lo que se nos sirva. Otra diferencia importante se encuentra en el arroz. Los pueblos asiáticos siempre han utilizado el grano entero con todo y fibra, poniendo a trabajar al sistema digestivo para extraer la fécula. En este país —y cada vez más en muchas ciudades asiáticas— se utiliza una variedad más procesada de arroz blanco. Este cambio aumenta de manera sustancial la carga glucémica de la comida.

Hay otra cosa de la que tal vez no esté consciente: el glutamato monosódico (o *MSG* por sus siglas en inglés), un saborizante, se hace de remolacha (betabel), la cual es una verdura saludable aunque con un índice glucémico muy elevado. Es decir, si bien la comida china para llevar común disfraza el hecho con bastante éxito, contiene un montón de azúcar.

Evite el arroz y las papas en *cualquier* restaurante. En cambio, pida una ración doble de verduras. Y nunca coma nada frito. Asado, asado al horno, en su jugo, al horno, al vapor, incluso sofrito (salteado): todo eso está bien. Si el plato viene con alguna salsa, pida que se la pongan aparte. No significa que no se la vaya a comer, pero le garantizo que quedará satisfecho con la mitad de la que le hubieran agregado en la cocina.

En lo que se refiere a las bebidas, empiece con agua al momento de sentarse. Sin embargo, con toda confianza puede tomar después una o dos copas de vino tinto (el cual de hecho es bueno para la salud y no engorda demasiado). Evite el vino blanco, las bebidas fuertes o —lo que es peor— la cerveza.

En cuanto al postre, no sea demasiado duro consigo mismo. Si come fuera de casa cuatro veces a la semana tendrá que negárselo la mayor parte del tiempo, pero si se trata de una ocasión especial, disfrútela lo más posible. Si le basta con fruta fresca, pida eso. Si lo que necesita es fruta con helado, también está bien. Puede pedir ambas cosas por separado y preparar su propio postre con 3 cucharaditas de helado rematadas con fruta fresca. Si sólo le bastará con el pastel (bizcocho, torta, *cake*) de chocolate más pecaminoso, anímese y pídalo. . . así como un número suficiente de tenedores para todas las personas de su mesa. Sólo coma tres bocados, de la manera más lenta posible. Luego deshágase de lo que sobre con el primer mesero

Los pormenores del arroz

Para cuando llegan a su plato, la mayoría de los tipos de arroz se han molido y pulido tanto que sólo quedan las calorías.

Si va a comer arroz elija el integral, el cual todavía contiene el salvado y por lo tanto más fibra, vitamina E, ácido fólico, hierro, potasio, fósforo y cinc que su primo blanco. También tiene menos carbohidratos que el arroz blanco. Lo sigue muy de cerca el arroz silvestre (*wild rice*), que de hecho no es arroz sino un tipo de hierba. El arroz silvestre contiene más proteínas que el arroz blanco, por lo que reduce más el apetito, además de otros muchos nutrientes.

No se deje engañar por platos de arroz aparentemente exóticos como el arroz Arborio (*risotto*) o el arroz glutinoso. Ambos son muy feculentos e igualmente molidos y pulidos.

El glosario South Beach

Transgrasas: el resultado de la hidrogenación, el proceso por medio del cual los fabricantes de alimentos agregan hidrógeno a la grasa poliinsaturada para que sea sólida a temperatura ambiente. Las transgrasas con frecuencia se encuentran en las papas a la francesa, los *donuts* y los productos horneados comercialmente, como las galletas (*crackers*) y las galletitas (*cookies*). También se encuentran en la margarina.

Las transgrasas son grasas artificiales que aumentan el índice de colesterol LDL malo y aparentemente son más dañinas para la salud que las grasas saturadas. Por lo tanto debe minimizarlas en su alimentación.

que pase. Pruebe este experimento en casa: tome tres bocados de cualquier postre, deténgase y aparte lo demás por unos cuantos minutos. Verá que resulta tan satisfactorio como habérselo comido todo. Y seguirá respetándose por la mañana.

Desde luego todo esto presupone que usted comerá en un restaurante normal provisto de mesas y sillas para sentarse. No obstante, la verdad es que la mayoría de los estadounidenses que comen fuera de casa actualmente lo hacen en restaurantes de comida rápida. Cuesta trabajo pensar en una estrategia que realmente pudiera ayudar en tal situación. Todo parece conspirar para producir la peor comida posible, por lo menos desde el punto de vista de este plan de alimentación.

Empiece por eliminar todos los atractivos principales. Nada de hamburguesas (la carne y el aceite en que se cocinan contienen un exceso de grasa saturada; el pan, un exceso de carbohidratos). Nada de pescado tampoco, ya que el empanado (empanizado) y el método de cocción hacen que engorde aún más que la hamburguesa. Nada de papas a la francesa (la peor parte de la comida en lo que se refiere al índice glucémico, tanto por las papas como por la *catsup*/*ketchup*). Nada de refresco (soda), que no es más que una gran inyección de azúcar. Fíjese en cómo los restaurantes de comida rápida promueven con mayor ahínco sus peores platos; incluso el ofrecimiento de aumentarlos al "tamaño súper" sólo es una forma de vender cantidades excesivas de la parte más barata de la comida, el refresco y las papas. En la comida rápida, el énfasis se pone en lo grande, lo dulce, lo graso y lo *rápido*, todo lo cual ha hecho de la obesidad un problema tan grande en los Estados Unidos actualmente.

Si usted es capaz de ir a un restaurante de comida rápida y limitarse a una ensalada (con aceite y vinagre en lugar de otro aliño/aderezo) y una pechuga de pollo sencilla a la parrilla (en los lugares donde la sirvan), acompañada de agua o de café, estará bien. Los *nuggets* de pollo o el pollo frito no se recomiendan. Al igual que el pescado, consisten en mucho pan rallado que ha sido frito y que se acompaña de un poco de carne, y todo esto ha sido cocinado en una sustancia transgrasa. Si no evita estos alimentos, en realidad no puede comer en estos lugares y observar al mismo tiempo una dieta saludable. Pero eso no sorprenderá a nadie, ¿verdad?

MI DIETA SOUTH BEACH

BAJÉ TRES TALLAS Y MI COLESTEROL TAMBIÉN BAJÓ —*JUDITH W.* Desde hace años tengo la presión arterial alta (hipertensión) y angina de pecho. Los problemas cardíacos son comunes en mi familia. Tuve una cirugía de triple derivación (*bypass*) cardíaca en 1990, y yo era la más joven en la sala de cardiología. Mi mamá ya se había sometido a una y mi hermana también. Hace algunos años necesitaba encontrar a un nuevo cardiólogo y llegué con el Dr. Agatston. Lo primero que me dijo fue que debía bajar de peso, y en vista de que pesaba 172 libras (78 kg) en ese entonces sabía que tenía razón. No era nada nuevo para mí. Sin embargo, me dio el impulso que necesitaba y sugirió esta dieta.

Eliminé todos los carbohidratos que debía eliminar, y también el azúcar. Me indicaron que no comprara alimentos sin grasa, ya que eso sólo significaba que contenían una mayor cantidad de azúcar. Lo que sí compré fue leche semidescremada al 2 por ciento y quesos bajos en grasa. Antes de ponerme a dieta no tenía la costumbre de cenar. Sin embargo, siempre comía meriendas (refrigerios, tentempiés) por la noche. Nada de dulces, sólo fruta o *pretzels*. Comía muchas papas al horno —aunque nunca con mantequilla—, porque pensaba que las papas estaban bien. Comía papas a la francesa cuando quería. Desde luego comía pan con mis hamburguesas. Tenía la intención de comer de manera razonable, pero en realidad no le echaba muchas ganas. Y de manera lenta pero constante subí mucho de peso. Me encontraba en un estado de pánico cuando empecé con la dieta, porque nunca había estado tan gorda en mi vida. Nunca.

Una vez que superé la fase estricta empecé a agregar algunos carbohidratos otra vez. Pero no muchos. No confío en los carbohidratos. Como pasta de trigo integral, pero sólo en pequeñas cantidades. Arroz integral también. Eso es más o menos todo. *Cheerios*. Nada de papas, sólo batatas dulces (camotes). Las preparo al horno. Sin embargo, no me como la batata dulce completa sino sólo la mitad. Mermeladas o jaleas sin azúcar, de ser necesario, pero no soy golosa. En eso tengo suerte. Seguí bajando de peso aun cuando volví a agregar los carbohidratos. Ahora ocasionalmente me como un sándwich (emparedado) preparado con rebanadas delgadas de pan de trigo integral molido por piedra, cuando lo consigo.

Perdí 30 libras (14 kg) a lo largo de unos 6 meses y no he vuelto a subir nada a 3 años de eso. Bajé tres tallas y mi colesterol bajó también. Mi esposo dice que se trata de la dieta más cara que he hecho jamás, porque tuve que deshacerme de toda mi ropa y empezar desde cero. Soy abogada, así que tengo un guardarropa de trabajo muy caro. Y también asistimos a muchas funciones nocturnas. Pero yo estoy feliz. Por fin tengo un excelente pretexto para renovar todo mi guardarropa. ■

REGRESEMOS A LA CARDIOLOGÍA

Tal como lo he señalado, sólo llegué a estudiar la alimentación y la pérdida de peso a través de mi especialidad, que es la cardiología preventiva. Estoy totalmente de acuerdo con una cita del famoso Estudio Framingham del Corazón: "Un ataque cardíaco o derrame cerebral debe considerarse como indicio del fracaso de la terapia médica, más que como el inicio de la intervención médica". Estoy convencido de que hoy en día no es una quimera sino viable prevenir la mayoría de los ataques cardíacos y derrames cerebrales. Incluso la mayoría de las personas que acuden a mí con antecedentes familiares de enfermedades cardíacas prematuras logran superar esta predisposición genética. Lo importante es tomar las medidas de prevención de manera oportuna. Entre más pronto se comience, más fácil resulta evitar catástrofes futuras. Son demasiados los casos en que la primera manifestación de un ataque cardíaco o derrame cerebral también es la última.

La alimentación representa, desde luego, un componente crucial dentro de la estrategia de prevención. De hecho se trata de nuestra preocupación fundamental con respecto a muchos pacientes, particularmente aquellos que padecen diabetes o prediabetes. Es importante hacer ejercicio y existen

La nueva perspectiva sobre la formación de la placa

En las escuelas de Medicina de los años 70, la acumulación de placa en las arterias se consideraba un problema de plomería con resultados bastante claros.

Según me enseñaron, cuando la placa bloqueaba, digamos, el 70 por ciento de una arteria que suministraba sangre al músculo cardíaco se empezaba a sentir dolor de pecho al hacer un esfuerzo físico. Si la placa aumentaba más, el dolor se sentía con mayor frecuencia. Y cuando la arteria se cerraba totalmente se sufría un ataque cardíaco. Si el proceso se llevaba a cabo en el cerebro ocasionaba un derrame cerebral.

Actualmente sabemos que la acumulación de placa es más complicada y tiene consecuencias menos predecibles. La placa empieza a formarse cuando el colesterol penetra debajo del revestimiento interior de la pared de una arteria, donde empieza a abrir un saco parecido a un absceso. Células inflamatorias llenan el absceso, lo agrandan y lo inflaman. En algún momento revienta —de manera muy parecida a un grano (barro)—, vierte su contenido dentro del torrente sanguíneo y deja un agujerito en la pared de la arteria.

medicamentos y suplementos maravillosos que pueden hallar cabida en un plan integral de salud. No obstante, la alimentación apropiada definitivamente es el elemento más vital.

Si usted pasa por alto este hecho, es posible que algún día se vea obligado a correr el riesgo de someterse a alguno de los llamados "milagros" de la cardiología moderna: la angioplastia, una derivación (*bypass*) cardíaca de la arteria coronaria, un transplante, quizá incluso un corazón totalmente artificial. Tal vez alguna de estas medidas reanime su funcionamiento cardíaco lo suficiente para mantenerlo con vida. No obstante, debe tener presente que la aplicación de todos estos procedimientos lleva implícito el fracaso. Se trata del esfuerzo extremo, invasivo y desesperado que se requiere cuando el paciente y su médico o médicos han demostrado ser incapaces de lograr que el sistema cardiovascular funcione tal como lo pretendió la Naturaleza. En algunos casos la causa del mal es una enfermedad

En la mayoría de los casos, estas pequeñas heridas forman una costra —es decir, un coágulo sanguíneo—, luego cicatrizan y se calcifican, sin provocar una emergencia inmediata. El coágulo por lo común es demasiado pequeño para afectar el flujo de la sangre. Cuando es mayor, el corazón produce sus propios libramientos alrededor de la obstrucción. No obstante, en ocasiones un coágulo grande bloquea el flujo de la sangre de manera parcial o completa, lo cual provoca dolor de pecho o incluso la muerte de una parte del músculo cardíaco; es decir, un ataque cardíaco.

En resumen, es posible desarrollar mucha placa sin experimentar ningún síntoma. Si bien la coagulación y la constricción de los vasos sanguíneos forman parte del proceso natural de curación (¡uno definitivamente quiere que las cosas funcionen así cuando se ha cortado el dedo!), en las arterias, el corazón o el cerebro estos procesos pueden provocar un ataque cardíaco o derrame cerebral.

o disfunción. Sin embargo, hoy en día es posible *prevenir* la mayoría de los ataques cardíacos y derrames cerebrales.

El ejercicio

Al igual que en el caso de la dieta, en cuanto al ejercicio el objetivo debe ser hallar un programa que no parezca una intervención sino más bien parte del estilo de vida normal, algo que pueda incorporarse fácilmente a la rutina existente. Es posible encontrar el mejor ejercicio cardíaco de todos los tiempos, uno capaz de brindar la condición física de un corredor de maratón. No obstante, si para ello es necesario rehacer la vida por completo, lo más probable es que fracase. A la larga no se perseverará y el mismo desaliento bastará para quedar peor que cuando se empezó.

Además, en realidad no se *necesita* un programa de ejercicio digno de los infantes de la Marina para tener un corazón sano. Lo que hace falta es una dosis diaria de actividad física que logre el efecto deseado de la manera más eficaz posible. Cualquier cosa más allá de eso no es obligación. Son demasiadas las personas que se van a los extremos. Empiezan con un programa muy intenso, lo llevan a cabo por poco tiempo, se cansan y otra vez optan por no hacer nada. Es mejor encontrar un ejercicio que usted pueda realizar diariamente durante 30 minutos. No quemará muchas calorías por sesión, pero el efecto acumulado lo beneficiará en todos los sentidos. En el peor de los casos compensará la libra o dos que la mayoría de las personas de edad madura suben al año sin darse cuenta siquiera. Evidentemente las personas que hacen ejercicio con frecuencia y con ganas están mejor que quienes no lo hacen. Tampoco es cuestión de salud cardíaca solamente: estoy convencido de que mover el cuerpo y poner a prueba sus límites crea un estado de ánimo sano, además de brindar un gran número de beneficios adicionales.

Lo primero que necesita es algún tipo de ejercicio aeróbico. Sin embargo, no tiene que dedicar una hora a la estera mecánica (caminadora, *treadmill*), la máquina escaladora (*stair machine*), la máquina elíptica (*elliptical trainer*) ni a correr en la pista de atletismo. Yo recomiendo lo siguiente: caminar 20 minutos a paso ligero todos los días. No corra a menos que realmente desee hacerlo. Viva de acuerdo con la siguiente regla muy fácil de recordar: empezar a sudar significa que ha logrado su objetivo. La mayoría de los beneficios del ejercicio se cosechan durante los primeros 20 minutos, más o menos. Si quiere detenerse ahí, está bien. Habrá cumplido con su propósito. Sin embargo, de veras tiene que hacerlo durante 20 minutos todos los días, de manera vigorosa y religiosa. Si le gusta nadar y tiene la oportunidad de hacerlo durante todo el año, adelante. Una vez más, no necesita entrenar como si fuera a competir en las Olimpiadas. Sólo 20 minutos.

Además de eso recomiendo hacer algunos estiramientos, principalmente porque garantizan que no se lesionará con el otro ejercicio que elija. Al envejecer perdemos flexibilidad. Es posible evitarlo con una buena rutina de estiramientos.

Por último, levantar pesas brinda muchos beneficios. Mejora la proporción de los músculos con respecto a la grasa, lo cual a su vez estimula el metabolismo y hace que el cuerpo queme combustible aun mientras se duerme. No es preciso convertirse en fisiculturista, pero sí es importante aumentar la masa corporal no adiposa, es decir, cualquier cosa excepto la grasa. Sobre todo en el caso de las mujeres, los ejercicios con pesas son buenos para incrementar la densidad ósea, lo cual previene la osteoporosis. Al hacerlos disminuye en mucho la probabilidad de fracturarse la cadera y sufrir otras lesiones.

Además, con el ejercicio baja la presión arterial y aumenta el colesterol bueno. Si lo hace con regularidad y come de manera apropiada, estará poniendo en práctica casi todo lo que se encuentra a su alcance para asegurarle a su corazón un futuro sano. De hecho ya estará haciendo mucho más por sí mismo de lo que la ciencia médica pudiera ofrecerle.

Antes de realizar una sesión prolongada de ejercicio (de más de 90 minutos), tal vez le sirva comer algún carbohidrato con un índice glucémico bajo, como yogur bajo en grasa, avena o *pumpernickel* (pan integral de centeno). Cómaselo por lo menos 2 horas antes de empezar a hacer ejercicio, a fin de aumentar su energía a través de una buena provisión de carbohidratos. Después del ejercicio tendrá que reponer su existencia de glucógeno o combustible. Quizá pueda permitirse algo de pan blanco o papas en tales ocasiones.

Los medicamentos y los suplementos

Previamente en este libro describí mi desarrollo como cardiólogo del todo comprometido con el enfoque de "antes que nada prevenir", sobre todo en lo que se refiere a la alimentación. No obstante, la alimentación y el ejercicio no siempre aseguran la salud cardíaca por sí solos. Hacia fines de los años 80 salió al mercado una nueva clase de medicamentos asombrosos que bajan el colesterol, las estatinas, como por ejemplo *Mevacor*, *Pravachol*, *Lescol*, *Zocor* y *Lipitor*. Estas sustancias nos permiten bajar el colesterol de manera bastante fácil y espectacular, al principio entre un 20 y un 30 por ciento y ahora hasta en un 50 por ciento. Pensábamos que al tomar estos medicamentos los pacientes podrían disfrutar cualquier cosa sin problemas. Podrían ponerse a dieta o no y con todo gozar de un índice bajo de colesterol. Desde luego las estatinas no benefician la figura en absoluto.

No obstante, prevalecía la actitud de olvidarse de comer bien y mejor tomar los medicamentos. Las estatinas eran (y siguen siendo) caras, pero diversos estudios han demostrado que este tipo de medicamento disminuye el índice de ataques cardíacos más o menos en un 30 por ciento.

No lo agobiaré con una explicación científica de por qué las estatinas funcionan. Lo que hacen es bloquear la producción de colesterol por parte del hígado. Se ha desatado cierta controversia al respecto, principalmente debido a la posibilidad de que le ocasionen problemas al hígado. La prensa popular ha exagerado la situación. Una estatina, *Baycol*, se retiró del mercado debido a un índice inaceptable de reacciones tóxicas. Sólo se han dado problemas muy aislados con las estatinas que están disponibles actualmente, a pesar de las historias alarmistas que de vez en cuando circulan en los periódicos o los noticiarios de la televisión. Los beneficios de las estatinas compensan con creces los posibles peligros. Entre los médicos nunca han existido dudas serias con respecto a si es prudente tomarlas. Considere lo siguiente: la mayoría de los cardiólogos mayores de 40 años que conozco toman alguna estatina, incluso quienes no tienen indicios ni antecedentes de problemas cardíacos. El medicamento no es barato —el costo anual anda por los $3,000—, pero los resultados lo valen.

Por otra parte, en años recientes los suplementos también han adquirido mucha importancia para la atención cardíaca.

La mayoría de las personas saben que al tomar una aspirina al día se logra un ligero efecto anticoagulante en la sangre, lo cual ayuda a prevenir los ataques cardíacos y derrames cerebrales en quienes corren algún riesgo. Vale la pena hacer hincapié en el hecho de que la aspirina es una verdadera bendición cuando se trata de prevenir los problemas cardíacos. Es tan común y económica que algunas personas se olvidan de su importancia dentro de cualquier régimen para asegurar la salud del corazón.

Desde hace años hemos oído comentar que las vitaminas antioxidantes clásicas (A, C y E) ayudan a prevenir los ataques cardíacos, los derrames cerebrales y el cáncer. No obstante, en fechas recientes diversos estudios han fracasado en el intento por respaldar estas esperanzas con pruebas científicas. La buena noticia es que las vitaminas antioxidantes disponibles actualmente no perjudican (sólo a la billetera/cartera). La mala noticia es que aparentemente

Cómo pescar sus suplementos

Aunque no le cueste trabajo distinguir entre un salmón y una sardina, tal vez se confunda un poco al elegir una cápsula de aceite de pescado para complementar su consumo de ácidos grasos omega-3.

Busque las marcas que le indiquen cuántos miligramos contienen por cápsula de los siguientes ácidos grasos omega-3: ácido eicosapentanoico (o *EPA* por sus siglas en inglés) y ácido docosahexaenoico (o *DHA* por sus siglas en inglés). No se fije sólo en cuántos miligramos de aceite de pescado contienen. Opte por las que ofrezcan la mayor cantidad de estos ácidos, particularmente de EPA. Entre los dos deben sumar por lo menos 300 miligramos.

Algunos de los efectos secundarios de estos suplementos son la acidez (agruras, acedía) y el mal aliento, sobre todo cuando se toman en dosis grandes. Tome el suplemento con las comidas para ayudar a minimizar estos efectos.

Se ha demostrado que las grasas omega-3 posiblemente contribuyan a prevenir o a tratar ataques cardíacos, cáncer, artritis reumatoide, asma, la enfermedad de Crohn, el trastorno de déficit de atención, la esquizofrenia, el estado maniacodepresivo, la fibrosis quística y los dolores (cólicos) menstruales severos.

No obstante, si usted sufre un trastorno hemorrágico o toma un anticoagulante como *Coumadin*, consulte a su médico antes de ingerir aceite de pescado, ya que también tiene un efecto anticoagulante en la sangre. (Si bien los esquimales disfrutan de bajos índices de ataques cardíacos debido a su alimentación rica en pescado, en la antigüedad muchos de sus ancestros murieron desangrados cuando los vikingos los atacaron, según cuentan las leyendas).

no benefician la salud. Existen ciertos indicios de que la forma natural de vitamina E, llamada *d*-alfa-tocoferol, previene los ataques cardíacos y derrames cerebrales eficazmente. No obstante, hace falta realizar más estudios. Mi recomendación es que se refuerce la provisión de antioxidantes del

Una breve guía de los índices de colesterol

Cuando reciba los resultados de su próxima prueba del colesterol —que en el caso ideal habrá mejorado gracias a la dieta South Beach— tendrá enfrente muchos números.

A fin de ayudarle a aclarar la confusión, le recomiendo que no pierda mucho tiempo con el índice total de colesterol. Este número abarca el colesterol HDL bueno, el LDL malo y también una fracción de los triglicéridos, de modo que no sirve de mucho por sí solo. Tampoco sugiero que se concentre sólo en la proporción del colesterol total con respecto al HDL, ya que este número puede resultar engañoso a causa de otros factores. El tamaño del HDL y del LDL, el aminoácido conocido como homocisteína y la proteína C-reactiva, por ejemplo, pueden afectar dicha proporción.

En cambio, busque lo siguiente:

HDL: opino que el HDL de los hombres debe ser mayor a 45 y el de las mujeres, mayor a 55. Estos números son más rigurosos que las recomendaciones nacionales establecidas por la Asociación Estadounidense del Corazón, la cual tiende a ir varios años a la zaga de lo que aconsejan los cardiólogos preventivos de vanguardia.

LDL: si tiene pocos antecedentes familiares de enfermedades cardíacas o bien factores mínimos de riesgo personal, un LDL de menos de 130 es ideal.

No obstante, si usted es obeso, tiene la presión arterial alta (hipertensión), padece diabetes o bien tiene antecedentes familiares de enfermedades coronarias, su LDL debe estar por debajo de 100. En las personas a quienes se les ha diagnosticado una enfermedad cardíaca o que enfrentan varios factores de riesgo, recomiendo más bien un LDL de menos de 80.

Triglicéridos: el tercer número de la prueba tradicional de colesterol es el índice de triglicéridos. Anteriormente los médicos solían hacer caso omiso de esta grasa sanguínea, pero ahora le ponemos más atención. Querrá que esté por debajo de 150; menos de 100 sería incluso mejor.

cuerpo por medio del ejercicio y del consumo de frutas y verduras, las cuales son ricas en nutrientes. Para ir a la segura, sugiero tomar un solo multivitamínico al día.

A diferencia de lo que ocurre con los antioxidantes, los datos acerca de los suplementos de aceite de pescado en forma de cápsulas son muy emocionantes. De la misma forma en que aconsejamos a las personas que coman mucho pescado alto en los beneficiosos aceites omega-3, como el salmón o el atún, recomendamos estas cápsulas. Ocasionan un descenso en el índice de triglicéridos y hacen que las células sanguíneas sean menos pegajosas. También se ha encontrado que previenen la muerte súbita a causa de la arritmia cardíaca, que es una interrupción repentina y posiblemente mortal del latido normal del corazón. Los suplementos de omega-3 también ayudan a prevenir la diabetes y la prediabetes. Es posible que asimismo sirvan para tratar las depresiones y la artritis. (Encontrará más información acerca de las maravillas del aceite de pescado en el libro excelente del Dr. Andrew L. Stoll sobre los ácidos grasos omega-3).

Yo personalmente tomo aspirina, cápsulas de aceite de pescado y una estatina.

Hace poco un estudio reveló otro complemento para la lista de los suplementos que tal vez resulte ser importante. Algunos hombres sufren desde veinteañeros una especie de menopausia relacionada con una disminución normal en su índice de testosterona. Siempre hemos sabido que esta hormona estimula el apetito sexual. Ahora descubrimos que tal vez también esté relacionada con el funcionamiento cardíaco. Diversos estudios indican que los hombres que con frecuencia padecen ataques cardíacos tienen un nivel de testosterona inferior al normal. Los diabéticos también tienden a mostrar un índice bajo de testosterona. Cuando existe esta deficiencia y la hormona se repone, aumenta la masa muscular y ósea y disminuye la obesidad central. Actualmente parece que este descenso en la testosterona tal vez sea otra razón por la que los hombres suben de peso al envejecer.

Antes no sabíamos nada de ello porque sólo medíamos la testosterona en los hombres que padecían una disfunción sexual. Ahora observamos el impacto que esta hormona tiene en la conexión entre la obesidad y la salud cardíaca. La mido en todos mis pacientes varones y cuando aparece un índice bajo les receto un gel de testosterona (que se aplica frotando en la piel).

Análisis avanzados de la sangre

Bajar el índice total de colesterol es un objetivo importante de la atención preventiva, pero no basta ni con mucho. La mayoría de las personas que sufren ataques cardíacos tienen índices normales de colesterol. Lo cierto es que una persona determinada puede tener un índice bajo de colesterol y correr un grave riesgo de sufrir un ataque cardíaco, mientras que otra con un índice más alto estará perfectamente bien. La cifra total de colesterol que todos conocemos no revela toda la verdad *por sí sola*.

A estas alturas, la mayoría de las personas están conscientes de que existen dos tipos básicos de colesterol, el llamado "bueno" (las lipoproteínas de alta densidad o *HDL* por sus siglas en inglés) y el "malo" (de baja densidad o *LDL* por sus siglas en inglés). La proporción del bueno con respecto al malo representa un factor importante, y esta por lo común se mide a través de análisis de diagnóstico de la sangre.

No obstante, también hay que considerar otros factores, por lo que los análisis avanzados de lípidos se han convertido ahora en un complemento importante de la atención cardíaca.

Los laboratorios de sangre más desarrollados son capaces de medir cinco subgrupos diferentes de HDL y siete de LDL. Una de las cosas que evalúan es el *tamaño* de las partículas de colesterol. En esencia, las partículas grandes son buenas y las pequeñas son malas. Las HDL grandes han demostrado ser más eficientes a la hora de despejar las grasas malas que las HDL pequeñas. No obstante, resulta aún más importante la diferencia entre las partículas grandes y pequeñas de LDL. Las pequeñas se introducen más fácilmente debajo del revestimiento de los vasos sanguíneos, donde forman la placa que estrecha las arterias. Las partículas más grandes de LDL no son capaces de deslizarse por debajo del revestimiento de manera tan fácil, por lo que su potencial de causar daño es menor.

Un sitio pionero para los análisis avanzados de los lípidos sanguíneos fue el Laboratorio Nacional Lawrence Berkeley de la Universidad de California en Berkeley, así como su sucursal comercial, el Berkeley HeartLab. El Dr. H. Robert Superko, director médico del laboratorio, ha destacado sobremanera en la capacitación de los médicos acerca de la aplicación de los análisis avanzados de la sangre para tratar a sus pacientes. La revisión de los subgrupos de colesterol así como otros análisis avanzados, entre ellos los estudios de la Lp(a) y la homocisteína, por ejemplo, nos permiten explicar más del 90 por ciento de los casos de enfermedades cardíacas que vemos. También podemos detectar una sensibilidad alta a la proteína C-reactiva (o *CRP* por sus siglas en inglés), lo cual es indicio de una inflamación del revestimiento de los vasos sanguíneos. El Dr. Paul Ridker de Harvard realizó los estudios innovadores que demuestran que la inflamación de las arterias llega a desempeñar un importante papel en la arteriosclerosis y los ataques cardíacos. Medir esta inflamación sirve para predecir quién corre peligro de sufrir un ataque cardíaco, incluso entre los pacientes con índices normales o bajos de colesterol. Es interesante observar que las personas que padecen prediabetes o diabetes con frecuencia tienen un índice normal de colesterol, pero alto de CRP.

Escaneo EBT

Existe un último análisis médico que debe hacerse para fomentar la salud cardíaca, el cual conozco a la perfección: la tomografía de haz electrónico (o *EBT* por sus siglas en inglés), una herramienta no invasiva para examinar el corazón. Más que el electrocardiógrafo (o *EKG* por sus siglas en inglés) o las pruebas de ejercicio, esta tecnología tiene la capacidad de revelarnos la condición exacta de los vasos sanguíneos que suministran sangre al corazón. Esta prueba proporciona información crítica que ningún otro análisis de diagnóstico produce.

En junio de 1988 colaboré con tres colegas, el Dr. Warren Janowitz, David King y el Dr. Manuel Viamonte, en el esfuerzo por hallar un método que identificara la placa cardíaca de manera sencilla, precisa e indolora, sin necesidad de invadir al cuerpo. Utilizamos un tipo de escaneo CT revolucionario en aquel entonces, la tomografía de haz electrónico o EBT.

Este escaneo CT rápido e indoloro (sin agujas, tintura ni necesidad de desvestirse) fue desarrollado por un físico brillante, Douglas Boyd, Ph.D. El procedimiento saca tomas por fracciones de segundo, lo cual congela la imagen del corazón latiendo. Un escaneo CT convencional muestra el corazón latiendo de manera borrosa. La EBT de la General Electric permite obtener una imagen en alta resolución de las arterias coronarias. Tal circunstancia nos permite ver y medir los depósitos de calcio, los cuales son un indicio preciso de la cantidad total de arteriosclerosis en las paredes de los vasos sanguíneos. Las imágenes nos permiten identificar quién requiere de tratamiento antes de que sufra un ataque cardíaco o derrame cerebral. Al combinar la alimentación, el ejercicio y los medicamentos en el tratamiento del paciente, podemos repetir el análisis luego y vigilar la eficacia del procedimiento.

La alimentación adecuada y el ejercicio siguen siendo lo más importante que se puede hacer para cuidar el corazón. Cuando se combinan con análisis avanzados de lípidos, una terapia agresiva de lípidos y el escaneo EBT, es posible prevenir la gran mayoría de los ataques cardíacos y derrames cerebrales.

MI DIETA SOUTH BEACH

NO SUBÍ NADA DE PESO DURANTE EL EMBARAZO

—*NANCY A.* Trabajo en el Hospital Mt. Sinai, en la guardería infantil. Los padres de algunos de los niños trabajan en el departamento cardiovascular. Nos invitaron a participar en unas investigaciones que estaban realizando, a cambio de lo cual recibiríamos consultas gratuitas de alimentación durante 3 meses. Debíamos escoger una dieta al azar y terminé con la dieta modificada de carbohidratos que posteriormente se daría a conocer como la dieta South Beach.

Cuando empecé pesaba 169 libras (77 kg). Durante los 5 años anteriores había intentado todo tipo de cosas para bajar de peso. Probé la combinación *fen-fen* en tres ocasiones diferentes. Así fue cómo subí de peso: volvía a acumular el doble del peso perdido cada vez que renunciaba al intento de bajar. También probé *Slim-Fast*. Después de un tiempo de tomar sólo batidos (licuados) empecé a sentir demasiada hambre, así que volví a mis hábitos normales de alimentación. Por mi cuenta decidí comer sólo ensaladas. Tampoco me funcionó. Me faltó fuerza de voluntad. Me daba aún más hambre después de haber comido una ensalada.

Soy española, así que nos criamos con la comida española, que tiende a contener mucha grasa. Tuve que reducir todo eso, particularmente los alimentos fritos. No obstante, cada vez que pasaba uno o dos meses comiendo alimentos saludables se me empezaban a antojar mis platos tradicionales. Carne de cerdo al horno con arroz, plátano (plátano macho) frito, pollo frito. No podía evitar que se me antojara. También me encantan los dulces, así que me comía una tarta de queso de vez en cuando, una galletita (*cookie*) de vez en cuando. Trabajo en una guardería donde tenemos un montón de meriendas (refrigerios, tentempiés) a la mano para los niños. Después de cenar abundantemente todavía me comía un plato de helado, cereal o pastel (bizcocho, torta, *cake*).

Las primeras 2 semanas con la dieta South Beach fueron las más duras: sólo carnes magras (bajas en grasa), verduras y agua. En la segunda semana ya me estaba volviendo loca. Fue muy estresante psicológicamente. Pero lo logré. Me sirvió poder ir a ver a la nutrióloga. Durante esas primeras semanas creo que hice trampa una vez, con tarta de queso. En varias ocasiones me sentí tentada a comer arroz, pero había dejado de comprarlo, así que no había en la casa. Fue muy difícil para mí no contar con eso.

Cuando se acabaron las 2 semanas estrictas las cosas se me facilitaron mucho. Pude comer alimentos más variados. Fui a la tienda y enloquecí comprando todo lo que había en la lista. Pude comer frutas. Y verduras. Incluso empecé a comer unas que nunca había probado antes. Estaba muy ansiosa por variar mi comida. Brócoli. Espárragos. Lo que me pusieran enfrente.

Al finalizar los 3 meses había bajado de unas 170 a 140 libras (de 77 a 64 kg). De hecho, el día que tuve mi última consulta con la nutrióloga me enteré de que estaba embarazada. Tenía 5 años de desearlo, pero

la verdad es que había dejado de intentarlo ya. Y ahí estaba, embarazada por fin. En realidad no sé qué lo facilitó, pero creo que el problema se debió a todo mi sobrepeso y a no comer bien. Algo debió
cambiar en mi cuerpo. Y tuve un embarazo perfecto.

Logré mantener mi peso durante 2 años. No subí nada durante el
embarazo. Y apenas hace poco empecé a recaer. Me descuidé un
poco y he vuelto a subir de peso. Cuando tienes a un niño de 3 años y
trabajas en una guardería, estás rodeada de dulces. No obstante, simplemente le pedí otra copia de la dieta a la nutrióloga y la voy a volver
a hacer. ■

¿POR QUÉ LA GENTE A VECES FRACASA CON ESTA DIETA?

Se trata de una buena pregunta, porque algunos *sí* fracasan. Estudiamos las razones todo el tiempo para tratar de mejorar el programa. La mayoría de las personas que prueban la dieta afirman que decidirse a hacerla les resulta sorprendentemente fácil. En parte se debe al hecho de que la dieta South Beach no exige que renuncien a toda la comida que les encanta. Alentamos mucho a las personas a comer hasta que se les quite el hambre, incluyendo las meriendas (refrigerios, tentempiés) que quieran e incluso durante las primeras 2 semanas más rigurosas.

No obstante, sabemos que al principio también se facilita porque es natural empezar *cualquier* régimen nuevo de salud con gran entusiasmo. Uno se siente motivado y por lo tanto optimista, resuelto y determinado a corregir tanto su vida como su apariencia. De un momento a otro las libras empiezan a desaparecer. Se observa cómo bajan los números en la pesa (báscula), se sacan prendas que alguna vez incomodaban de tan apretadas —o que ya ni siquiera era posible usar— y de repente entran de nuevo. Perseverar con el programa es fácil cuando se recibe tanto refuerzo positivo.

¿Y luego qué pasa?

Hasta cierto punto, el fracaso es un producto del buen funcionamiento del programa. La gente baja entre 8 y 13 libras (4 y 6 kg) durante las primeras 2 semanas. En ese momento se pasa de la fase más estricta a la segunda, en la que se empiezan a reintroducir algunos de los carbohidratos que se eliminaron por completo durante la Primera Fase. El propósito de agregarlos de nuevo tiene múltiples razones, según lo he comentado: algunos carbohidratos son buenos para la salud y queremos que las personas tengan una alimentación sana que se asemeje lo más posible a la "normal". Esto significa que se puede comer fruta, de vez en cuando pan o pasta y ocasionalmente incluso un postre.

Durante la Segunda Fase se sigue bajando de peso, pero ya no a la misma velocidad que en la primera. Según lo que se quiera perder, puede tardar hasta un año o incluso más.

Algunas personas se decepcionan. Se acuerdan de que la Primera Fase no era *tan* limitante. No podían comer ciertas cosas que les encantan, pero no sintieron hambre ni malestar. Así que deciden quedarse con la Primera Fase por tiempo indefinido hasta alcanzar su meta.

Ahora bien, conozco a muchas personas que tomaron esa decisión y lo lograron. Pero conozco a muchos más que fracasaron.

El motivo de su fracaso es el siguiente: la Primera Fase no se concibió como un plan de alimentación a largo plazo. Hay que limitarse a una selección relativamente pequeña de alimentos: carnes magras (bajas en grasa) y pescados a la parrilla o asados, verduras, quesos bajos en grasa y ensaladas, todo al vapor o preparado con grasas buenas como los aceites de oliva y de *canola*. En cuanto a meriendas (refrigerios, tentempiés) se permiten frutos secos y palitos de queso *mozzarella* bajo en grasa, y eso más o menos es todo.

Desde el punto de vista culinario se trata de una dieta perfectamente aceptable. . . por 2 ó 3 semanas. Después de eso se vuelve un poco monótona. Entonces es cuando empiezan los problemas.

Las personas comienzan a improvisar, pero lo hacen de manera incorrecta. Vuelven a sus malos hábitos de antes, aunque sólo sea de vez en cuando. Siguen el programa de la Primera Fase pero comen un puñado de galletitas (*cookies*) Oreo todas las noches. Es más, en realidad pasa lo siguiente. Comen una galletita después de cenar, se dan cuenta de que les supo bastante rica y probablemente no los perjudicó, y aumentan la cantidad a tres cada noche. Comer tres galletitas cada noche sin daños aparentes facilita permitirse una pequeña bolsa de hojuelas de maíz un día a las 4 de la tarde. Si les va bien con tres galletitas y unas hojuelas de maíz, no parece imprudente darse el gusto de saborear una pizza y una cerveza el fin de semana.

Al poco tiempo están haciendo más trampa que dieta.

Cuando se dan cuenta de lo mucho que se han apartado de la dieta, es posible que hagan lo mismo que muchos de nuestros pacientes: enseguida regresan al plan estricto de la Primera Fase. Pero al hacerlo el programa les parece aún más monótono que la primera vez.

Es posible que a esas alturas simplemente abandonen el esfuerzo. Algunas personas lo hacen. Si tienen suerte no terminarán pesando más que antes de empezar con la dieta, aunque al recaer se suele rebasar el punto en el que se comenzó.

Salta a la vista el hecho de que no se puede perder en un día lo que se tardó años en acumular. Todos lo aceptamos, y con todo es difícil no buscar el remedio rápido. A veces el resultado final es que se sube de peso en lugar de bajarlo.

Es importante que a las personas les guste su comida. Comer debe ser un placer, aunque se pretenda bajar de peso. Esta es una forma sensata de pensar en la comida y uno de los principios básicos de la dieta South Beach. Por eso instamos fuertemente a todas las personas a las que atendemos que cambien a la Segunda Fase después de 2 semanas, por muy tentador que resulte quedarse en la primera. Esta dieta es a largo plazo y su éxito se debe en gran medida a la estructura de tres fases. Tal vez se tarde más en bajar de peso de este modo, pero también son mejores las posibilidades de no volverlo a subir.

Desafíos diarios

Una segunda razón por la que se fracasa con la dieta se debe más bien a la costumbre que tiene la vida cotidiana de imponerse a nuestros planes.

Supongamos que usted ya alcanzó el peso que desea tener. Ahora se encuentra en la Tercera Fase de la dieta, la de mantenimiento, lo cual significa que debe comer de cierto modo para *no volver* a subir de peso. Si continúa con el programa, así es cómo comerá durante el resto de su vida.

¿A qué tipo de imposiciones me refiero? La gente que viaja mucho, por ejemplo, sobre todo por razones de trabajo, corren un gran riesgo de fracasar con la dieta. Viajar significa un trastorno, particularmente de las rutinas normales de alimentación. Es peligroso. Lo es aún más hoy en día cuando ya no sirven de comer en los aviones. Antes era posible adelantarse y pedir la comida especial vegetariana o kósher, y se recibía algo fresco y saludable hecho especialmente para la ocasión. Era muy fácil evitar la carne con *gravy*, el puré de papas, los chícharos y las zanahorias, la compota de manzana (*applesauce*) y el postre de pastel (pay, tarta, *pie*) de frutas cubierto.

Actualmente lo más probable es que sólo se le dé una mezcla de frutos secos o unos cacahuates (maníes) tostados con miel y un refresco (soda). Con excepción de los frutos secos se trata de puros carbohidratos y azúcares.

Para cuando aterriza y llega al hotel, su hora normal de comer ya pasó hace mucho. Por el cambio de horario es posible que incluso haya pasado su hora de dormir. No obstante, se encuentra alterado por el viaje y muerto de hambre. Lo primero que hace es ver la carta del servicio de habitaciones y pedir un exceso de comida. Quizá una ensalada César con una pechuga de pollo asada hubiera sido suficiente para saciar su hambre, pero de repente se escucha a sí mismo pidiendo un sándwich (emparedado) gigante de pavo (chompipe) con papas a la francesa y un batido (licuado). Se arrepiente de la decisión en cuanto cuelga el teléfono, pero cuando la comida llega de alguna manera logra acabársela, además de tomarse una cerveza del minibar para ayudarse a conciliar el sueño.

Al día siguiente come correctamente, pero alrededor de su hora normal de cenar se encuentra metido en una sesión de trabajo en la oficina. No se le ocurre a nadie pedir unas pizzas y refrescos (sodas) hasta las 7:30, cuando otra vez se está muriendo de hambre. De esta forma finaliza otro día lleno de carbohidratos malos.

Vuelva al buen camino

Así que lo arruinó. Empezó con una bolsa de palomitas (rositas) de maíz (cotufo) para el horno de microondas. Luego saqueó su reserva secreta de chocolate. Siguió con helado.

Para regresar al buen camino tome las siguientes medidas.

1. **Dése cuenta de que el episodio —sin importar sus dimensiones— no le hizo tanto daño como cree.** Se requieren 3,500 calorías extras para sumar una libra (456 g) de grasa. Eso equivale a mucha comida. La mayoría de la gente no se acerca a esta cantidad de comida ni siquiera el Día de Acción de Gracias. Relájese.

2. **Examine su conducta.** ¿Por qué motivo empezó a comer así? ¿Qué le enseñó el incidente acerca de sí mismo? ¿Qué cambios puede hacer para evitar tal comportamiento en el futuro? Por ejemplo, quizá pueda renunciar a guardar ciertos alimentos en la cocina a fin de reducir las tentaciones.

3. **Reanude la dieta South Beach donde la dejó.** Deje atrás el episodio del exceso y siga adelante. Perdónese y avance hacia un nuevo cuerpo y una nueva imagen.

Las jornadas largas de trabajo, ya sea en casa o de viaje, son una de las principales causas de que fracasen las dietas. El cambio en el horario normal de comer induce a comer de más cuando los alimentos por fin llegan. O tal vez usted sea una persona cuyo trabajo le exige viajar mucho, tal vez un ejecutivo o representante de ventas que pasa horas en el carro, compra un almuerzo o una merienda (refrigerio, tentempié) poco saludable en la ventanilla del autoexprés (*drive-through*) de un restaurante de comida rápida y lo devora en el estacionamiento.

A veces el estrés del trabajo nos hace volver a viejos y gratos hábitos. Las personas que comen cuando se encuentran bajo estrés psicológico o emocional tienden a abandonar las dietas. Piense en las comidas que nos parecen ser "reconfortantes": inevitablemente se trata de golosinas horneadas, como pasteles (bizcochos, tortas, *cakes*), pays (*pies*) y galletas *chocolate chip*, o bien de platos como unos macarrones con queso.

Muchísimas personas abandonaron la dieta en el otoño y el invierno del 2001. Los ataques terroristas destruyeron el sentido de la seguridad con el que vivíamos, o bien hicieron que el peso pareciera una preocupación demasiado trivial dentro del orden del universo. Este tipo de ansiedad e inseguridad es la que busca consuelo en un bocado dulce o en llenar el plato hasta el borde a la hora de cenar. Es difícil decirles a las personas cómo hacer frente a esta clase de estrés sin abandonar la dieta.

En otros momentos de este libro he incluido los testimonios de personas que hicieron la dieta South Beach y bajaron al peso que deseaban sin volverlo a subir. Ahora voy a citar a alguien que hizo la dieta, bajó de peso y luego recayó, a tal grado que actualmente pesa más o menos lo mismo que cuando empezó. Su relato es un buen ejemplo de cómo una suspensión momentánea de la dieta puede a veces convertirse en un desastre. A su manera esta historia sin duda resultará tan instructiva como las demás. No obstante, para proteger al culpable no revelaré el nombre de esta persona.

> Sufrí un ataque cardíaco precoz —todavía no cumplo los 60 años— y me encontraba en rehabilitación cuando por fin decidí que era hora de bajar de peso. Pesaba alrededor de 235 libras (107 kg) en aquella época. Fui con la nutrióloga y me prescribió una versión de la dieta South Beach con duración de 4 semanas.
>
> Durante las primeras 2 semanas bajé como 8 libras (4 kg). No obstante, terminé sintiéndome un poco débil. Luego empecé a agregar otra vez algunos carbohidratos y me sentí mejor, mientras seguía bajando de peso. El pan era mi gran debilidad en aquel entonces. Lo comía con todas las comidas y a veces entre ellas. Cuando iba a un restaurante me daba un festín con el cesto para el pan (panera), hasta el extremo de ya no tener hambre cuando servían la cena. Muchas veces me la tuve que llevar a casa. Por lo tanto eliminé el pan por completo.

Mi otra gran debilidad eran los dulces. Me encantan las galletitas (cookies), sobre todo las de avena con pasas. Me la pasaba comiéndomelas todo el día. Las compraba recién horneadas y me las llevaba al trabajo para todo mundo, pero agarraba un puñado cada vez que pasaba por la cocina.

Siempre había comido muchas papas también y tuve que dejarlas, pero no me costó demasiado trabajo. Lo difícil fueron el pan y las galletitas. También los waffles con almíbar (sirope) para desayunar. O un Danish. Después de empezar con la dieta eliminé todos los productos panificados de mi desayuno y sólo me quedé con los huevos. Tomaba mucho agua y café descafeinado.

En lugar de comer galletitas entre comidas comía frutos secos. Quizá unos cacahuates (maníes) a media tarde. Y nada de postre por la noche. Antes comía más galletitas o quizá un gran plato de cereal con leche. Cuando estuve haciendo la dieta comía almendras de postre mientras veía la televisión. Sacaba 15 del frasco, como me dijeron, y me las comía lentamente, una por una, para hacerlas durar.

En la Segunda Fase perdí otras 25 libras (11 kg). Y las cosas se hicieron más fáciles. En los restaurantes les decía que se llevaran el pan. Me limitaba a la carne y las verduras y me sentía muy bien.

Luego, tal como se debe, empecé a agregar algunos carbohidratos a mi dieta otra vez. Comía una rebanada de pan cada dos días, por ejemplo, o en lugar del pan una porción de arroz. Seguí bajando de peso. Aguanté todo un año con la dieta.

Más o menos por esa época tuvimos que participar en una gran excursión familiar. Una fiesta enorme. Me había portado bien durante tanto tiempo que me di permiso de comer todo lo que quisiera. Sólo sería por un día y al otro reanudaría el programa.

Pero ese otro día nunca llegó. Me agradó tanto comer de todo que no quise dejar de hacerlo. Anteriormente, cuando agregaba demasiados carbohidratos y dejaba de bajar de peso simplemente volvía a la Primera Fase y lo perdía de nuevo. En esta ocasión no pude

Elimine el estrés de lo que come por ansiedad

Es un fenómeno común que se responda al estrés distrayéndose con algún alimento reconfortante favorito. Usted descubrirá que por lo menos una de las personas mencionadas en este libro que tuvieron éxito con la dieta South Beach debió superar el hábito de comer por motivos de estrés.

A continuación encontrará algunas ideas para sobrellevar las presiones de manera más saludable:

- **Mantenga los alimentos inaceptables lejos de casa.** O por lo menos fuera de su vista. A pesar de que las razones por las que no debe comer toda una bolsa de chispitas (pedacitos) de chocolate ni una caja de tortitas dulces sin duda tienen mucho sentido mientras lee este libro con calma, esta lógica se esfumará cuando no esté pensando de manera tan racional.

  Si sabe que algún alimento en particular le resultará irresistible cuando esté estresado, entre en acción ahora para que dicho alimento sea difícil de conseguir después.

- **Respire hondo.** Esta técnica de hecho puede impedir que su cuerpo reaccione al estrés, y la ráfaga de oxígeno fresco le hará más bien que un puñado de papitas fritas. A fin de practicar cómo respirar correctamente —desde lo más hondo del abdomen— empiece por acostarse

hacerlo. En un dos por tres todo el peso que había bajado —casi 50 libras (23 kg)— estaba de vuelta. Ahora pienso regresar a la Primera Fase, pero será como comenzar otra vez de cero. Es una dieta muy buena y en verdad funciona. Pero de todos modos realmente hay que seguirla".

Es cierto que esta persona en particular hubiera podido entregarse a su antojo de dulce fácilmente durante todo el día en el picnic familiar y vuelto a la dieta a la mañana siguiente. Mucha gente maneja el programa así: ceden

boca arriba. Coloque una mano sobre la parte inferior de su abdomen, un poco debajo del ombligo. Inhale de modo que su panza se eleve y con ella la mano. Al exhalar, su mano debe volver a descender.

- **Manténgase ocupado.** Encuentre otra cosa que pueda hacer con las manos además de comer. Tenga a la mano un rompecabezas o un libro de crucigramas. Dedíquese a tareas menores en la casa o el jardín. Conéctese a un sitio de juegos por Internet y juegue damas contra competidores en todo el mundo.

- **Dése un baño caliente.** Relájese en la tina (bañadera) durante 20 minutos con un buen libro.

- **Tenga alimentos saludables a la mano.** Asegúrese de que los alimentos que encuentre en los momentos de estrés sean saludables. Pruebe verduras crudas y crujientes como el apio, las tiras de pimiento (ají, pimiento morrón) verde o las cabezuelas de coliflor o de brócoli. Si no quiere comer las verduras al natural, remójelas en *hummus* o en un *dip* de berenjena, o bien rebane y disfrute un poco de queso al mismo tiempo.

  Prepare estas meriendas (refrigerios, tentempiés) con anticipación y póngalas hasta adelante en su refrigerador.

a la tentación en ocasiones especiales —una boda, por ejemplo, unas vacaciones o una cena formal— y al día siguiente compensan el exceso. Esta dieta permite salirse de ella, darse cuenta de haber subido una o dos libras (456 ó 907 g) y volver fácilmente a la Primera Fase hasta perder nuevamente lo que se subió.

Todo esto tiene mucho sentido, desde luego, incluso para las personas que se salen de la dieta hasta el grado de anular semanas o incluso meses de buenos avances. ¡No importa salirse ocasionalmente, siempre y cuando se acuerde de volver enseguida!

MI DIETA SOUTH BEACH

SI TE SALES DE LA DIETA DE VEZ EN CUANDO, SIMPLEMENTE TE REGRESAS —*STEVE L.* Empecé a ver al Dr. Agatston como cardiólogo cuando llegamos a vivir aquí. Mi primera cita con él fue en su oficina —no en un cuarto de reconocimiento—, donde sacó su *laptop*, me mostró una pequeña presentación de *PowerPoint* e indicó: "Si decidimos trabajar juntos, este será nuestro protocolo para prevenir las enfermedades cardíacas. Y si usted sufre un ataque cardíaco, yo habré fallado".

En mi caso los problemas cardíacos son cosa de familia, así que me resultaba importante controlar el asunto. Siempre he tendido a ser atlético. Soy un hombre más o menos alto, pues mido un poco más de 6 pies con 2 pulgadas (1.88 m). Y cuando empecé con esto probablemente pesaba unas 270 libras (123 kg), que es lo más que he llegado a pesar. Puedo disimularlo bastante y moverme bien a pesar de ello, pero no era muy saludable. Y soy de Minnesota, donde se acostumbra comer mucha carne, papas y carbohidratos.

Mis grandes debilidades son el pan y la pasta. Antes de llegar aquí vivíamos en Seattle, donde teníamos un horno para pizzas en la cocina. Todos mis antojos eran de carbohidratos. No de dulces sino de todo lo demás. Si íbamos a un restaurante era capaz de acabarme yo solo el cesto para el pan (panera) sin ningún problema. Comía pan un mínimo de tres veces al día. Y si bien no me gustan mucho los postres, siempre había galletitas (*cookies*) a la mano.

Hasta cierto punto el problema también se debió a mucha ignorancia por mi parte. Crecí con la impresión de que todas las frutas eran saludables. Luego averigüé que algunas son altas en azúcar y otras no. No sabía, por ejemplo, que la sandía estuviera llena de azúcar y el cantaloup (melón chino) no. Los huevos, por el contrario, han pasado a la categoría de los alimentos buenos para mí. No tomo mucho, pero solía beber cerveza. Ahora no he tomado una cerveza en más de 2 años.

A mi esposa y a mí nos encanta cocinar. . . y comer. No obstante, empezamos a comer arroz integral en lugar del blanco y batatas dulces (camotes) en lugar de papas. Francamente no me costó tanto trabajo renunciar a los tubérculos. Hemos descubierto algunas recetas excelentes y usamos la parrilla como locos. Muchas verduras a la parrilla. Y mucho más pescado del que solíamos comer. El pan, sólo en cantidades limitadas. A veces desayuno medio *bagel*. Si decido almorzar un sándwich (emparedado), tiene que ser con pan de centeno o *pumpernickel* y con menos pan y más carne que antes.

Había hecho dietas toda la vida y por lo general al principio me sentía nervioso y mareado y todo eso. Con esta estuve perfectamente, sin efecto secundario alguno. Incluso dejé la cafeína por 2 semanas, y eso que tomo muchísimo café. A mi esposa las primeras 2 semanas le costaron un trabajo inmenso, pero para mí no fue nada. Y fuimos estrictos. Digo, iba a trabajar con unos pistaches y un palito de queso bajo en grasa para la merienda (refrigerio, tentempié) vespertina. Hay unos quesos bajos en grasa bastante buenos. Lo difícil y traumático para mí fue el pan.

Durante los 6 meses que llevo con la dieta he bajado unas 50 libras (23 kg). Volví a subir un poco últimamente por comer por razones de estrés, pero sé que puedo regresar a la fase estricta y bajar de nuevo. Y si algo se nos antoja muchísimo, simplemente vamos y nos lo comemos, con la aprobación del Dr. Agatston. Si te sales de la dieta de vez en cuando, simplemente te regresas. Por lo tanto, en ocasiones cuando salimos a cenar pedimos un postre, quizá una de cada tres veces. Pero es un solo postre para los dos, tomamos uno o dos bocados cada quien y pedimos que se lo lleven otra vez. Sólo lo suficiente para terminar la comida con un toque dulce. Y sólo bebo vino tinto, ningún otro tipo de alcohol. Además de haber bajado de peso, todos mis números han mejorado. Mis triglicéridos, por ejemplo, pasaron de 256 a 62 en 6 semanas. Y todo fue por la dieta. Los números del colesterol siguen bajando. ▪

EL PLAN PARA CAMINAR SOUTH BEACH

Obtendrá resultados más rápido y logrará controlar mejor sus antojos en sólo 20 minutos diarios, aunque *no* haga ejercicio. Eso es lo bueno de la dieta South Beach. Es posible bajar de peso y evitar subirlo de nuevo por el simple hecho de eliminar los antojos de carbohidratos.

No se requiere equipo costoso para hacer ejercicio, una membresía en el gimnasio, videos de ejercicios ni sudor. Usted puede bajar de peso y lo hará por el simple hecho de seguir el programa de alimentación South Beach. También mejorará la salud de su corazón.

Sin embargo, por favor no me malentienda. No pretendo sugerirle que *no* haga ejercicio. De hecho lo exhorto a incorporar la caminata o algún otro ejercicio cardiovascular ligero en su vida. El cuerpo se diseñó para moverse y un conjunto convincente de investigaciones demuestran que el ejercicio cardiovascular, cuando se hace con regularidad, proporciona uno de los mejores bálsamos de curación a un corazón maduro.

Piense en el ejercicio cardiovascular como una ayuda extra. No *tiene* que realizar el trabajo adicional. Pero si decide hacerlo logrará resultados más pronto.

Por qué el ejercicio funciona

El ejercicio cardiovascular (también conocido como ejercicio aeróbico) acelera el ritmo cardíaco y de la respiración. Efectuar este tipo de ejercicio de manera regular puede hacer que disminuya el índice del colesterol LDL dañino y que suba el del colesterol HDL saludable. Muchos estudios también han relacionado el ejercicio regular con un menor riesgo de padecer cáncer, diabetes y otras muchas enfermedades.

Los beneficios no acaban ahí. Las sesiones regulares de ejercicio cardiovascular también pueden ayudar a bajar de peso y a evitar subirlo de nuevo, pero no por los motivos que muchas personas se imaginan.

He oído a mis pacientes hablar de hacer ejercicio para "quemar la Big Mac" que almorzaron o para compensar ese pastel (pay, tarta, *pie*) de limón verde (lima) de Florida que devoraron la noche anterior. No obstante, esta clase de razonamientos no resultan tan convincentes cuando uno se sienta a hacer cuentas. Hay que caminar más de 6 millas (10 km) —mucho más de una hora— para quemar una Big Mac.

Sí, el ejercicio *efectivamente* quema calorías y esas calorías quemadas *de veras* ayudan a bajar de peso. No obstante, existen razones más importantes para hacer ejercicio aeróbico. Entre ellas figuran las siguientes:

- **Control del apetito:** las investigaciones demuestran que cuando se hace ejercicio con regularidad el cerebro y el estómago se comunican de manera más eficaz entre sí. En esencia sólo se empieza a sentir hambre cuando se necesitan las calorías. Dicho de otra manera, se vuelve mucho menos probable acabarse todo un trozo de pastel de limón verde de Florida o detenerse en un McDonald's a causa de un antojo momentáneo de una Big Mac.

- **Control del estado anímico:** las investigaciones demuestran que el ejercicio alivia los síntomas de la depresión de manera tan eficaz como los medicamentos de patente. Una caminata a paso ligero es una de las mejores formas de convertir el mal humor en bueno. El ejercicio cardiovascular también reduce el estrés. Todos estos factores ayudan a evitar comer por razones emocionales.

- **Control de los antojos:** cuando sienta que se le empiezan a antojar los carbohidratos, salga a caminar. El antojo se le pasará mientras quema las calorías adicionales.

- **Control de la fatiga:** hacer ejercicio con regularidad da más energía en general. Ya no se come para contrarrestar el bajón de energía a media tarde porque *ya no se da* ningún bajón de energía a media tarde. Además, entre más energía tenga más probable es que "desperdicie" calorías con pequeños movimientos a lo largo del día. En esencia le enseñará a su cuerpo a desear moverse. Muy pronto ya no podrá permanecer sentado durante mucho tiempo sin darse pequeños descansos para hacer estiramientos y caminar.

¿Por qué recomiendo caminar por encima de formas más extenuantes de ejercicio cardiovascular, como correr o jugar tenis? Permítame explicárselo.

Tal vez queme más calorías en total si adopta un programa para correr o andar en bicicleta. ¿Pero perseverará? Diversas investigaciones demuestran que son más las personas capaces de caminar regularmente como ejercicio que de realizar cualquier otro tipo de actividad.

Caminar es la forma más conveniente de ejercicio. Aparte de un buen par de tenis no se necesita ningún equipo. Tampoco hacen falta clases ni instrucciones. Además, es posible caminar donde sea a la hora que sea. Se trata de un ejercicio a prueba de pretextos.

Por último, todo el mundo puede caminar. El golpeteo constante que se da al correr puede ser duro para las articulaciones, sobre todo si ya se sufre dolor en las rodillas o en la espalda. Por el contrario, las personas con problemas de las articulaciones pueden llevar a cabo fácilmente un programa de caminatas. ¡Lo mejor de todo es que una vez que empiecen a caminar tal vez incluso desaparezcan las molestias de sus articulaciones!

Cómo caminar

Probablemente pueda encontrar manuales para caminar que proporcionen página tras página de instrucciones detalladas acerca de cómo hacerlo. ¡No debe ser tan complicado!

Confíe en sus instintos. Ya sabe caminar y los estudios demuestran que con el tiempo el cuerpo encuentra su modo de andar más eficiente y de manera natural.

El único consejo para caminar que necesita oír es este: use los brazos. Entre más partes del cuerpo mueva, más calorías quemará. Tan sencillo es. Mover los brazos con fuerza —doblados en ángulos de 90 grados— también le ayudará a caminar más rápido, lo cual aumentará el número de calorías que queme y mejorará su estado de ánimo.

Empiece todas sus caminatas a paso lento. Camine despacio y de manera relajada durante 5 minutos, para que su ritmo cardíaco se adapte al movimiento y la sangre pueda llegar hasta sus músculos. Luego acelere el paso. Camine despacio los últimos 5 minutos a manera de enfriamiento.

Cómo vestirse

A diferencia de otras actividades, caminar requiere muy poco equipo. No obstante, lo que sí hace falta es un buen par de tenis.

Le recomiendo ir a una tienda especializada en artículos para caminar o correr (la mayoría de las tiendas de artículos para correr actualmente también ofrecen tenis para caminar). Pídale a un experto de la tienda que le encuentre los tenis adecuados. Necesita un tenis provisto de un buen apoyo de arco que se doble de acuerdo con el contorno natural de su pie. La forma del tenis también debe corresponder aproximadamente a la forma de su pie.

El experto en tenis le ayudará a determinar si necesita un calzado más sólido para controlar el movimiento excesivo del pie. No obstante, en última instancia usted decidirá qué tenis le queda mejor. Olvídese del mito de que los tenis se vuelven más cómodos una vez ablandados. No es así. Si no se sienten cómodos en la tienda, nunca lo serán.

Camine así

Según le comenté, no tiene que juntar todas sus caminatas en una sola sesión continua de 20 minutos. No obstante, si elige hacerlo así y nunca ha hecho ejercicio, empiece despacio. Si pasa directamente del sedentarismo

	Domingo	Lunes	Martes
Primera semana	5 minutos		5 minutos
Segunda semana	10 minutos		10 minutos
Tercera semana	15 minutos		15 minutos
Cuarta semana	20 minutos		20 minutos
Quinta semana	20 minutos		20 minutos
Sexta semana	20 minutos	20 minutos	20 minutos
Séptima semana	20 minutos	20 minutos	20 minutos

Para elegir unos tenis, camine alrededor de la tienda a manera de prueba. Fíjese en lo siguiente:

- **Los talones.** Si se deslizan hacia arriba y abajo dentro del tenis le saldrán ampollas.

- **Los dedos.** Si se sienten apretados o incómodos por la razón que sea, padecerá ampollas o alguna otra molestia mientras camina, o bien se le maltratarán las uñas.

- **El arco.** ¿Coincide el apoyo del arco del tenis con el de su pie? Algunos corresponderán mejor a la forma de su pie que otros.

- **La parte delantera del pie.** ¿Se dobla el tenis donde su pie quiere hacerlo?

- **Los pies.** ¿Se siente cómodo el tenis? Si el tenis aprieta, oprime o roza el pie se sentirá muy incómodo después de caminar 5 ó 10 minutos.

absoluto a caminar 20 minutos al día puede sufrir dolor muscular, desanimarse y abandonar el intento.

Siga este programa para aumentar el tiempo y la frecuencia poco a poco.

Miércoles	Jueves	Viernes	Sábado
	5 minutos		
	10 minutos		
	15 minutos		
	20 minutos		
	20 minutos		20 minutos
	20 minutos		20 minutos
	20 minutos	20 minutos	20 minutos

Cuánto tiempo y a qué velocidad

No hay una manera perfecta de caminar. El mejor método es el que le funcione y que pueda continuar por tiempo indefinido. He aquí tres opciones populares.

Descansos para caminar: salga a caminar por sólo 5 minutos cuatro o cinco veces al día. Para algunas personas este es el método que mejor les funciona porque mentalmente se despejan un poco al tomar su descanso para caminar y vuelven al trabajo con energías renovadas. También es un método que se incorpora fácilmente a un día ajetreado.

Nota: Debe tomar en cuenta que, si bien quemará más o menos el mismo número de calorías y apoyará su pérdida de peso de la misma forma si divide sus caminatas de esta forma, es posible que el beneficio cardiovascular sea menor en comparación con una caminata de 20 minutos sin interrupción. Los estudios al respecto han llegado a conclusiones encontradas. Desde luego, *cualquier* forma de caminar es mejor para el corazón que ninguna. Por lo tanto, de nueva cuenta le sugiero que elija el método que le resulte más fácil de continuar.

Dos caminatas: camine de 10 a 15 minutos por la mañana antes de ir a trabajar y luego de 10 a 15 minutos por la tarde después de trabajar. Esto les funciona a quienes no pueden tomar descansos en el trabajo a lo largo del día y que saben, además, que no lograrán motivarse lo suficiente para poner el despertador 25 minutos antes de la hora normal a fin de acomodar una caminata más larga. Estas caminatas por la mañana y la tarde le servirán de gratas transiciones entre sus actividades. La sesión matutina lo despertará mentalmente, y la vespertina le servirá para relajarse después del trabajo.

Una caminata larga: camine de 20 a 30 minutos una vez al día. Esto les funciona a quienes pueden apartar fácilmente tal cantidad de tiempo durante el día para realizar una caminata más larga.

En cuanto a la intensidad del movimiento, caminar a paso rápido quema más calorías y levanta el estado de ánimo. También es posible que ofrezca más beneficios a su corazón que si caminara más despacio. Trate de moverse a una velocidad suficiente para empezar a sudar antes de que termine la sesión de ejercicio. No obstante, de nueva cuenta es importante que camine a una velocidad que no le eche a perder la experiencia. Si se obliga a caminar tan rápido que odia hacerlo, con el tiempo lo abandonará por completo.

Cómo mantenerse motivado

Es posible que el mayor desafío que se encuentre sea cómo perseverar con su programa de caminatas, sobre todo al principio. Las siguientes sugerencias le ayudarán a seguir motivado.

Agregue breves acelerones. En lugar de caminar a la misma velocidad durante toda la sesión, entreténgase alternando un paso más lento con otro más acelerado. Estos intervalos lo tendrán ocupado mentalmente y a la vez aumentarán su ritmo cardíaco y el número total de calorías que queme.

Cambie de paisaje. Explore lugares nuevos para caminar. Vaya un día al parque, dése una vuelta por su barrio (colonia) al siguiente y luego recorra la zona donde vive un amigo o donde usted trabaja. Aunque todos los días se quede más o menos en la misma zona, puede cambiar de ruta

—por ejemplo, recorriéndola a la inversa— a fin de lograr la variedad que necesita para mantener vivo su interés.

Consiga un perro. Cuando regularmente se sale a caminar con un perro, el animal muy pronto empieza a "exigir" su salida, lo cual anima al dueño a hacerle caso. Si usted no tiene un perro, tome en cuenta la posibilidad de hacerse acompañar por un ser humano. Las caminatas pueden ayudarle a ponerse en forma a la vez que le brindarán tiempo de calidad con su hijo, hija, esposo o mejor amiga.

Cambie de rutina. Al principio póngase una rutina regular, como caminar siempre por la mañana, a fin de ayudarse a desarrollar un hábito regular. Con el tiempo, cambiar de rutina pasando la caminata a otra hora del día tal vez le dé a la actividad el interés que usted requiere para seguir haciendo ejercicio.

SEGUNDA PARTE

Planes dietéticos
y recetas

PRIMERA FASE
Plan dietético

Como usted ya sabe, la primera es la fase más estricta de la dieta. Se pensó para sólo durar 2 semanas, justo lo suficiente para aliviar la resistencia a la insulina ocasionada por el consumo excesivo de carbohidratos malos (en su mayoría procesados). De hecho la Primera Fase no tiene por qué ser *baja* en carbohidratos si se consumen los carbohidratos *correctos*. Incluye porciones abundantes de proteínas, grasas buenas y carbohidratos del más bajo índice glucémico necesario para sentirse satisfecho y controlar el azúcar en sangre (glucosa). Entre estos carbohidratos figuran las verduras de índice glucémico bajo, las cuales también aportan fibra y nutrientes importantes como el folato —saludable para el corazón—, así como otras vitaminas y minerales. Se permite consumir de forma ilimitada muchas ensaladas y verduras. También se cuenta con una selección de proteínas de fuentes diversas. Al terminar esta fase, los antojos poco saludables —sobre todo de dulces, productos horneados y féculas— en esencia habrán desaparecido. Usted notará que en esta fase del programa, cada día se come en seis ocasiones diferentes. Por lo tanto, no debe sentir hambre en ningún momento. Si le da hambre, es posible que esté escatimando demasiado sus porciones. La dieta South Beach no le exige medir lo que come en onzas, calorías o como sea. Las comidas deben servirse en cantidades normales: suficientes para satisfacer el hambre, pero no más.

Nota: Si no entiende algunos de los términos empleados en la siguiente sección, por favor vea el glosario en la página 369.

Día N⁰1

Desayuno

6 onzas (180 ml) de jugo de verduras

2 *Quiches* de verduras para llevar (página 204)

Café o té descafeinado con leche descremada (*fat-free milk* o *nonfat milk*) y sustituto de azúcar

Merienda a media mañana

1 palito de queso *mozzarella* bajo en grasa

Almuerzo

Rebanadas de pechuga de pollo a la parrilla sobre lechuga romana (orejona)

2 cucharadas de Vinagreta balsámica (página 219) o de algún aliño (aderezo) comercial bajo en azúcar

Postre de gelatina de sabor sin azúcar

Merienda a media tarde

Apio relleno de 1 triángulo de queso *Laughing Cow Light Cheese*

Cena

Salmón a la parrilla con romero (página 233)

Espárragos al vapor

Ensalada mixta (verduras de hoja verde surtidas, pepino, pimiento/ají/pimiento morrón verde, tomates pequeños)

Aceite de oliva y vinagre al gusto o 2 cucharadas de aliño comercial bajo en azúcar

Postre

Crema de *ricotta* con vainilla (página 252)

Día N°2

Desayuno

6 onzas (180 ml) de jugo de tomate (jitomate)

¼ a ½ taza de sustituto líquido de huevo

2 rebanadas de tocino canadiense

Café o té descafeinado con leche descremada (*fat-free milk* o *nonfat milk*) y sustituto de azúcar

Merienda a media mañana

1 a 2 Rollitos de pavo (página 250)

2 cucharadas de Mayonesa de cilantro (opcional) (página 250)

Almuerzo

Ensalada de atún a lo South Beach (página 210)

Postre de gelatina de sabor sin azúcar

Merienda a media tarde

Apio relleno de 1 triángulo de queso *Laughing Cow Light Cheese*

Cena

Pechuga de pollo al horno

Berenjena y pimientos asados (página 240)

Ensalada mixta (verduras de hoja verde surtidas, pepino, pimiento/ají/pimiento morrón verde, tomates pequeños)

2 cucharadas de Vinagreta balsámica (página 219) o de algún aliño (aderezo) comercial bajo en azúcar

Postre

Crema de *ricotta* achocolatada (página 253)

Día Nº3

Desayuno

6 onzas (180 ml) de jugo de verduras

Omelette sencillo de espárragos y champiñones (página 202)

Café o té descafeinado con leche descremada (*fat-free milk* o *nonfat milk*) y sustituto de azúcar

Merienda a media mañana

1 palito de queso *mozzarella* bajo en grasa

Almuerzo

Ensalada de camarón al eneldo (página 212)

Postre de gelatina de sabor sin azúcar

Merienda a media tarde

1 a 2 Rollitos de pavo (página 250)

2 cucharadas de Mayonesa de cilantro (opcional) (página 250)

Cena

Bistec *sirloin* asado al horno

Brócoli al vapor

Tomates asados (página 246)

Puré de "papas" sorpresa a lo South Beach (página 242)

Postre

Crema de *ricotta* almendrada (página 252)

Día N⁰4

Desayuno

6 onzas (180 ml) de jugo de tomate (jitomate)

Huevos a la florentina (1 huevo escalfado servido con ½ taza de espinaca sofrita/salteada con aceite de oliva)

2 rebanadas de tocino canadiense

Café o té descafeinado con leche descremada (*fat-free milk* o *nonfat milk*) y sustituto de azúcar

Merienda a media mañana

Apio relleno de 1 triángulo de queso *Laughing Cow Light Cheese*

Almuerzo

Ensalada del *chef* (por lo menos 1 oz/28 g de cada uno: jamón, pavo/chompipe y queso bajo en grasa sobre verduras de hoja verde mixtas)

Aceite de oliva y vinagre al gusto o 2 cucharadas de aliño comercial bajo en azúcar

Merienda a media tarde

Hasta 10 tomates pequeños rellenos de ½ taza de requesón bajo en grasa

Cena

Reloj anaranjado con salsa de cebollín y jengibre (página 234)

Comelotodos (arvejas chinas, *snow peas*) al vapor

Repollo rallado sofrito (salteado) con aceite de oliva

Postre

Crema de *ricotta* achocolatada (página 253)

Día Nº5

Desayuno

6 onzas (180 ml) de jugo de verduras

Omelette de clara de huevo (página 203)

Café o té descafeinado con leche descremada (*fat-free milk* o *nonfat milk*) y sustituto de azúcar

Merienda a media mañana

1 a 2 Rollitos de pavo (página 250)

2 cucharadas de Mayonesa de cilantro (opcional) (página 250)

Almuerzo

Gazpacho (página 220)

Hamburguesa a la parrilla (sin pan)

Ensalada mixta (verduras de hoja verde surtidas, pepino, pimiento/ají/pimiento morrón verde, tomates pequeños)

Aceite de oliva y vinagre al gusto o 2 cucharadas de aliño comercial bajo en azúcar

Merienda a media tarde

Rodajas de pepino con pasta de salmón

Cena

Pollo balsámico (página 222)

Tomates cocidos con cebolla (página 243)

Espinacas al vapor

Ensalada mixta (verduras de hoja verde surtidas, pepino, pimiento verde, tomates pequeños)

Aceite de oliva y vinagre al gusto o 2 cucharadas de aliño (aderezo) comercial bajo en azúcar

Postre

Crema de *ricotta* almendrada (página 252)

Día N°6

Desayuno

6 onzas (180 ml) de jugo de tomate (jitomate)

Huevo revuelto con hierbas frescas y hongos

2 rebanadas de tocino canadiense

Café o té descafeinado con leche descremada (*fat-free milk* o *nonfat milk*) y sustituto de azúcar

Merienda a media mañana

1 palito de queso *mozzarella* bajo en grasa

Almuerzo

Ensalada César de pollo (sin crutones)

2 cucharadas de aliño (aderezo) comercial para ensalada César

Merienda a media tarde

½ taza de requesón bajo en grasa con ½ taza de tomate (jitomate) y pepino picados

Cena

Mahi mahi

Verduras asadas al horno (página 239)

Ensalada de *arugula*

2 cucharadas de Vinagreta balsámica (página 219) o de algún aliño comercial bajo en azúcar

Postre

Crema de *ricotta* al limón (página 251)

Día N⁰7

Desayuno

6 onzas (180 ml) de jugo de verduras

Frittata de salmón ahumado (página 201)

Café o té descafeinado con leche descremada (*fat-free milk* o *nonfat milk*) y sustituto de azúcar

Merienda a media mañana

Apio relleno de 1 triángulo de queso *Laughing Cow Light Cheese*

Almuerzo

Ensalada de cangrejo (página 214)

Postre de gelatina de sabor sin azúcar

Merienda a media tarde

2 rebanadas de queso *mozzarella* bajo en grasa con 2 rodajas de tomate (jitomate) fresco esparcido con vinagre balsámico y aceite de oliva y espolvoreado con pimienta negra recién molida

Cena

London Broil adobado (página 229)

Hongos rellenos de espinaca (página 241)

Puré de "papas" sorpresa a lo South Beach (página 242)

Ensalada mixta (verduras de hoja verde surtidas, pepino, pimiento/ají/pimiento morrón verde, tomates pequeños)

Aceite de oliva y vinagre al gusto o 2 cucharadas de aliño (aderezo) comercial bajo en azúcar

Postre

Crema de *ricotta* al limón verde (página 253)

Día Nº8

Desayuno

Frittata de espinaca con salsa de tomate (página 200)

Café o té descafeinado con leche descremada (*fat-free milk* o *nonfat milk*) y sustituto de azúcar

Merienda a media mañana

1 palito de queso *mozzarella* bajo en grasa

Almuerzo

Lonjas (lascas) de bistec (las sobras del *London broil*) sobre una ensalada de verduras de hoja verde mixtas

2 cucharadas de Vinagreta balsámica (página 219) o 2 cucharadas de algún aliño (aderezo) bajo en azúcar

Postre de gelatina de sabor sin azúcar

Merienda a media tarde

Hummus (página 249) con verduras crudas

(el *hummus* puede ser comprado)

Cena

Pollo sofrito (página 226)

Puré de "papas" sorpresa a lo South Beach (página 242)

Habichuelas verdes (ejotes, *green beans*) frescas al vapor

Ensalada de lechuga tipo *Boston* y pacanas (*pecans*)

Aceite de oliva y vinagre al gusto

Postre

Crema de *ricotta* con vainilla (página 252)

Día Nº9

Desayuno

6 onzas (180 ml) de jugo de verduras

2 *Quiches* de verduras para llevar (página 204)

Café o té descafeinado con leche descremada (*fat-free milk* o *nonfat milk*) y sustituto de azúcar

Merienda a media mañana

1 a 2 Rollitos de pavo (página 250)

2 cucharadas de Mayonesa de cilantro (opcional) (página 250)

Almuerzo

Ensalada griega (página 207)

Postre de gelatina de sabor sin azúcar

Merienda a media tarde

Apio relleno de 1 triángulo de queso *Laughing Cow Light Cheese*

Cena

Alambres (pinchos, brochetas) de pescado (página 235)

Verduras asadas al horno (página 239)

Rodajas de pepino inglés con aceite de oliva

Postre

Crema de *ricotta* al limón (página 251)

Día Nº10

Desayuno

6 onzas (180 ml) de jugo de tomate (jitomate)

Omelette de clara de huevo (página 203) con tocino canadiense picado y hongos

Café o té descafeinado con leche descremada (*fat-free milk* o *nonfat milk*) y sustituto de azúcar

Merienda a media mañana

1 triángulo de queso *Laughing Cow Light Cheese*

Almuerzo

Ensalada *niçoise* (página 218)

Merienda a media tarde

½ taza de requesón bajo en grasa

Cena

Bistec a la pimienta (página 231)

Tomates asados con *pesto* (página 246)

Brócoli al vapor

Ensalada de *field greens* mixtos

2 cucharadas de Vinagreta balsámica (página 219) o de algún aliño (aderezo) comercial bajo en azúcar

Postre

Crema de *ricotta* almendrada (página 252)

Día Nº11

Desayuno

6 onzas (180 ml) de jugo de tomate (jitomate)

Frittata con queso (página 199)

Café o té descafeinado con leche descremada (*fat-free milk* o *nonfat milk*) y sustituto de azúcar

Merienda a media mañana

1 a 2 Rollitos de pavo (página 250)

2 cucharadas de Mayonesa de cilantro (opcional) (página 250)

Almuerzo

Gazpacho (página 220)

Hamburguesa a la parrilla (sin pan)

Ensalada mixta (verduras de hoja verde surtidas, pepino, pimiento/ají/pimiento morrón verde, tomates pequeños)

Aceite de oliva y vinagre al gusto o 2 cucharadas de aliño (aderezo) comercial bajo en azúcar

Merienda a media tarde

Bolas de queso *mozzarella* fresco

Cena

Pechuga de pollo al jengibre (página 223)

Comelotodos (arvejas chinas, *snow peas*) al vapor

Ensalada oriental de repollo (página 248)

Postre

Crema de *ricotta* almendrada (página 252)

Día Nº 12

Desayuno

6 onzas (180 ml) de jugo de verduras

Frittata de salmón ahumado (página 201)

Café o té descafeinado con leche descremada (*fat-free milk* o *nonfat milk*) y sustituto de azúcar

Merienda a media mañana

1 triángulo de queso *Laughing Cow Light Cheese*

Almuerzo

Ensalada de pollo con pistaches (página 211)

Merienda a media tarde

Bolas de queso *mozzarella* fresco

Cena

Salmón cocido con salsa de pepino al eneldo (página 232)

Ensalada de *edamame* (página 247)

Tomates asados (página 246)

Espárragos al vapor

Postre

Crema de *ricotta* al limón (página 251)

Día N°13

Desayuno

Huevos horneados en moldes de tocino canadiense

Café o té descafeinado con leche descremada (*fat-free milk* o *nonfat milk*) y sustituto de azúcar

Merienda a media mañana

Apio relleno de 1 triángulo de queso *Laughing Cow Light Cheese*

Almuerzo

Ensalada de salmón cocido y espinacas (lo que sobró del salmón cocido del Día 12) (página 232)

Aceite de oliva y vinagre al gusto o 2 cucharadas de aliño (aderezo) comercial bajo en azúcar

Merienda a media tarde

Hummus (página 249) con verduras crudas

(el *hummus* puede ser comprado)

Cena

Bistec a la parrilla con *relish* de tomate (página 230)

Postre

Crema de *ricotta* achocolatada (página 253)

Día Nº14

Desayuno

Alcachofas benedictinas (página 205)

Salsa holandesa de imitación (página 206)

Café o té descafeinado con leche descremada (*fat-free milk* o *nonfat milk*) y sustituto de azúcar

Merienda a media mañana

1 a 2 Rollitos de pavo (página 250)

2 cucharadas de Mayonesa de cilantro (opcional) (página 250)

Almuerzo

Requesón y verduras picadas en un "tazón" de pimiento (ají, pimiento morrón) rojo

Merienda a media tarde

Hummus (página 249) con verduras crudas

(el *hummus* puede ser comprado)

Cena

Pechuga de pollo a la parrilla con verduras a la parrilla e hinojo o endibia (lechuga escarola)

Postre

Postre de gelatina de sabor sin azúcar con una cucharada de sustituto congelado de crema batida sin grasa o de crema para batir con sustituto de azúcar al gusto

ALIMENTOS QUE PUEDE DISFRUTAR

CARNE DE RES
Cortes magros (bajos en grasa) como:
Bistec *sirloin* (también molido)
Corte *tenderloin*
Corte *top round*

CARNE DE AVE (SIN PELLEJO)
Gallina de Cornualles
Pechuga de pavo o de pollo
Tocino de pavo (chompipe)
(2 rebanadas al día)

MARISCOS
Todo tipo de pescado y mariscos

CARNE DE CERDO
Filete de cerdo (*tenderloin*)
Jamón cocido
Tocino canadiense

CARNE DE TERNERA
Chuleta
Filete (*leg cutlet*)
Corte *top round*

CARNES FRÍAS (TIPO FIAMBRE)
Sólo sin grasa o bajas en grasa

QUESO (SIN O BAJO EN GRASA)
Amarillo
Cheddar
Feta
Hebras (tiras) de queso *mozzarella*
Mozzarella
Parmesano
Provolone
Requesón semidescremado al 1 ó 2 por ciento o descremado
Ricotta
Sustituto de queso crema, sin contenido lácteo

FRUTOS SECOS
Cacahuates (maníes), 20 pequeños
Crema de cacahuate (maní), 1 cucharadita
Mitades de pacana, 15
Pistaches, 30

HUEVOS
No se impone ningún límite al consumo de huevo entero a menos que su médico le haya indicado lo contrario. Utilice claras y sustituto de huevo al gusto.

TOFU
Use las variedades suave, bajo en grasa o *lite*.

VERDURAS Y LEGUMBRES
Alcachofas
Apio
Berenjena
Berzas (bretón, posarmo, *collard greens*)
Brócoli
Brotes (germinados) de alfalfa
Castañas de agua
Coliflor
Comelotodos (arvejas chinas, *snow peas*)
Espárragos
Espinaca
Frijoles (habichuelas) negros, habas blancas secas, garbanzos, ejotes (habichuelas verdes, *green beans*), frijoles italianos, frijoles colorados, lentejas, habas blancas (*lima beans*), gandules, frijoles de soya, chícharos (guisantes) partidos, habichuelas amarillas (ejotes amarillos)
Hongos (todas las variedades)
Lechuga (todas las variedades)
Nabos
Pepino
Repollo (col)
Zucchini (calabacita)

GRASAS
Aceite de *canola*
Aceite de oliva

ESPECIAS Y SAZONADORES
Consomé

Extractos (de almendra, vainilla u otros)
I Can't Believe It's Not Butter! en aerosol
Pimienta (blanca, de Cayena, negra, roja)
Salsa de rábano picante (*horseradish*)
Todas las especias a las que no se les haya agregado azúcar

GOLOSINAS (LIMÍTELAS A 75 CALORÍAS AL DÍA)
Barras de caramelo sin azúcar

Chicle (goma de mascar) sin azúcar
Chocolate en polvo sin azúcar
Cocoa en polvo para hornear
Gelatina sin azúcar
Paleta congelada de chocolate sin azúcar
Paletas congeladas sin azúcar
Sustituto de azúcar

ALIMENTOS QUE DEBE EVITAR

CARNE DE RES
Bistec de costilla
Brisket
Hígado
Otros cortes grasos

CARNE DE AVE
Ganso
Pato
Pollo (alitas y piernas)
Productos procesados de carne de ave

CARNE DE CERDO
Jamón horneado con miel

CARNE DE TERNERA
Pecho

QUESO
Brie
De bola holandés
De leche entera

VERDURAS
Batata dulce (camote)
Maíz (elote, choclo)
Papa blanca
Tomate (jitomate) (limítelo a 1 entero o 10 pequeños por comida)
Remolacha (betabel)
Zanahorias

FRUTA
Evite todas las frutas y los jugos de frutas durante la primera fase, incluyendo las siguientes:

Albaricoque (chabacano, damasco)
Bayas
Cantaloup (melón chino)
Manzana
Melocotón (durazno)
Pera
Toronja (pomelo)

FÉCULAS Y CARBOHIDRATOS
Evite todas las féculas durante la primera fase, incluyendo las siguientes:
Arroz de todo tipo
Avena
Cereal
Pan de todo tipo
Pan *matzo*
Pasta de todo tipo
Pastelillos y productos horneados de todo tipo

PRODUCTOS LÁCTEOS
Evite todos los productos lácteos durante la Primera Fase, incluyendo los siguientes:
Helado
Leche de soya
Leche semidescremada al 1 por ciento (*low-fat milk*), descremada (*fat-free milk* o *nonfat milk*) o entera
Yogur, del refrigerador o congelado

ALIMENTOS MISCELÁNEOS
Alcohol de todo tipo, incluyendo la cerveza y el vino

PRIMERA FASE
Recetas

En vista de que la primera es la fase más estricta, la selección de alimentos es relativamente pequeña. Usted desayunará huevos y sustituto de huevo y el resto del día comerá muchas verduras, quesos bajos en grasa, carnes y pescado. Ciertamente no se incluye pan, papas, fruta o arroz durante las primeras 2 semanas. Sin embargo, cualquier plan que permita platos como *Flank steak* adobado, Ensalada de cangrejo, *Hummus* o Crema de *ricotta* al limón difícilmente puede considerarse duro. Y cualquier programa que le exija comer seis veces al día —tres comidas más dos meriendas, una a media mañana y una a media tarde, así como un postre por la noche— evidentemente está pensado para reducir cualquier malestar al mínimo.

Nota: Si no entiende algunos de los términos empleados en la siguiente sección, por favor vea el glosario en la página 369.

 **DESAYUNOS**

Frittata con queso

2 cucharaditas de sustituto de mantequilla *Smart Balance*
½ taza de cebolla en rodajas
½ taza de pimiento (ají, pimiento morrón) rojo en rodajas
½ taza de *zucchini* (calabacita) en rodajas
2 tomates (jitomates) pequeños (*plum tomatoes*), picados en cubitos
1 cucharada de albahaca fresca picada
1 pizca de pimienta negra recién molida
½ taza de sustituto líquido de huevo
½ taza de requesón semidescremado al 1 por ciento
¼ taza de leche descremada evaporada
¾ onza (21 g) de queso *Monterey Jack* de grasa reducida rallado

Rocíe una sartén resistente al horno de 10" (25 cm) de diámetro con aceite antiadherente en aerosol y póngala a calentar a fuego mediano–bajo hasta que esté bien caliente. Derrita el sustituto de mantequilla en la sartén. Agregue la cebolla, el pimiento rojo y el *zucchini* y sofría (saltee) las verduras a fuego mediano–bajo durante unos 2 a 3 minutos o hasta que se doren levemente. Añada el tomate, la albahaca y la pimienta negra y revuelva todo. Cocine las verduras de 2 a 3 minutos, hasta que los sabores se mezclen bien, y retire la sartén del fuego. Precaliente el asador (*broiler*) del horno. Ponga el sustituto de huevo, el requesón y la leche en una licuadora (batidora) y licúelos hasta lograr una consistencia uniforme. Vierta la mezcla de los huevos sobre las verduras. Tape la sartén y cocine el huevo a fuego mediano–bajo hasta que la parte de abajo cuaje y la de arriba aún esté un poco húmeda. Pase la sartén al asador y ase de 2 a 3 minutos o hasta que la superficie de arriba termine de cuajar. Espolvoree la *frittata* con el queso y devuélvala al asador hasta que el queso se funda.

Rinde 2 porciones

VISTAZO NUTRICIONAL

Por porción: 231 calorías, 21 g de proteínas, 16 g de carbohidratos, 10 g de grasa, 3 g de grasas saturadas, 480 mg de sodio, 15 mg de colesterol, 2 g de fibra

Frittata de espinaca con salsa de tomate

Frittata

- 1 cucharada de aceite de oliva extra virgen
- 1 cebolla pequeña en rodajas
- 2 dientes de ajo picados en trocitos
- 1 paquete de 10 onzas (280 g) de espinaca congelada, descongelada y bien escurrida
- 2 huevos grandes
- 3 claras de huevo
- ⅓ taza de leche descremada evaporada
- ½ taza de queso *mozzarella* de grasa reducida rallado

Salsa

- 4 tomates (jitomates) pequeños (*plum tomatoes*) sin semilla, picados
- 2 cebollines (cebollas de cambray) picados en trocitos
- 1 diente de ajo picado en trocitos
- 2 cucharadas de cilantro fresco picado
- 1 cucharadita de jugo de limón verde (lima) fresco
- ¼ cucharadita de sal
- ⅛ cucharadita de pimienta negra recién molida

Para preparar la *frittata*: Precaliente el horno a 350°F (178°C). Caliente el aceite a fuego mediano en una sartén antiadherente de 10" (25 cm) de diámetro. Agregue la cebolla y el ajo y cocínelos, revolviéndolos constantemente, durante 3 minutos o hasta que se suavicen. Añada la espinaca y revuelva. Reduzca el fuego a lento. En un tazón (recipiente) grande, bata los huevos y las claras de huevo con la leche hasta que queden de color amarillo claro y espumosos. Vierta la mezcla de los huevos sobre las espinacas en la sartén. Cocínelos de 5 a 7 minutos o hasta que la mezcla de los huevos esté bien cocida por abajo y casi cuaje por encima. Espolvoree la *frittata* con el queso. Horneéla de 5 a 10 minutos o hasta que los huevos cuajen y el queso se funda.

Para preparar la salsa: En un tazón grande, mezcle el tomate, el cebollín, el ajo, el cilantro, el jugo de limón verde, la sal y la pimienta. Sirva la salsa recién hecha y a temperatura ambiente encima de la *frittata*.

También puede servir la frittata con una salsa comercial de frasco.

Rinde 2 porciones

VISTAZO NUTRICIONAL

Por porción: 369 calorías, 27 g de proteínas, 28 g de carbohidratos, 17 g de grasa, 6 g de grasas saturadas, 740 mg de sodio, 230 mg de colesterol, 8 g de fibra

Frittata de salmón ahumado

8   espárragos frescos

1   cucharada de aceite de oliva extra virgen

½   cebolla bermuda

¼   taza de tomates (jitomates) secados al sol y envasados en seco

2   onzas (56 g) de salmón ahumado

½   taza de sustituto líquido de huevo

¼   taza de agua

3   cucharadas de leche descremada en polvo

¼   cucharadita de mejorana fresca picada

1   pizca de pimienta negra recién molida

    Crema agria descremada (opcional)

    Hueva de salmón (opcional)

    Cebollino (cebolleta) (opcional)

Ponga a hervir 1" (2.5 cm) de agua en una sartén grande. Agregue los espárragos y cocínelos sin tapar hasta que queden cocidos pero aún crujientes. Rocíe una sartén resistente al horno de 8" (20 cm) de diámetro con aceite antiadherente en aerosol y póngala a calentar a fuego mediano-bajo hasta que esté bien caliente. Añada el aceite de oliva y sofría (saltee) la cebolla hasta que se suavice. Agregue los espárragos y los tomates secados al sol. Añada el salmón ahumado y retire la sartén del fuego.

Precaliente el asador del horno. Mezcle el sustituto de huevo, el agua, la leche en polvo, la mejorana y la pimienta. Vierta la mezcla del huevo sobre la del salmón. Tape la sartén y cocine la *frittata* a fuego mediano-bajo durante 7 minutos o hasta que la parte de abajo cuaje y la de arriba aún esté un poco húmeda. Ponga la sartén en el asador de 4 a 6 pulgadas (10 a 15 cm) del calor y ase la *frittata* de 2 a 3 minutos o hasta que la superficie de arriba se infle y termine de cuajar. Remate con la crema agria descremada, la hueva de salmón, la mejorana y el cebollino, si así lo desea. Corte la *frittata* en triángulos y sírvala de inmediato.

Pruebe sustituir los espárragos por 1 taza de cabezuelas de brócoli y el salmón por 2 onzas (56 g) de jamón.

Rinde 2 porciones

VISTAZO NUTRICIONAL

Por porción: 241 calorías, 19 g de proteínas, 18 g de carbohidratos, 11 g de grasa, 2 g de grasas saturadas, 730 mg de sodio, 5 mg de colesterol, 4 g de fibra

Omelette sencillo de espárragos y champiñones

2 huevos

2 cucharadas de agua

3 espárragos frescos

¼ taza de champiñones (setas) en rodajas

¼ taza de queso *mozzarella* de grasa reducida rallado

Ponga a hervir 1" (2.5 cm) de agua en una sartén grande. Agregue los espárragos y cocínelos sin tapar hasta que queden apenas cocidos pero aún crujientes.

Mientras tanto, en un tazón (recipiente) mediano, bata a mano los huevos y el agua hasta que las claras y las yemas se mezclen perfectamente.

Rocíe una sartén antiadherente de 10" (25 cm) de diámetro con aceite antiadherente en aerosol. Póngala a calentar a fuego mediano-alto hasta que esté lo bastante caliente para chisporrotear cuando se agregue una gota de agua. Agregue la mezcla del huevo. Debe cuajar de inmediato.

Con el volteador al revés, levante el borde del *omelette* cuando la mezcla empiece a cuajar, para que la parte líquida del huevo se escurra sobre la sartén debajo del *omelette*.

Una vez que la parte de arriba cuaje, extienda los espárragos, los champiñones y el queso sobre la mitad del *omelette*.

Sirviéndose del volteador, doble el *omelette* a la mitad encima del relleno. Deslícelo sobre una fuente de servir (bandeja, platón). Sírvalo de inmediato.

Rinde 1 porción

VISTAZO NUTRICIONAL

Por porción: 238 calorías, 21 g de proteínas, 5 g de carbohidratos, 15 g de grasa, 6 g de grasas saturadas, 260 mg de sodio, 440 mg de colesterol, 1 g de fibra

Omelette de clara de huevo

1 cucharada de pimiento (ají, pimiento morrón) verde picado

1 cucharada de cebollín (cebolla de cambray) picado

1 cucharada de pimiento (ají, pimiento morrón) rojo picado

½ taza de sustituto líquido de huevo

3 cucharadas de queso de grasa reducida rallado

Rocíe una sartén mediana con una ligera capa de aceite antiadherente en aerosol. Sofría (saltee) los pimientos y el cebollín hasta que queden apenas cocidos pero aún crujientes. Vierta el sustituto de huevo sobre las verduras. Cuando empiece a cuajar, reparta el queso sobre la mitad del huevo y doble el *omelette* a la mitad encima del relleno. Siga cocinándolo hasta que esté bien cocido. Sírvalo de inmediato.

Rinde 1 porción

VISTAZO NUTRICIONAL

Por porción: 169 calorías, 20 g de proteínas, 4 g de carbohidratos, 8 g de grasa, 3 g de grasas saturadas, 320 mg de sodio, 15 mg de colesterol, 1 g de fibra

Quiche de verduras para llevar

1 paquete de 10 onzas (280 g) de espinaca picada congelada

¾ taza de sustituto líquido de huevo

¾ taza de queso de grasa reducida rallado

¼ taza de pimiento (ají, pimiento morrón) verde picado en cubitos

¼ taza de cebolla picada en cubitos

3 gotas de salsa picante (opcional)

Cocine las espinacas durante 2½ minutos en *high* en el horno de microondas. Escurra el exceso de líquido.

Ponga 12 tazas de papel de aluminio para hornear en un molde para hornear 12 *muffins*. Rocíe las tazas de papel de aluminio con aceite antiadherente en aerosol.

Mezcle el sustituto de huevo, el queso, los pimientos, la cebolla y la espinaca en un tazón (recipiente) y revuélvalo todo muy bien. Divida la mezcla por partes iguales entre los moldes para *muffin*. Hornee el huevo a 350°F (178°C) durante 20 minutos o hasta que un cuchillo introducido en el centro de un molde salga limpio.

Es posible congelar las quiches *y recalentarlas en el horno de microondas. Puede utilizarse cualquier combinación apropiada de verduras y quesos de grasa reducida.*

Rinde 6 porciones

VISTAZO NUTRICIONAL

Por porción: 77 calorías, 9 g de proteínas, 3 g de carbohidratos, 3 g de grasa, 2 g de grasas saturadas, 160 mg de sodio, 10 mg de colesterol, 2 g de fibra

Alcachofas benedictinas

2 alcachofas medianas

2 rebanadas de tocino canadiense

2 huevos

4 cucharadas de Salsa holandesa de imitación (véase la página 206)

Lave las alcachofas. Recorte los tallos de la base de las alcachofas y quíteles las hojas pequeñas inferiores. Coloque las alcachofas en posición vertical dentro de una cacerola honda llena de 2 a 3 pulgadas (5 a 7.5 cm) de agua con sal. Tape la cacerola y hierva las alcachofas a fuego bajo de 35 a 45 minutos. Colóquelas cabeza abajo para escurrirlas.

Extienda las hojas de las alcachofas, abriéndolas como los pétalos de una flor. Con una cuchara, saque cuidadosamente y deseche los pétalos del centro así como la base vellosa de las alcachofas. Manténgalas calientes.

Dore el tocino canadiense en una sartén y escalfe los huevos en agua hirviendo con sal. Coloque una rebanada de tocino dentro de cada alcachofa. Remate con un huevo escalfado y 2 cucharadas de Salsa holandesa de imitación. Sírvalas de inmediato.

Rinde 2 porciones

VISTAZO NUTRICIONAL

Por porción: 227 calorías, 18 g de proteínas, 16 g de carbohidratos, 12 g de grasa, 3 g de grasas saturadas, 540 mg de sodio, 225 mg de colesterol, 8 g de fibra

Salsa holandesa de imitación

¼ taza de sustituto líquido de huevo

1 cucharada de sustituto de mantequilla *Smart Balance*

1 cucharadita de jugo de limón fresco

½ cucharadita de mostaza *Dijon*

1 pizca de pimienta roja molida

En una taza de medir de 1 taza de capacidad, adecuada para usarse en el horno de microondas, mezcle los sustitutos de huevo y de mantequilla. Cocine la mezcla del sustituto de huevo durante 1 minuto con el horno de microondas en *low* (al 20 por ciento), revolviéndolo una vez a la mitad de este tiempo, hasta que el sustituto de mantequilla se ablande.

Incorpore el jugo de limón y la mostaza en la mezcla del sustituto de huevo. Cocínelo todo durante 3 minutos con el horno de microondas en *low*, revolviéndolo cada 30 segundos, hasta que la mezcla se espese. Añada la pimienta y revuelva.

Si la mezcla se corta, pásela a una licuadora (batidora) y muélala a velocidad baja durante 30 segundos o hasta lograr una consistencia uniforme.

Rinde 2 porciones

VISTAZO NUTRICIONAL

Por porción: 54 calorías, 4 g de proteínas, 2 g de carbohidratos, 4 g de grasa, 0 g de grasas saturadas, 150 mg de sodio, 5 mg de colesterol, 0 g de fibra

ALMUERZOS

Ensalada griega

8   hojas de lechuga romana (orejona) cortadas en pedazos con las manos

1   pepino pelado, sin semilla y cortado en rodajas

1   tomate (jitomate) picado

½   taza de cebolla morada en rodajas

½   taza de queso *feta* de grasa reducida, desmoronado

2   cucharadas de aceite de oliva extra virgen

2   cucharadas de jugo de limón fresco

1   cucharadita de orégano seco

½   cucharadita de sal

Mezcle la lechuga, el pepino, el tomate, la cebolla y el queso en un tazón (recipiente) grande.

Bata a mano el aceite, el jugo de limón, el orégano y la sal en un tazón pequeño. Vierta el aliño (aderezo) sobre la mezcla de la lechuga y revuélvala para recubrir bien todos los ingredientes.

Esta ensalada sirve muy bien como guarnición para un pollo o un pescado a la parrilla.

Rinde 1 porción

VISTAZO NUTRICIONAL

> **Por porción:** 501 calorías, 22 g de proteínas, 25 g de carbohidratos, 38 g de grasa, 10 g de grasas saturadas, 2300 mg de sodio, 30 mg de colesterol, 6 g de fibra
> Ensalada griega sin sal: 1134 mg de sodio

De la carta de...

1220 AT THE TIDES

1220 Ocean Drive, Miami Beach

CHEF EJECUTIVO: **ROGER RUCH**

UBICADO SOBRE OCEAN DRIVE AL INTERIOR DEL BELLAMENTE
RESTAURADO TIDES HOTEL, EL RESTAURANTE 1220 AT THE TIDES HA SIDO
ACLAMADO POR LA CRÍTICA ESPECIALIZADA. AHÍ EL *CHEF* ROGER RUCH
CREA OBRAS MAESTRAS CULINARIAS EN UN ENTORNO INFORMAL Y LUJOSO
A LA VEZ. DEBIDO A SU ELEGANCIA SOFISTICADA, THE TIDES GOZA DE LA
PREFERENCIA TANTO DE LA POBLACIÓN LOCAL COMO DE QUIENES LLEGAN
DE VISITA A SOUTH BEACH.

Ceviche de tilapia

4 filetes de tilapia (*cherry snapper*) picados en cubos medianos

Jugo de 3 limones verdes (limas) frescos

½ cucharadita de pasta de ajo y chile rojo (*sambal oelek*)

2 tomates (jitomates) Roma maduros, picados en cubos medianos

½ cebolla española amarilla, picada en cubos medianos

2½ cucharadas de cilantro fresco finamente picado

Sal kósher

Pimienta negra

Ponga el pescado picado a adobar (remojar) 3 horas en las tres cuartas partes del jugo de limón verde. Escurra el líquido y deséchelo.

Mezcle el pescado con la pasta de ajo y chile rojo, los tomates, la cebolla, el cilantro y el jugo de limón verde restante. Sazónelo con sal y pimienta al gusto.

El pescado se cocina con el ácido del limón verde en lugar del calor.

Rinde 4 porciones

VISTAZO NUTRICIONAL
Por porción: 225 calorías, 36 g de proteínas, 15 g de carbohidratos, 2 g de grasa, 1 g de grasas saturadas, 115 mg de sodio, 63 mg de colesterol, 3 g de fibra

Ensalada de atún a lo South Beach

Ensalada

1 lata de 6 onzas (168 g) de atún en agua

⅓ taza de pepino picado

⅓ taza de tomate (jitomate) picado

⅓ taza de aguacate (palta) picado

⅓ taza de apio picado

⅓ taza de rábano picado

1 taza de lechuga romana (orejona) picada

Aliño (aderezo)

4 cucharaditas de aceite de oliva extra virgen

2 cucharadas de jugo de limón verde (lima) fresco

2 dientes de ajo finamente picados

½ cucharadita de pimienta negra

Para preparar la ensalada: Ponga el atún, el pepino, el tomate, el aguacate, el apio, el rábano y la lechuga en capas en un tazón (recipiente) ornamental de vidrio.

Para preparar el aliño: Mezcle el aceite de oliva, el jugo de limón verde, el ajo y la pimienta. Esparza sobre la ensalada.

Rinde 1 porción

VISTAZO NUTRICIONAL

Por porción: 506 calorías, 48 g de proteínas, 18 g de carbohidratos, 28 g de grasa, 4 g de grasas saturadas, 640 mg de sodio, 50 mg de colesterol, 6 g de fibra

Ensalada de pollo con pistaches

Ensalada

½ taza de pistaches sin cáscara finamente molidos

½ + ¼ cucharadita de sal

½ cucharadita + 1 pizca de pimienta negra recién molida

4 mitades de pechuga de pollo deshuesadas y sin pellejo

2 cucharadas de aceite de oliva extra virgen

½ taza de cebolla blanca dulce picada en cubitos

1 lechuga romana (orejona)

Aliño (aderezo)

1 cucharadita de cebolla blanca dulce rallada

1 aguacate (palta) maduro grande, sin hueso y pelado

3 cucharadas de aceite de oliva extra virgen

3 cucharadas de jugo de limón verde (lima) fresco

1 cucharada de agua

Para preparar la ensalada: Precaliente el horno a 375°F (192°C). Mezcle los pistaches molidos con ½ cucharadita de sal y ½ cucharadita de pimienta en un molde para pay. Pase el pollo por la mezcla del pistache, apretándolo con fuerza. Ponga 1 cucharada de aceite a calentar en una sartén y fría las pechugas recubiertas de pistache durante 2 minutos por cada lado. Póngalas en una fuente para hornear (refractario) y hornéelas durante 15 minutos o hasta que un termómetro introducido en la parte más gruesa del pollo marque 160°F (71°C) y los jugos salgan transparentes.

Caliente la otra cucharada de aceite a fuego alto en una sartén antiadherente. Agregue la cebolla picada en cubitos, ¼ cucharadita de sal y una pizca de pimienta. Fría la cebolla hasta que se dore.

Cubra 4 fuentes de servir (bandejas, platones) con la lechuga. Corte las pechugas de pollo en rebanadas y acomode 1 pechuga sobre la cama de lechuga en cada fuente. Sirva con el aliño.

Para preparar el aliño: Muela la cebolla, el aguacate, el aceite, el jugo de limón verde y el agua en una licuadora (batidora).

Rinde 4 porciones

VISTAZO NUTRICIONAL

Por porción: 481 calorías, 33 g de proteínas, 13 g de carbohidratos, 34 g de grasa, 5 g de grasas saturadas, 520 mg de sodio, 70 mg de colesterol, 5 g de fibra

Ensalada de camarón al eneldo

Camarón

1 taza de vino blanco seco

1 cucharadita de semillas de mostaza

¼ cucharadita de pimienta roja molida

2 hojas de laurel

1 limón en rodajas

1½ libras (680 g) de camarón grande, sin cáscara y desvenado

Aliño (aderezo) de eneldo y hierbas finas

3 cucharadas de aceite de oliva extra virgen

3 cucharadas de vinagre de vino tinto

2 cucharadas de agua

2 cucharadas de albahaca fresca picada

2 cucharadas de eneldo fresco picado

1 cucharadita de ajo finamente picado

1 cucharadita de mostaza *Dijon*

½ cebolla mediana en rodajas

1 lechuga romana (orejona) grande

4 tomates (jitomates) maduros, partidos en pedazos en forma de gajos

6 hongos frescos en rebanadas

Ramitos de eneldo fresco (opcional)

Para preparar el camarón: Mezcle el vino, las semillas de mostaza, la pimienta, las hojas de laurel y el limón en una cacerola grande. Agregue agua hasta llenar la cacerola a dos tercios de su capacidad. Deje que rompa a hervir a fuego alto. Añada los camarones y cocínelos de 3 a 4 minutos o hasta que se pongan rosados y su centro ya no se vea traslúcido. Escúrralos y déjelos enfriar. Deseche las hojas de laurel.

Para preparar el aliño (aderezo) de hierbas finas: Mezcle el aceite de oliva, el vinagre de vino tinto, el agua, la albahaca, el eneldo, el ajo, la mostaza y la cebolla en un frasco de tapa con rosca. Agítelo bien.

Ponga los camarones en un tazón (recipiente) grande y agregue el aliño. Mézclelo todo bien, tape el tazón y métalo al refrigerador hasta que esté bien frío.

Sirva la mezcla de los camarones sobre hojas de lechuga romana rodeada por el tomate y los hongos rebanados. Adorne los platos con ramitos de eneldo, si los está usando.

Rinde 4 porciones

VISTAZO NUTRICIONAL

Por porción: 382 calorías, 38 g de proteínas, 16 g de carbohidratos, 14 g de grasa, 2 g de grasas saturadas, 310 mg de sodio, 260 mg de colesterol, 4 g de fibra

Ensalada de cangrejo

6   tazas de lechuga romana (orejona) cortada en pedazos con las manos

1   lata de 6 onzas (168 g) de cangrejo (jaiba), escurrido

1   taza de tomates (jitomates) o de tomates pequeños maduros, partidos a la mitad

¼   taza de queso azul desmoronado

2   cucharadas de trocitos de tocino sin colesterol

¼   taza de un aliño (aderezo) comercial bajo en azúcar o de una vinagreta de aceite de oliva

Ponga a enfriar 2 platos.

Cubra una fuente de servir (bandeja, platón) grande con la lechuga. Acomode la carne de cangrejo, los tomates, el queso azul y los trocitos de tocino en franjas sobre la lechuga.

Justo antes de servir la ensalada, esparza un poco de aliño de manera uniforme sobre ella y mézclela bien. Sírvala sobre los 2 platos fríos.

Rinde 2 porciones

VISTAZO NUTRICIONAL

Por porción: 267 calorías, 27 g de proteínas, 12 g de carbohidratos, 13 g de grasa, 4 g de grasas saturadas, 1012 mg de sodio, 95 mg de colesterol, 4 g de fibra

Ensalada de cangrejo con mostaza

2   tazas de endibia (lechuga escarola) rizada cortada en pedazos con las manos

2   tazas de hojas de berro sin aplastar

2   tazas de espinaca fresca cortada en pedazos con las manos

2   tazas de repollo (col) colorado cortado en pedazos con las manos

½   taza de castañas de agua en rebanadas

½   taza de pimiento (ají, pimiento morrón) rojo picado en juliana

12   onzas (336 g) de cangrejo (jaiba), fresco o de lata

    Salsa de mostaza Joe's (página 244)

Mezcle la endibia, el berro, la espinaca, el repollo, las castañas de agua y el pimiento en un tazón (recipiente) grande. Revuélvalo todo bien. Agregue la carne de cangrejo.

Reparta la ensalada sobre 4 platos. Esparza encima la Salsa de mostaza Joe's.

Rinde 4 porciones

VISTAZO NUTRICIONAL

Por porción: 123 calorías, 20 g de proteínas, 9 g de carbohidratos, 1 g de grasa, 0 g de grasas saturadas, 338 mg de sodio, 76 mg de colesterol, 4 g de fibra

De la carta de. . .

CHINA GRILL

404 Washington Avenue, Miami Beach

CHEF: **CHRISTIAN PLOTCZYK**

Esta sucursal sumamente exitosa del famoso restaurante China Grill de Nueva York es uno de los lugares más populares de South Beach. Si bien se admite la influencia de los sabores y las técnicas de la cocina asiática, China Grill ofrece una experiencia culinaria emocionante que reúne ingredientes de todo el mundo. Asista con varias personas; los platos están pensados para compartirse.

Atún picante

2 onzas (56 g) de pimienta blanca

2 onzas de pimienta negra

2 onzas de semillas de hinojo

2 onzas de semillas de cilantro (*coriander seeds*)

2 onzas de comino molido

2 filetes de atún (de 8 onzas/224 g cada uno)

4 yemas de huevo

¼ manojo de cilantro

¼ manojo de cebollino (cebolleta)

¼ manojo de perejil

4 chiles jalapeños (cuaresmeños) sin semilla (use guantes de plástico al tocarlos)

8 onzas (240 ml) de *mirin* (vinagre de arroz)

12 onzas (360 ml) de aceite de oliva

3 pimientos (ajíes, pimientos morrones) rojos asados

1 pepino cortado en rodajas finas

Precaliente el horno a 325°F (164°C). Ase las pimientas blanca y negra y las semillas de hinojo y cilantro durante 15 minutos. Mezcle estas especias con el comino y muela la mezcla finamente en una licuadora (batidora).

Recubra el atún muy bien con las especias asadas y séllelo en la sartén hasta que quede entre término medio e inglés (medio cocido). Póngalo aparte.

En una licuadora, prepare una vinagreta de chile jalapeño licuando 2 de las yemas de huevo con el cilantro, el cebollino, el perejil, los chiles y 4 onzas (120 ml) de *mirin*. Poco a poco agregue 6 onzas (180 ml) del aceite de oliva para emulsionar la vinagreta.

En una licuadora, prepare una vinagreta de pimientos asados licuando las 2 yemas de huevo restantes con las 4 onzas restantes de *mirin* y los pimientos rojos asados. Emulsiónela con el aceite de oliva restante.

Extienda la vinagreta de chiles jalapeños y la de pimientos asados cada una sobre cada mitad de un platón extendido grande. Corte el atún en rebanadas y acomódelas encima de las vinagretas. Adórnelo con las rodajas de pepino.

En vista de que los huevos no están pasteurizados, tal vez prefiera sustituirlos por algún producto líquido pasteurizado de huevo (como Egg Beaters). Un cuarto de taza de sustituto líquido de huevo equivale a 1 huevo entero.

Rinde 4 porciones

VISTAZO NUTRICIONAL
Por porción: 626 calorías, 37 g de proteínas, 57 g de carbohidratos, 26 g de grasa, 4 g de grasas saturadas, 137 mg de sodio, 266 mg de colesterol, 21 g de fibra

Ensalada *niçoise*

½ libra (227 g) de habichuelas verdes (ejotes, *green beans*) pequeñas

½ libra de tomates (jitomates) muy pequeños maduros, partidos en pedazos en forma de gajos

1 pimiento (ají, pimiento morrón) verde sin semilla y picado en tiritas

1 pepino inglés picado en tiras gruesas

2 onzas (56 g) de anchoas de lata, escurridas

½ taza de aceitunas negras sin hueso

7 onzas (196 g) de atún en agua de lata, escurrido y desmenuzado

½ taza de castañas de agua en rebanadas

4 huevos duros partidos en cuatro

5 cucharadas de aceite de oliva extra virgen

1 cucharada de vinagre de vino blanco

1 diente de ajo picado en trocitos

1 pizca de sal

1 pizca de pimienta negra recién molida

2 cucharadas de perejil liso finamente picado

Blanquee las habichuelas brevemente hasta que queden cocidas pero aún crujientes y colóquelas bajo el chorro del agua fría. Séquelas con cuidado.

Mezcle los tomates, el pimiento y el pepino en una ensaladera grande (o colóquelos por separado en montones alrededor del borde interno de la ensaladera). Acomode encima las anchoas, las aceitunas, el atún, las castañas de agua y los huevos.

Prepare el aliño (aderezo) mezclando vigorosamente el aceite de oliva, el vinagre y el ajo con la sal y la pimienta. Vierta el aliño sobre la ensalada y espolvoréela con el perejil.

Rinde 4 porciones

VISTAZO NUTRICIONAL

Por porción: 405 calorías, 26 g de proteínas, 14 g de carbohidratos, 27 g de grasa, 5 g de grasas saturadas, 1010 mg de sodio, 240 mg de colesterol, 4 g de fibra

Vinagreta balsámica

⅓ taza de aceite de oliva extra virgen

⅓ taza de vinagre balsámico

2 cucharaditas de tomillo fresco picado

¼ cucharadita de sal

⅛ cucharadita de pimienta blanca

1 cucharada de albahaca fresca picada

Mezcle el aceite de oliva, el vinagre, el tomillo, la sal, la pimienta y la albahaca en un frasco con tapa de rosca. Tape el frasco y agítelo.

Rinde ⅔ taza

VISTAZO NUTRICIONAL

Por porción: 90 calorías, 0 g de proteínas, 2 g de carbohidratos, 9 g de grasa, 1 g de grasas saturadas, 75 mg de sodio, 0 mg de colesterol, 0 g de fibra

Gazpacho

2½ tazas de jugo de tomate (jitomate) o de verduras

1 taza de tomates frescos sin piel y sin semilla finamente picados

½ taza de apio finamente picado

½ taza de pepino finamente picado

½ taza de pimiento (ají, pimiento morrón) verde finamente picado

½ taza de cebolla verde finamente picada

3 cucharadas de vinagre de vino blanco

2 cucharadas de aceite de oliva extra virgen

1 diente de ajo grande picado en trocitos

2 cucharaditas de perejil liso fresco finamente picado

½ cucharadita de sal

½ cucharadita de salsa *Worcestershire*

½ cucharadita de pimienta negra recién molida

Mezcle el jugo, los tomates, el apio, el pepino, el pimiento, la cebolla, el vinagre, el aceite, el ajo, el perejil, la sal, la salsa *Worcestershire* y la pimienta negra en un tazón (recipiente) grande de vidrio o de acero inoxidable. Tápelo y déjelo toda la noche en el refrigerador.

Sirva frío.

Rinde 5 porciones

VISTAZO NUTRICIONAL

Por porción: 117 calorías, 2 g de proteínas, 13 g de carbohidratos, 6 g de grasa, 1 g de grasas saturadas, 690 mg de sodio, 0 mg de colesterol, 4 g de fibra

CENAS

Pollo envuelto

- 4 mitades de pechuga de pollo deshuesadas y sin pellejo (más o menos 1 libra/456 g)
- 1 pizca de sal
- 1 pizca de pimienta negra recién molida
- 2 cebollines (cebollas de cambray) picados
- 1 zanahoria mediana cortada diagonalmente en rodajas
- 1 *zucchini* (calabacita) pequeño partido a la mitad a lo largo y luego en rebanadas de ½" (1 cm) de grueso
- 1 cucharadita de estragón seco
- ½ cucharadita de cáscara de naranja (china) rallada

Precaliente el horno a 400°F (206°C) (o a 425°F/220°C si va a utilizar papel de aluminio). Corte cuatro pedazos de papel pergamino o de aluminio de 2 pies (60 cm) de largo. Doble cada pedazo a la mitad para obtener un cuadrado de 1 pie (30 cm) por cada lado. Espolvoree las pechugas de pollo con la sal y la pimienta. Coloque una pechuga de pollo un poco hacia abajo del centro de cada cuadrado de papel.

Mezcle los cebollines, la zanahoria, el *zucchini*, el estragón y la cáscara de naranja en un tazón (recipiente) pequeño. Extienda ¼ de la mezcla de verduras sobre cada pechuga de pollo.

Doble el papel pergamino o de aluminio encima del pollo y doble las orillas para sellarlas. Hornéelo durante 20 minutos sobre una bandeja de hornear.

Para servir el pollo, corte una "X" con unas tijeras en la superficie de cada paquete y rompa el papel para abrirlos.

Rinde 4 porciones

VISTAZO NUTRICIONAL

Por porción: 144 calorías, 27 g de proteínas, 4 g de carbohidratos, 2 g de grasa, 0 g de grasas saturadas, 86 mg de sodio, 65 mg de colesterol, 1 g de fibra

Pollo balsámico

6 mitades de pechuga de pollo deshuesadas y sin pellejo

1½ cucharaditas de hojas de romero fresco, picadas en trocitos, o ½ cucharadita de romero seco

2 dientes de ajo picados en trocitos

½ cucharadita de pimienta negra recién molida

½ cucharadita de sal

2 cucharadas de aceite de oliva extra virgen

4 a 6 cucharadas de vino blanco (opcional)

¼ taza de vinagre balsámico

Enjuague el pollo bajo el chorro del agua y séquelo cuidadosamente. Mezcle el romero, el ajo, la pimienta y la sal en un tazón (recipiente) pequeño. Ponga el pollo en un tazón grande. Espárzalo con el aceite y frótelo con la mezcla de las especias. Tape el pollo y déjelo toda la noche en el refrigerador.

Precaliente el horno a 450°F (234°C). Rocíe una olla (charola) pesada para asar o una sartén de hierro con aceite antiadherente en aerosol. Ponga el pollo en la olla o la sartén y hornéelo durante 10 minutos. Voltéelo. Si los jugos del pollo empiezan a pegarse a la olla, agregue de 3 a 4 cucharadas de agua o vino blanco (si lo está usando).

Hornee el pollo durante unos 10 minutos o hasta que un termómetro introducido en la parte más gruesa de la pechuga marque 160°F (71°C) y los jugos salgan transparentes. Si la olla se seca, agregue otra cucharada o dos de agua o vino blanco para despegar los jugos. Esparza el vinagre sobre el pollo en la olla.

Pase las pechugas de pollo a los platos. Revuelva el líquido que quedó en la olla y espárzalo sobre el pollo.

Rinde 6 porciones

VISTAZO NUTRICIONAL

Por porción: 183 calorías, 26 g de proteínas, 4 g de carbohidratos, 6 g de grasa, 1 g de grasas saturadas, 270 mg de sodio, 65 mg de colesterol, 0 g de fibra

Pechuga de pollo al jengibre

1   cucharada de jugo de limón fresco

1½ cucharaditas de jengibre fresco rallado

½   cucharadita de pimienta negra recién molida

2   dientes de ajo

4   mitades de pechuga de pollo deshuesadas y sin pellejo

Mezcle el jugo de limón, el jengibre, la pimienta y el ajo en un tazón (recipiente) pequeño.

Ponga las pechugas de pollo en un tazón hondo. Vierta la mezcla del jengibre sobre las pechugas, volteándolas una vez para recubrirlas por ambos lados. Tape el tazón y métalo al refrigerador de 30 minutos a 2 horas.

Rocíe una sartén antiadherente grande con aceite antiadherente en aerosol. Póngala a calentar a fuego mediano-alto hasta que esté bien caliente. Agregue el pollo y fríalo, volteándolo una sola vez, durante unos 8 minutos o hasta que esté cocido.

Rinde 4 porciones

VISTAZO NUTRICIONAL

Por porción: 129 calorías, 26 g de proteínas, 1 g de carbohidratos, 1 g de grasa, 0 g de grasas saturadas, 75 mg de sodio, 65 mg de colesterol, 0 g de fibra

De la carta de...

TUSCAN STEAK

431 Washington Avenue, Miami Beach

CHEF: MICHAEL WAGNER

LA TOSCANA, UNA REGIÓN DE COMIDA SENCILLA QUE NORMALMENTE SE
PREPARA A LA PARRILLA Y QUE SIEMPRE RESULTA DELICIOSA, HA
ATERRIZADO EN SOUTH BEACH Y SE PRESENTA EN TUSCAN STEAK.
NINGÚN LUGAR SE COMPARA CON ESTE RESTAURANTE, EL CUAL PUEDE
DESCRIBIRSE MEJOR COMO "UNA SOFISTICADA PARRILLA (GRILL)
FLORENTINA DE TIPO FAMILIAR QUE PONE DE RELIEVE LA COCINA
TOSCANA, AGREGANDO CIERTOS TOQUES PROPIOS DEL
ESTADO DE FLORIDA".

Bistec *T-bone* a la florentina

3½ libras (1.6 kg) de bistec *prime T-bone*

⅓ taza de ajo fresco picado en trocitos

1 taza de perejil picado

1 taza de albahaca picada

Sal

Pimienta negra recién molida

1 taza de aceite de oliva extra virgen

1 pizca de sal

1 pizca de pimienta negra recién molida

Sazone el bistec con el ajo, el perejil y la albahaca. Agregue sal y pimienta al gusto. Esparza el aceite de oliva sobre la carne y adóbela (remójela) durante 24 horas.

Cuando esté listo para cocinarla, caliente la parrilla (*grill*) de gas, de brasas o eléctrica y cocine el bistec durante 1 hora a fuego mediano, volteándolo cada 10 minutos. Mientras la carne esté en la parrilla, precaliente el horno a 400°F (206°C). Una vez que el bistec esté listo, retírelo de la parrilla y déjelo reposar durante 20 minutos. Ase la carne en el horno de 10 a 30 minutos, según el término que le quiera dar. Una hora en la parrilla y 10 minutos en el horno dan una preparación de entre término medio e inglés (medio cocido). El termómetro de carne debe marcar 145°F (63°C) si la quiere entre término medio e inglés.

Corte el bistec en lonjas (lascas) y espárzale encima un poco del adobo (escabeche, marinado) de aceite de oliva (a temperatura ambiente).

Rinde 4 porciones

VISTAZO NUTRICIONAL
Por porción: 885 calorías, 59 g de proteínas, 5 g de carbohidratos, 68 g de grasa, 13 g de grasas saturadas, 170 mg de sodio, 105 mg de colesterol, 1 g de fibra

Pollo sofrito

2 cucharadas de aceite de oliva extra virgen

4 mitades de pechuga de pollo deshuesadas y sin pellejo

1 cebolla grande en rodajas

2 dientes de ajo picados en trocitos

1 cucharada de hojas de romero fresco picado

½ taza de consomé de pollo sin grasa

1 pizca de sal

1 pizca de pimienta negra recién molida

Ponga el aceite a calentar a fuego mediano en una sartén grande. Sofría (saltee) las pechugas de pollo en el aceite durante 4 minutos, voltéelas y agregue la cebolla. Tape la sartén y déjela otros 3 minutos en el fuego, moviéndolas de vez en cuando. Agregue el ajo, el romero y el consomé. Tape la sartén y déjela al fuego unos 5 minutos más o hasta que la cebolla esté cocida pero aún crujiente, revolviéndolo todo de vez en cuando. Sazone con la sal y la pimienta.

Rinde 4 porciones

VISTAZO NUTRICIONAL

Por porción: 217 calorías, 28 g de proteínas, 6 g de carbohidratos, 8 g de grasa, 1 g de grasas saturadas, 95 mg de sodio, 65 mg de colesterol, 1 g de fibra

Flank steak adobado

1 cebolla morada pequeña partida en cuartos

⅓ taza de vinagre balsámico

¼ taza de alcaparras, escurridas

2 cucharadas de orégano fresco picado

3 dientes de ajo picados en trocitos

1½ libras (680 g) de *flank steak*

¼ cucharadita de sal

¼ cucharadita de pimienta negra de molido grueso

Pique la cuarta parte de la cebolla en tiritas finas y póngala aparte. Pique el resto de la cebolla. En un tazón (recipiente), mezcle la cebolla picada con el vinagre, las alcaparras, el orégano y el ajo. Revuelva ¼ taza de esta mezcla con las tiritas de cebolla y póngala aparte.

Salpimiente ambos lados de la carne y pínchela varias veces con un tenedor. Meta la carne y la mezcla restante de la cebolla en una bolsa grande con cierre hermético (*zip-top bag*) para alimentos. Déjala reposar en el adobo (escabeche, marinado) durante 1 hora o toda la noche.

Caliente la parrilla (*grill*) de gas, de brasas o eléctrica o el asador del horno; si va a utilizar el asador, coloque la parrilla de tal modo que la carne quede a 4" (10 cm) de la fuente de calor cuando esté en la charola. Saque la carne del adobo y colóquela en la parrilla sobre el calor directo o bien sobre la parrilla del horno dentro de la charola del asador. Deseche el adobo. Cocine la carne a la parrilla o en el asador del horno de 4 a 5 minutos por cada lado si la quiere entre término medio e inglés (medio cocido). Deje reposar durante 5 minutos antes de rebanarla.

Coloque la carne sobre un platón extendido y viértale encima la mezcla reservada de cebolla.

Rinde 6 porciones

VISTAZO NUTRICIONAL

Por porción: 176 calorías, 19 g de proteínas, 3 g de carbohidratos, 9 g de grasa, 4 g de grasas saturadas, 230 mg de sodio, 50 mg de colesterol, 1 g de fibra

Flank steak asado

1   *flank steak* de 1½ libras (680 g)

½   taza de jugo de tomate (jitomate)

¼   taza de salsa *Worcestershire*

1   cebolla pequeña finamente picada (¼ taza)

1   cucharada de jugo de limón fresco

1   diente de ajo picado en trocitos

½   cucharadita de pimienta negra recién molida

⅛   cucharadita de sal

Ponga la carne en una fuente para hornear (refractario) de vidrio de 13" x 9" (33 cm x 23 cm). Mezcle el jugo de tomate, la salsa *Worcestershire*, la cebolla, el jugo de limón, el ajo, la pimienta y la sal. Vierta esta mezcla sobre la carne. Tape la fuente para hornear y déjela en el refrigerador durante 2 horas, volteando la carne una sola vez.

Coloque la carne sobre la parrilla del asador del horno y úntela con el adobo (escabeche, marinado). Ásela durante 5 minutos a 3" (7.5 cm) de la fuente de calor. Voltéela, úntela con el adobo y ásela por 3 minutos más o hasta que un termómetro introducido en el centro de la carne marque 145°F (63°C) (si la quiere entre término medio e inglés/medio cocido).

Para servir la carne, córtela en rebanadas delgadas en diagonal.

Rinde 4 porciones

VISTAZO NUTRICIONAL

Por porción: 265 calorías, 29 g de proteínas, 6 g de carbohidratos, 13 g de grasa, 6 g de grasas saturadas, 440 mg de sodio, 70 mg de colesterol, 0 g de fibra

London Broil adobado

2 cucharadas de aceite de oliva extra virgen

½ taza de vino tinto seco

3 dientes de ajo picados en trocitos

3 cucharadas de perejil fresco finamente picado

1 cucharada de orégano fresco picado

1 hoja de laurel

½ cucharadita de pimienta negra recién molida

1½ libras (680 g) de *London broil*, *top round* o bistec *sirloin*

Bata a mano el aceite, el vino, el ajo, el perejil, el orégano, la hoja de laurel y la pimienta en un tazón (recipiente) pequeño. Ponga la carne en un tazón hondo y viértale encima el adobo (escabeche, marinado). Voltéela una vez para recubrirla de adobo por ambos lados, tápela y déjela en el refrigerador durante por lo menos 4 horas, de preferencia toda la noche.

Cuando esté listo para servir la carne, precaliente el asador del horno o prepare una parrilla (*grill*) de brasas. Deseche el adobo y la hoja de laurel. Ase la carne durante unos 5 minutos por cada lado o hasta que un termómetro introducido en el centro de la misma marque 145°F (63°C) (si la quiere entre término medio e inglés/medio cocido).

Corte la carne en rebanadas delgadas en diagonal. Sírvala caliente o fría.

Rinde 8 porciones

VISTAZO NUTRICIONAL

Por porción: 171 calorías, 17 g de proteínas, 1 g de carbohidratos, 10 g de grasa, 3 g de grasas saturadas, 50 mg de sodio, 40 mg de colesterol, 0 g de fibra

Bistec a la parrilla con *relish* de tomate

2 bistecs *sirloin* (de 6 onzas/168 g cada uno)

2 tomates (jitomates) con forma de pera medianos, partidos a la mitad a lo largo

2 cucharadas de aceite de oliva extra virgen

1 cebolla mediana picada

1 diente de ajo picado en trocitos o machacado

¼ taza de albahaca fresca picada o 2 cucharadas de albahaca seca

1 pizca de sal

1 pizca de pimienta negra recién molida

Ponga la carne en una parrilla (*grill*) ligeramente engrasada de 4" a 6" (10 cm a 15 cm) encima de una cama uniforme de brasas medianamente calientes. Cocínela, volteándola según haga falta, hasta que se dore de manera uniforme por fuera y un termómetro introducido en el centro marque 145°F (63°C) (si la quiere entre término medio e inglés). Córtela para comprobar su cocimiento (debería de estar cocido en unos 15 minutos).

Mientras tanto, coloque los tomates sobre la parrilla con la superficie cortada hacia arriba y úntelos ligeramente con 1 cucharada de aceite. Cuando se hayan dorado en la parte de abajo (unos 3 minutos), voltéelos y siga cocinándolos hasta que estén suaves al tacto (unos 3 minutos más).

Mientras los tomates se estén cocinando, mezcle la cucharada restante de aceite, la cebolla y el ajo en una sartén mediana de mango resistente al calor. Coloque la sartén sobre las brasas (o en la hornilla a fuego mediano-alto). Fría la cebolla, revolviéndola con frecuencia, hasta que esté suave y dorada (unos 10 minutos). Añada la albahaca y revuelva. Cuando los tomates estén suaves, agréguelos a la mezcla de la cebolla, revuélvalo todo y deje la sartén sobre una parte menos caliente de la parrilla (o bien tápela y manténgala caliente sobre la hornilla). Cuando el bistec esté cocido, colóquelo sobre una tabla provista de una depresión (o un platón extendido). Sirva el *relish* de tomate al lado de la carne. Salpimiente la carne y el tomate. Para servir la carne, córtela en rebanadas delgadas.

Rinde 2 porciones

VISTAZO NUTRICIONAL

Por porción: 366 calorías, 31 g de proteínas, 11 g de carbohidratos, 22 g de grasa, 5 g de grasas saturadas, 70 mg de sodio, 85 mg de colesterol, 3 g de fibra

Bistec a la pimienta

1   cucharada de pimienta negra de molido grueso

½   cucharadita de romero seco

2   lomos (*tenderloins*) de res de 1" (2.5 cm) de grosor
(de 4 a 6 onzas/112 g a 168 g cada uno)

1   cucharada de sustituto de mantequilla *Smart Beat*

1   cucharada de aceite de oliva extra virgen

¼   taza de *brandy* o de vino tinto seco

Mezcle la pimienta y el romero en un tazón (recipiente) grande. Recubra ambos lados de las carnes con esta mezcla.

Caliente el sustituto de mantequilla *Smart Beat* y el aceite en una sartén hasta que estén bien calientes. Agregue las carnes y fríalas a fuego mediano o mediano-alto durante 5 a 7 minutos o hasta que un termómetro introducido en el centro de las mismas marque 160°F (71°C) (si las quiere término medio).

Retire las carnes de la sartén y tápelas para mantenerlas calientes.

Agregue el *brandy* a la sartén y deje que rompa a hervir a fuego alto, desprendiendo lo que se haya pegado al fondo de la sartén. Deje hervir el líquido más o menos 1 minuto o hasta que se reduzca a la mitad. Vierta esta mezcla sobre la carne.

Rinde 2 porciones

VISTAZO NUTRICIONAL

Por porción: 322 calorías, 24 g de proteínas, 3 g de carbohidratos, 21 g de grasa, 6 g de grasas saturadas, 55 mg de sodio, 70 mg de colesterol, 1 g de fibra

Salmón cocido con salsa de pepino al eneldo

Salmón

2   tazas de Chablis o de algún otro vino blanco seco

2   tazas de agua

½   cucharadita de consomé de pollo en polvo

6   granos de pimienta

4   ramitos de eneldo fresco

2   hojas de laurel

1   tallo de apio picado

1   limón pequeño en rodajas

6   filetes de salmón de ½" (1 cm) de grueso (de 4 onzas/112 g cada uno)

Aliño (aderezo) de pepino y eneldo

⅓   taza de pepino sin cáscara y sin semilla, finamente picado

⅓   taza de crema agria descremada

⅓   taza de yogur natural sin grasa

2   cucharaditas de eneldo fresco picado

1   cucharadita de mostaza *Dijon*

    Ramitos de eneldo fresco (opcional)

Para preparar el salmón: Mezcle el vino, el agua, el consomé, los granos de pimienta, el eneldo, las hojas de laurel, el apio y el limón en una sartén. Deje que rompa a hervir; tape la sartén, reduzca el fuego y deje hervir suavemente durante 10 minutos. Agregue el salmón a la mezcla en la sartén y cocínelo durante 10 minutos o hasta que se desmenuce fácilmente.

Pase el salmón a un platón extendido con una cuchara escurridora. Tape el platón y póngalo a enfriar muy bien en el refrigerador. Deseche la mezcla líquida que quede en la sartén.

Para preparar la salsa de pepino y eneldo: Mezcle el pepino, la crema agria, el yogur, el eneldo y la mostaza en un tazón (recipiente) mediano.

Para servir los filetes de salmón, colóquelos sobre fuentes de servir (bandejas, platones) individuales. Vierta la salsa de manera uniforme sobre los filetes. Adórnelos con los ramitos de eneldo fresco, si los está usando.

Rinde 6 porciones

VISTAZO NUTRICIONAL

Por porción: 260 calorías, 24 g de proteínas, 5 g de carbohidratos, 13 g de grasa, 3 g de grasas saturadas, 150 mg de sodio, 70 mg de colesterol, 0 g de fibra

Salmón a la parrilla con romero

1 libra (456 g) de salmón

2 cucharaditas de aceite de oliva extra virgen

2 cucharaditas de jugo de limón fresco

¼ cucharadita de sal

1 pizca de pimienta negra recién molida

2 dientes de ajo picados en trocitos

2 cucharaditas de hojas de romero fresco, picadas, o 1 cucharadita de romero seco triturado

Ramitos de eneldo fresco (opcional)

Alcaparras (opcional)

Corte el pescado en 4 porciones iguales. Mezcle el aceite de oliva, el jugo de limón, la sal, la pimienta, el ajo y el romero en un tazón (recipiente). Unte el pescado con esta mezcla.

Para cocinar el pescado, colóquelo sobre una parrilla (*grill*) de gas, de brasas o eléctrica o bien utilice un cesto para parrilla rociado con aceite de oliva en aerosol. Cocine el pescado sobre brasas medianamente calientes hasta que se desmenuce fácilmente (calcule de 4 a 6 minutos por cada ½"/1 cm de grosor). Si el pescado tiene más de 1" (2.5 cm) de grosor, voltéelo con mucho cuidado a la mitad del tiempo de cocción.

Para asar el pescado al horno, rocíe la parrilla de una charola para asador con aceite de oliva en aerosol y póngale el salmón. Áselo a 4" (10 cm) de la fuente de calor durante 4 a 6 minutos por cada ½" de grosor. Si el pescado tiene más de 1" de grosor, voltéelo con mucho cuidado a la mitad del tiempo de cocción.

Antes de servirlo adorne el pescado con las alcaparras, si las está usando, así como los ramitos de albahaca, si así lo desea.

Rinde 4 porciones

VISTAZO NUTRICIONAL

Por porción: 231 calorías, 23 g de proteínas, 1 g de carbohidratos, 15 g de grasa, 3 g de grasas saturadas, 213 mg de sodio, 67 mg de colesterol, 0 g de fibra

Reloj anaranjado con salsa de cebollín y jengibre

⅓ taza de vino de jerez seco o vermut

3 cucharadas de salsa de soya baja en sodio

2 cucharaditas de aceite de sésamo (ajonjolí)

¼ taza de cebolla verde finamente picada

1 cucharadita de jengibre recién rallado

1 cucharadita de ajo finamente picado

2 filetes (1 libra/456 g) de reloj anaranjado

Precaliente el horno a 400°F (206°C). Mezcle el vino de jerez o el vermut, la salsa de soya, el aceite de sésamo, la cebolla, el jengibre y el ajo en un tazón (recipiente) pequeño.

Ponga los filetes de pescado en una fuente para hornear (refractario) honda. Esparza el adobo (escabeche, marinado) sobre el pescado y hornéelo durante 12 minutos o hasta que se desmenuce fácilmente.

Es posible sustituir el reloj anaranjado por bacalao fresco, lenguado o platija.

Rinde 2 porciones

VISTAZO NUTRICIONAL

Por porción: 242 calorías, 35 g de proteínas, 3 g de carbohidratos, 6 g de grasa, 1 g de grasas saturadas, 1154 mg de sodio, 45 mg de colesterol, 1 g de fibra

Alambres de pescado

2 cucharadas de aceite de oliva extra virgen

2 cucharadas de jugo de limón verde (lima) fresco

1 cucharada de mostaza *Dijon*

1 libra (456 g) de hipogloso (halibut), cría de bacalao (*scrod*), pez espada, salmón o filete de atún fresco de 1" (2.5 cm) de grueso

½ cebolla morada grande partida en cuartos a lo largo

½ pimiento (ají, pimiento morrón) verde sin semilla ni centro y partido en 4 pedazos a lo largo

½ pimiento rojo sin semilla ni centro y partido en 4 pedazos a lo largo

4 tomates (jitomates) pequeños sin el tallo

Mezcle el aceite, el jugo y la mostaza en una fuente para hornear (refractario) de vidrio de 8" x 8" (20 cm x 20 cm). Corte el pescado en 16 cubos de 1" (2.5 cm). Póngalo en una sola capa en la fuente con el adobo (escabeche, marinado). Tape la fuente y deje el pescado adobando (remojando) de 5 a 10 minutos en el refrigerador. Voltee los cubos de pescado para recubrirlos de manera uniforme y déjelos otros 5 minutos en el refrigerador.

Precaliente el asador del horno. Escurra los cubos de pescado, reservando el adobo. Separe las capas de cebolla un poco. Ensarte el pescado y las verduras en cuatro alambres (pinchos, brochetas), alternando los cubos de pescado con la cebolla, los pimientos y los tomates. Unte los alambres con una ligera capa de adobo reservado.

Coloque los alambres en una charola para el asador del horno y áselos unos 3 minutos a 4" (10 cm) de la fuente de calor. Voltee los alambres y úntelos otra vez con el adobo. Áselos de 3 a 4 minutos más o hasta que el pescado ya no esté traslúcido y las verduras estén cocidas pero crujientes.

Sírvalos de inmediato.

Rinde 4 porciones

VISTAZO NUTRICIONAL

Por porción: 216 calorías, 25 g de proteínas, 6 g de carbohidratos, 10 g de grasa, 1 g de grasas saturadas, 158 mg de sodio, 36 mg de colesterol, 1 g de fibra

De la carta de. . .

JOE'S STONE CRAB

11 Washington Avenue, Miami Beach

CHEF EJECUTIVO: **ANDRE BIENVENUE**

En 1913, Joe Weiss abrió una pequeña cafetería (lonchería) en Miami Beach. Desde hace 90 años, ninguna visita a Miami Beach está completa si no incluye Joe's. El lugar abre durante la temporada de las jaibas moras (del 15 de octubre al 15 de mayo) y para las celebridades que pasan por la ciudad la visita a Joe's es obligada. Se trata de uno de los restaurantes más famosos de Miami y sigue en manos de la misma familia, que también lo administra.

Ensalada Armand

1 ó 2 dientes pequeños de ajo
¼ cucharadita de sal
½ cucharadita de pimienta
1 cucharadita de mayonesa
¼–½ taza de jugo de limón fresco
1 cucharadita de vinagre de vino tinto (opcional)

¼ taza + 2 cucharadas de aceite de oliva

1 lechuga romana (orejona) de la que se han retirado las hojas exteriores, lavada, seca, cortada en pedazos con las manos y puesta a enfriar en el refrigerador

1 lechuga repollada pequeña de la que se han retirado las hojas exteriores, lavada, seca, cortada en pedazos con las manos y puesta a enfriar en el refrigerador

½ taza de perejil fresco picado

½ cebolla blanca dulce cortada en rodajas finas

½ taza de queso parmesano recién rallado, con un poco más para espolvorear encima

Pimiento (ají, pimiento morrón) verde cortado en rodajas finas para adornar (opcional)

Para preparar el aliño: En una ensaladera grande, machaque el ajo, la sal y la pimienta hasta formar una pasta. Agregue la mayonesa y siga machacando los ingredientes hasta lograr una consistencia uniforme. Luego incorpore el jugo de limón y el vinagre, si lo está usando. Incorpore el aceite de oliva poco a poco, sin dejar de batir la mezcla a mano.

Agregue las lechugas romana y repollada, el perejil, la cebolla y la ½ taza de queso parmesano. Revuélvalo todo con cuidado. Amontone la mezcla en platos poco hondos para ensalada, espolvoréela con un poco de queso parmesano y sírvala.

Adorne la ensalada con el pimiento, si lo está usando.

En Joe's, la ensalada Armand se sirve sólo a la hora del almuerzo y el plato se remata con crutones de ajo. A fin de mantener las indicaciones de la Primera Fase omitimos los crutones. Si usted visita el famoso restaurante, también puede pedir que se la sirvan sin crutones. ¡Las jaibas moras son maravillosas para la fase que sea!

Rinde 6 porciones

VISTAZO NUTRICIONAL
Por porción: 176 calorías, 4 g de proteínas, 4 g de carbohidratos, 16 g de grasa, 3 g de grasas saturadas, 238 mg de sodio, 6 mg de colesterol, 2 g de fibra

Mahi mahi a la parrilla

1 libra (456 g) de *mahi mahi*, fresco o congelado

2 cucharaditas de aceite de oliva

2 cucharaditas de jugo de limón

¼ cucharadita de sal

   Pimienta recién molida al gusto

2 dientes de ajo picados en trocitos

   Alcaparras (opcional)

Corte el *mahi mahi* en 4 porciones individuales. Unte ambos lados del pescado con el aceite de oliva y el jugo de limón. Salpiméntelo y frótelo con el ajo.

Para cocinar el pescado, colóquelo sobre una parrilla (*grill*) de gas, de brasas o eléctrica o bien utilice un cesto para parrilla rociado con aceite de oliva en aerosol. Cocine el pescado sobre brasas medianamente calientes de 4 a 6 minutos por cada ½" (1 cm) de grosor o hasta que se desmenuce fácilmente con un tenedor. Si el pescado tiene más de 1" (2.5 cm) de grosor, voltéelo con mucho cuidado a la mitad del tiempo de cocción.

Para asar el pescado al horno, colóquelo sobre la parrilla de una charola para asador rociada con aceite de oliva en aerosol. Áselo a 4" (10 cm) de la fuente de calor durante 4 a 6 minutos por cada ½" de grosor o hasta que se desmenuce fácilmente con un tenedor. Si el pescado tiene más de 1" de grosor, voltéelo con mucho cuidado a la mitad del tiempo de cocción.

Para servir el pescado adórnelo con las alcaparras, si las está usando.

Rinde 4 porciones

VISTAZO NUTRICIONAL

Por porción: 120 calorías, 21 g de proteínas, 1 g de carbohidratos, 3 g de grasa, 1 g de grasas saturadas, 245 mg de sodio, 83 mg de colesterol, 0 g de fibra

Verduras asadas al horno

1 *zucchini* (calabacita) mediano partido en trozos pequeños

1 *summer squash* mediano partido en trozos pequeños

1 pimiento (ají, pimiento morrón) rojo mediano partido en trozos
   pequeños

1 pimiento amarillo mediano partido en trozos pequeños

1 libra (456 g) de espárragos frescos partidos en trozos pequeños

1 cebolla morada

3 cucharadas de aceite de oliva extra virgen

1 cucharadita de sal

½ cucharadita de pimienta negra recién molida

Precaliente el horno a 450°F (234°C). Ponga el *zucchini*, el *squash*, los pimientos, los espárragos y la cebolla en una olla (charola) grande para asar. Mezcle las verduras con el aceite de oliva, la sal y la pimienta hasta recubrirlas perfectamente. Acomódelas en una sola capa en la olla. Áselas durante 30 minutos, revolviéndolas de vez en cuando, hasta que estén cocidas y se doren levemente.

Rinde 4 porciones

VISTAZO NUTRICIONAL

Por porción: 170 calorías, 5 g de proteínas, 15 g de carbohidratos, 11 g de grasa, 2 g de grasas saturadas, 586 mg de sodio, 0 mg de colesterol, 5 g de fibra

Berenjena y pimientos asados

1 berenjena pelada, partida a la mitad y en rodajas

2 pimientos (ajíes, pimientos morrones) rojos picados en tiras anchas

1 pimiento verde picado en tiras anchas

1 cebolla en rodajas

¼ taza de aceite de oliva extra virgen

Albahaca fresca (opcional)

Precaliente el horno a 350°F (178°C). Ponga la berenjena, los pimientos y la cebolla en una fuente para hornear (refractario) antiadherente. Esparza las verduras con el aceite. Hornéelas durante 20 minutos, bañándolas frecuentemente con el aceite.

Acomode las verduras sobre una fuente de servir (bandeja, platón) y adórnelas con la albahaca fresca, si la está usando.

Rinde 4 porciones

VISTAZO NUTRICIONAL

Por porción: 193 calorías, 2 g de proteínas, 16 g de carbohidratos, 14 g de grasa, 2 g de grasas saturadas, 5 mg de sodio, 0 mg de colesterol, 5 g de fibra

Hongos rellenos de espinaca

1 paquete de 10 onzas (280 g) de espinaca picada congelada

⅛ cucharadita de sal

8 hongos grandes

1 cucharada de aceite de oliva extra virgen

Ponga a hervir ½ taza de agua en una cacerola mediana. Añada la espinaca y la sal. Tape la cacerola y cocine la espinaca de acuerdo con las indicaciones del envase. Lave los hongos. Quíteles los pies y reserve los sombreretes; corte los extremos de los pies y píquelos.

Ponga el aceite de oliva a calentar en una sartén grande. Agregue los pies picados de los hongos. Sofríalos (saltéelos) unos 3 minutos o hasta que se doren. Retírelos de la sartén. Agregue los sombreretes de los hongos a la sartén y sofríalos de 4 a 5 minutos. Póngalos sobre una fuente de servir (bandeja, platón) resistente al calor.

Escurra las espinacas. Agregue los hongos picados sofritos.

Rellene los sombreretes con la mezcla de las espinacas y sírvalos de inmediato o bien colóquelos en el horno a fuego bajo para mantenerlos calientes.

Rinde 8 porciones

VISTAZO NUTRICIONAL

Por porción: 33 calorías, 2 g de proteínas, 3 g de carbohidratos, 2 g de grasa, 0 g de grasas saturadas, 74 mg de sodio, 0 mg de colesterol, 2 g de fibra

Puré de "papas" sorpresa a lo South Beach

4 tazas de cabezuelas de coliflor

1 onza (28 g) de *I Can't Believe It's Not Butter!* en aerosol

1 onza de *Land O'Lakes Gourmet Fat-Free Half & Half*

1 pizca de sal

1 pizca de pimienta negra recién molida

Cocine la coliflor al vapor o en el horno de microondas hasta que se suavice. Muélala en un procesador de alimentos, agregando la mantequilla en aerosol y la *half-and-half* al gusto. Sazone con la sal y la pimienta.

Rinde 4 porciones

VISTAZO NUTRICIONAL

Por porción: 81 calorías, 2 g de proteínas, 5 g de carbohidratos, 6 g de grasa, 2 g de grasas saturadas, 82 mg de sodio, 4 mg de colesterol, 3 g de fibra

Tomates cocidos con cebolla

½ taza de pimiento (ají, pimiento morrón) verde picado

¼ taza de apio cortado en rodajas finas

1 cebolla pequeña picada

1 diente de ajo picado en trocitos

3 tazas de tomate (jitomate) sin piel, picado

1 cucharada de vinagre de vino tinto

⅛ cucharadita de pimienta negra recién molida

Rocíe una sartén antiadherente grande con aceite antiadherente en aerosol. Póngala a calentar a fuego mediano–alto hasta que esté bien caliente. Agregue el pimiento, el apio, la cebolla y el ajo. Sofría (saltee) las verduras durante 5 minutos o hasta que estén cocidas. Agregue los tomates, el vinagre y la pimienta negra.

Deje que rompa a hervir. Tape la sartén, reduzca el fuego y déjelas otros 15 minutos, moviéndolas de vez en cuando.

Rinde 6 porciones

VISTAZO NUTRICIONAL

Por porción: 29 calorías, 1 g de proteínas, 7 g de carbohidratos, 0 g de grasa, 0 g de grasas saturadas, 10 mg de sodio, 0 mg de colesterol, 1 g de fibra

De la carta de...

JOE'S STONE CRAB

11 Washington Avenue, Miami Beach

CHEF EJECUTIVO: **ANDRE BIENVENUE**

Salsa de mostaza Joe's

1 cucharada + ½ cucharadita de mostaza seca *Colman's*, o más

1 taza de mayonesa

2 cucharaditas de salsa *Worcestershire*

1 cucharadita de salsa para bistec *A-1 Steak Sauce*

1 cucharada de crema pesada

1 cucharada de leche

Sal

Ponga la mostaza en un tazón (recipiente) o en el tazón de una procesadora de alimentos (mezcladora) eléctrica. Agregue la mayonesa y bátala durante 1 minuto. Agregue la salsa *Worcestershire*, la salsa para bistec, la crema, la leche y una pizca de sal. Bata todos los ingredientes hasta mezclarlos perfectamente y lograr una consistencia cremosa. Si le gustaría un sabor un poco más intenso a mostaza, añada aproximadamente ½ cucharadita más de mostaza en polvo hasta mezclarla bien, batiendo a mano constantemente. Meta la salsa al refrigerador, tapada, hasta que esté listo para servirla.

Las jaibas moras (stone crabs) *de Joe's se sirven frías y partidas. Vienen con pequeñas tazas de metal de salsa de mostaza y mantequilla derretida. Si usted anda por Miami Beach, ¡se trata de un manjar fabuloso perfecto para la Primera Fase!*

Rinde más o menos 1 taza

VISTAZO NUTRICIONAL
Por cucharada: 109 calorías, 0 g de proteínas, 0 g de carbohidratos, 12 g de grasa, 2 g de grasas saturadas, 87 mg de sodio, 6 mg de colesterol, 0 g de fibra

Tomates asados

2 tomates (jitomates) maduros grandes, partidos a la mitad
   horizontalmente
1 pizca de sal (opcional)
1 pizca de pimienta negra recién molida (opcional)

Coloque los tomates sobre la parrilla del asador del horno, con la
superficie cortada hacia arriba. Sazónelos con la sal y la pimienta, si las
está usando. Áselos de 7 a 10 minutos, hasta que se doren perfectamente.

Rinde 2 porciones

VISTAZO NUTRICIONAL

Por porción: 38 calorías, 2 g de proteínas, 8 g de
carbohidratos, 1 g de grasa, 0 g de grasas saturadas,
16 mg de sodio, 0 mg de colesterol, 2 g de fibra

Tomates asados con *pesto*

3 tomates (jitomates) frescos
2 dientes de ajo
1 taza de albahaca fresca picada
2 cucharadas de aceite de oliva extra virgen
¼ taza de queso parmesano recién rallado
2 cucharadas de piñones

Parta los tomates a la mitad. Ponga el ajo, la albahaca, el aceite de oliva,
el parmesano y los piñones en una licuadora (batidora) o procesador de
alimentos. Muela hasta obtener una consistencia uniforme. Distribuya la
mezcla encima de las mitades de tomate. Coloque los tomates en una
charola para el asador del horno y áselos de 3 a 5 minutos a unas 3"
(7.5 cm) de la fuente de calor, hasta que se doren ligeramente.

Rinde 6 porciones

VISTAZO NUTRICIONAL

Por porción: 90 calorías, 3 g de proteínas, 4 g de
carbohidratos, 7 g de grasa, 2 g de grasas saturadas,
68 mg de sodio, 3 mg de colesterol, 1 g de fibra

Ensalada de *edamame*

- 1   bolsa de 16 onzas (448 g) de *edamame* (frijol/habichuela verde de soya) pelado congelado
- ¼   taza de vinagre de arroz sazonado
- 1   cucharada de aceite vegetal
- ¼   cucharadita de sal
- ⅛   cucharadita de pimienta negra recién molida
- 1   manojo de 8 onzas (224 g) de rábanos, partidos a la mitad y cortados en rodajas finas
- 1   taza de cilantro fresco picado sin aplastar

Mezcle el *edamame*, el vinagre, el aceite, la sal, la pimienta, el rábano y el cilantro en un tazón (recipiente) grande.

Sirva la ensalada fría o a temperatura ambiente.

Si le cuesta trabajo conseguir el edamame, *puede sustituirlo por garbanzo.*

Rinde 4 porciones

VISTAZO NUTRICIONAL

> **Por porción:** 224 calorías, 15 g de proteínas, 18 g de carbohidratos, 12 g de grasa, 1 g de grasas saturadas, 479 mg de sodio, 0 mg de colesterol, 6 g de fibra

Ensalada oriental de repollo

½ repollo (col) pequeño

3 cebollines (cebollas de cambray) picados

2 cucharadas de aceite de sésamo (ajonjolí) oscuro

2 cucharadas de vinagre de vino de arroz

2 cucharadas de semillas de sésamo tostadas

Mezcle el repollo, el cebollín, el aceite y el vinagre. Revuélvalo todo muy bien y métalo al refrigerador hasta que esté listo para servirlo.

Agregue las semillas de sésamo y vuelva a revolver la ensalada antes de servirla.

Rinde 4 porciones

VISTAZO NUTRICIONAL

Por porción: 103 calorías, 2 g de proteínas, 5 g de carbohidratos, 9 g de grasa, 1 g de grasas saturadas, 15 mg de sodio, 0 mg de colesterol, 2 g de fibra

Hummus

1   lata de 15 onzas (420 g) de garbanzos

2   cucharadas de jugo de limón fresco

½   taza de *tahini* (pasta de semillas de sésamo/ajonjolí)

¼   taza de cebolla amarilla picada

3   dientes de ajo picados

2   cucharaditas de aceite de oliva extra virgen

2   cucharaditas de comino molido

⅛   cucharadita de pimienta roja molida

½   cucharadita de sal

    Perejil fresco picado (opcional)

Escurra los garbanzos, reservando de ¼ a ½ taza del líquido.

Ponga los garbanzos, el jugo de limón, el *tahini*, la cebolla, el ajo, el aceite, el comino, la pimienta y la sal en una licuadora (batidora) o procesador de alimentos. Muela hasta obtener una consistencia uniforme, agregando el líquido de los garbanzos de ser necesario para diluir el puré.

Meta el *hummus* al refrigerador durante 3 a 4 horas antes de servirlo para que se mezclen los sabores. Adórnelo con el perejil, si lo está usando.

Rinde 5 porciones

VISTAZO NUTRICIONAL

Por porción: 251 calorías, 8 g de proteínas, 23 g de carbohidratos, 16 g de grasa, 2 g de grasas saturadas, 447 mg de sodio, 0 mg de colesterol, 5 g de fibra

Rollitos de pavo

4   lonjas (lascas) de pechuga de pavo (chompipe)

4   hojas medianas de lechuga tipo *Boston*

    Mayonesa de cilantro (véase abajo)

4   cebollines (cebollas de cambray)

4   tiras de pimiento (ají, pimiento morrón) rojo

Coloque 1 lonja de pavo sobre una hoja de lechuga untada con Mayonesa de cilantro (véase abajo). Agregue 1 cebollín y 1 tira de pimiento. Forme un rollo apretado parecido a un cigarro (puro).

Es posible sustituir el pavo por jamón. La Mayonesa de cilantro puede utilizarse como dip *en lugar de untarse.*

Rinde 2 porciones

VISTAZO NUTRICIONAL

Por porción: 54 calorías, 10 g de proteínas, 2 g de carbohidratos, 1 g de grasa, 0 g de grasas saturadas, 604 mg de sodio, 17 mg de colesterol, 1 g de fibra

Mayonesa de cilantro

¾   taza de mayonesa de grasa reducida

¾   taza de hojas de cilantro sin aplastar

1   cucharada de jugo de limón verde (lima) fresco

1   cucharadita de salsa de soya *light*

1   diente de ajo pequeño

Ponga la mayonesa, el cilantro, el jugo de limón verde, la salsa de soya y el ajo en una licuadora (batidora) o procesador de alimentos. Muela hasta obtener una consistencia uniforme.

Rinde ¾ taza

VISTAZO NUTRICIONAL

Por porción: 36 calorías, 0 g de proteínas, 3 g de carbohidratos, 3 g de grasa, 1 g de grasas saturadas, 104 mg de sodio, 4 mg de colesterol, 0 g de fibra

POSTRES

Crema de *ricotta* al limón

½ taza de queso *ricotta* semidescremado

¼ cucharadita de cáscara de limón rallada

¼ cucharadita de extracto de vainilla

1 sobre de sustituto de azúcar

Mezcle el queso *ricotta*, la cáscara de limón, el extracto de vainilla y el sustituto de azúcar en un plato para postre. Sírvalo frío.

Rinde 1 porción

VISTAZO NUTRICIONAL

Por porción: 178 calorías, 14 g de proteínas, 7 g de carbohidratos, 10 g de grasa, 6 g de grasas saturadas, 155 mg de sodio, 38 mg de colesterol, 0 g de fibra

Crema de *ricotta* almendrada

½ taza de queso *ricotta* semidescremado

¼ cucharadita de extracto de almendra

1 sobre de sustituto de azúcar

1 cucharadita de almendra tostada picada en finas rebanadas

Mezcle el queso *ricotta*, el extracto de almendra y el sustituto de azúcar en un plato para postre. Sírvalo frío y espolvoreado con la almendra tostada.

Rinde 1 porción

VISTAZO NUTRICIONAL

Por porción: 192 calorías, 15 g de proteínas, 8 g de carbohidratos, 11 g de grasa, 6 g de grasas saturadas, 155 mg de sodio, 38 mg de colesterol, 0 g de fibra

Crema de *ricotta* con vainilla

½ taza de queso *ricotta* semidescremado

¼ cucharadita de extracto de vainilla

1 sobre de sustituto de azúcar

Mezcle el queso *ricotta*, el extracto de vainilla y el sustituto de azúcar en un plato para postre. Sírvalo frío.

Rinde 1 porción

VISTAZO NUTRICIONAL

Por porción: 178 calorías, 14 g de proteínas, 7 g de carbohidratos, 10 g de grasa, 6 g de grasas saturadas, 155 mg de sodio, 38 mg de colesterol, 0 g de fibra

Crema de *ricotta* achocolatada

½ taza de queso *ricotta* semidescremado

½ cucharadita de cocoa en polvo sin edulcorantes

¼ cucharadita de extracto de vainilla

1 sobre de sustituto de azúcar

1 pizca de café exprés instantáneo

5 minichispitas (pedacitos) de chocolate

Mezcle el queso *ricotta*, la cocoa en polvo, el extracto de vainilla y el sustituto de azúcar en un plato para postre. Sírvalo frío, espolvoreado con el café exprés instantáneo y las minichispitas de chocolate.

Rinde 1 porción

VISTAZO NUTRICIONAL

Por porción: 261 calorías, 15 g de proteínas, 17 g de carbohidratos, 14 g de grasa, 9 g de grasas saturadas, 166 mg de sodio, 42 mg de colesterol, 0 g de fibra

Crema de *ricotta* al limón verde

½ taza de queso *ricotta* semidescremado

¼ cucharadita de cáscara de limón verde (lima) rallada

¼ cucharadita de extracto de vainilla

1 sobre de sustituto de azúcar

Mezcle el queso *ricotta*, la cáscara de limón verde, el extracto de vainilla y el sustituto de azúcar en un plato para postre. Sírvalo frío.

Rinde 1 porción

VISTAZO NUTRICIONAL

Por porción: 178 calorías, 14 g de proteínas, 7 g de carbohidratos, 10 g de grasa, 6 g de grasas saturadas, 155 mg de sodio, 38 mg de colesterol, 0 g de fibra

SEGUNDA FASE

Plan dietético

Recomendamos que después de 2 semanas con la Primera Fase se siga con esta versión menos restringida de la dieta. Aquí es cuando empezará a reintroducir poco a poco ciertos carbohidratos saludables a su alimentación: frutas, pan de grano entero, arroz integral, pasta de trigo integral, batatas dulces (camotes). La pérdida de peso se volverá un poco más lenta durante la Segunda Fase; por este motivo, algunas personas prefieren continuar con la primera más allá de las 2 semanas recomendadas. Si usted está seguro de poder observar el plan más estricto durante otra semana o dos, adelante. No obstante, tenga presente que las selecciones alimenticias relativamente limitadas de la Primera Fase no se prestan muy bien a una dieta de largo plazo. Usted deberá continuar con la Segunda Fase hasta lograr el peso que se propuso alcanzar; entonces pasará a la tercera. Sin embargo, habrá momentos a lo largo de su régimen en que se saldrá de lo indicado por la dieta. Quizá se exceda con las golosinas durante unas vacaciones o en la época navideña. Tal vez pase por un período de mucho estrés en el que vuelva a subir unas cuantas libras (o kilitos). Si así llegara a sucederle, sugerimos que regrese a la Primera Fase hasta que vuelva a bajar lo que subió y pueda retomar la dieta correctamente. Así diseñamos la dieta South Beach: las tres fases son lo bastante flexibles para tomar en cuenta las peripecias de la vida real.

Nota: Si no entiende algunos de los términos empleados en la siguiente sección, por favor vea el glosario en la página 369.

Día N⁰1

Desayuno

1 taza de fresas frescas

Avena (½ taza de copos de avena tradicionales mezclados con 1 taza de leche descremada/*fat-free milk* o *nonfat milk*, cocinados a fuego bajo y espolvoreados con canela y 1 cucharada de nuez picada)

Café o té descafeinado con leche descremada y sustituto de azúcar

Merienda a media mañana

1 huevo duro

Almuerzo

Ensalada mediterránea de pollo (página 280)

Merienda a media tarde

1 pera fresca con 1 triángulo de queso *Laughing Cow Light Cheese*

Cena

Filete de salmón relleno de espinaca (página 296)

Verduras surtidas

Ensalada mixta (verduras de hoja verde surtidas, pepino, pimiento/ají/pimiento morrón verde, tomates pequeños)

Aceite de oliva y vinagre al gusto o 2 cucharadas de aliño (aderezo) comercial bajo en azúcar

Postre

Fresas bañadas en chocolate (página 312)

Día N⁰2

Desayuno

Batido (licuado) de bayas (8 onzas/224 g de yogur sin grasa ni azúcar con sabor a frutas, ½ taza de bayas, ½ taza de hielo triturado; muela hasta obtener una consistencia uniforme)

Café o té descafeinado con leche descremada (*fat-free milk* o *nonfat milk*) y sustituto de azúcar

Merienda a media mañana

1 huevo duro

Almuerzo

Pollo y cuscús al limón (página 282)

Rodajas de tomate (jitomate) y pepino

Merienda a media tarde

4 onzas (112 g) de yogur sin grasa ni azúcar

Cena

Pan de carne (página 293)

Espárragos al vapor

Hongos sofritos (salteados) con aceite de oliva

Rodajas de cebolla bermuda y tomate esparcidas con aceite de oliva

Postre

Cantaloup (melón chino) en rebanadas con 2 cucharadas de queso *ricotta*

Día N⁰3

Desayuno

1 taza de un cereal alto en fibra (como *Uncle Sam*) con ¾ taza de leche descremada (*fat-free milk* o *nonfat milk*)

1 taza de fresas frescas

Café o té descafeinado con leche descremada y sustituto de azúcar

Merienda a media mañana

1 manzana *Granny Smith* pequeña con 1 cucharada de crema de cacahuate (maní)

Almuerzo

Ensalada griega (página 207)

Merienda a media tarde

4 onzas (112 g) de yogur sin grasa ni azúcar

Cena

Pollo adobado con hierbas finas (página 287)

Ensalada "perfección" (página 305)

Zucchini (calabacita) en juliana y *squash* amarillo al vapor

Postre

1 pera fresca con queso *ricotta* y nueces

Día N⁰4

Desayuno

½ toronja (pomelo) fresca

1 rebanada de pan de grano entero tostado con 1 onza (28 g) de queso *Cheddar* de grasa reducida en rebanadas, asado hasta que se funda el queso

Café o té descafeinado con leche descremada (*fat-free milk* o *nonfat milk*) y sustituto de azúcar

Merienda a media mañana

4 onzas (112 g) de yogur sin grasa ni azúcar

Almuerzo

Ensalada del *chef* (por lo menos 1 oz/28 g cada uno de pavo/chompipe, rosbif y queso bajo en grasa sobre verduras de hoja verde mixtas)

2 cucharadas de Vinagreta balsámica (página 219) o de algún aliño (aderezo) comercial bajo en azúcar

Merienda a media tarde

1 manzana *Granny Smith* pequeña con 1 triángulo de queso *Laughing Cow Light Cheese*

Cena

Pollo envuelto con verduras al estilo asiático (página 291)

Ensalada oriental de repollo (página 248)

Postre

Crema de *ricotta* almendrada (página 252)

Día Nº5

Desayuno

Batido (licuado) de bayas (8 onzas/224 g de yogur sin grasa ni azúcar con sabor a frutas, ½ taza de bayas, ½ taza de hielo triturado; muela hasta obtener una consistencia uniforme)

Café o té descafeinado con leche descremada (*fat-free milk* o *nonfat milk*) y sustituto de azúcar

Merienda a media mañana

1 huevo duro

Almuerzo

Sándwich (emparedado) abierto de rosbif (3 onzas/84 g de rosbif magro/bajo en grasa, lechuga, tomate/jitomate, cebolla, mostaza y 1 rebanada de pan de grano entero)

Merienda a media tarde

4 onzas (112 g) de yogur sin grasa ni azúcar

Cena

Pollo y verduras fritos y revueltos al estilo asiático (página 287)

Ensalada mixta (verduras de hoja verde surtidas, pepino, pimiento/ají/pimiento morrón verde, tomates pequeños)

Aceite de oliva y vinagre al gusto o 2 cucharadas de aliño (aderezo) comercial bajo en azúcar

Postre

½ taza de pudín (budín) de vainilla sin grasa ni azúcar con 3 a 4 fresas en rebanadas

Día N°6

Desayuno

6 onzas (180 ml) de jugo de verduras

1 huevo escalfado

1 *muffin* inglés de trigo integral

Café o té descafeinado con leche descremada (*fat-free milk* o *nonfat milk*) y sustituto de azúcar

Merienda a media mañana

1 manzana *Granny Smith* pequeña con 1 cucharada de crema de cacahuate (maní)

Almuerzo

¾ taza de requesón con ¼ cantaloup (melón chino) en rebanadas

4 galletas (*crackers*) de trigo integral

Postre de gelatina de sabor sin azúcar

Merienda a media tarde

Hummus (página 249) con verduras crudas

(el *hummus* puede ser comprado)

Cena

Pollo sencillo con salsa de vino (página 288)

Spaghetti squash a lo italiano (página 301)

Ensalada de *arugula*, espinaca y nuez

Aceite de oliva y vinagre balsámico al gusto o 2 cucharadas de aliño (aderezo) comercial bajo en azúcar

Postre

Chocolate con pistaches (página 313)

Día Nº7

Desayuno

¼ cantaloup (melón chino)

1 rebanada de pan de grano entero tostado con 1 onza (28 g) de queso *Cheddar* de grasa reducida en rebanadas, asado hasta que se funda el queso

Café o té descafeinado con leche descremada y sustituto de azúcar

Merienda a media mañana

4 onzas (112 g) de yogur sin grasa ni azúcar

Almuerzo

Tomate relleno de ensalada de atún (3 onzas/84 g de atún en agua, 1 cucharada de apio, 1 cucharada de mayonesa) sobre verduras de hoja verde mixtas

Merienda a media tarde

Baba Ghannouj (página 311) con verduras crudas o envuelto con una hoja de lechuga

Cena

Flank Steak adobado (página 227)

Habichuelas (ejotes) verdes y amarillas y pimiento (ají, pimiento morrón) rojo sofritos (salteados) con aceite de oliva

Puré de "papas" sorpresa a lo South Beach (página 242)

Ensalada mixta (verduras de hoja verde, pepino, pimiento verde, tomates)

Aceite de oliva y vinagre al gusto o 2 cucharadas de aliño (aderezo) comercial bajo en azúcar

Postre

Cantaloup en rebanadas con un gajo de limón verde (lima)

Día Nº8

Desayuno

Parfait amanecer (página 274)

Café o té descafeinado con leche descremada (*fat-free milk* o *nonfat milk*) y sustituto de azúcar

Merienda a media mañana

1 huevo duro

Almuerzo

Ensalada de pollo con manzana y nuez (página 277)

Merienda a media tarde

4 onzas (112 g) de yogur sin grasa ni azúcar

Cena

Lenguado asado con una salsa ligera de crema (página 297)

Tomates asados (página 246)

Ensalada de lechuga Bibb

Aceite de oliva y vinagre balsámico al gusto o 2 cucharadas de aliño (aderezo) comercial bajo en azúcar

Postre

Crema de *ricotta* al limón (página 251)

Día Nº9

Desayuno

Huevos a la florentina (1 huevo escalfado servido con ½ taza de espinaca sofrita/salteada con aceite de oliva)

Café o té descafeinado con leche descremada (*fat-free milk* o *nonfat milk*) y sustituto de azúcar

Merienda a media mañana

1 manzana *Granny Smith* pequeña con 1 cucharada de crema de cacahuate (maní)

Almuerzo

Ensalada de cuscús con tomate y albahaca (página 281)

Merienda a media tarde

4 onzas (112 g) de yogur sin grasa ni azúcar

Cena

Pollo a la mexicana (página 290)

Ensalada mixta (verduras de hoja verde surtidas, pepino, pimiento/ají/pimiento morrón verde, tomates pequeños)

2 cucharadas de Vinagreta balsámica (página 219) o de algún aliño (aderezo) comercial bajo en azúcar

Postre

Tacitas de chocolate (página 314)

Día N⁰10

Desayuno

1 Panqueque de avena (página 273)

Café o té descafeinado con leche descremada (*fat-free milk* o *nonfat milk*) y sustituto de azúcar

Merienda a media mañana

1 manzana *Granny Smith* pequeña con 1 cucharada de crema de cacahuate (maní)

Almuerzo

Ensalada de espinaca, pollo y frambuesa (lo que sobró de la pechuga de pollo del Día 9) (página 290)

Merienda a media tarde

4 onzas (112 g) de yogur sin grasa ni azúcar

Cena

Pan de carne (*meat loaf*) (página 293)

Spaghetti squash a lo italiano (página 301)

Postre

Fresas con *Splenda* (o algún otro sustituto de azúcar) o con una cucharada de sustituto de crema batida congelado sin grasa

Día Nº 11

Desayuno

1 taza de fresas frescas

1 taza de un cereal alto en fibra (como *Uncle Sam*) con ¾ taza de leche descremada (*fat-free milk* o *nonfat milk*)

Café o té descafeinado con leche descremada (*fat-free milk* o *nonfat milk*) y sustituto de azúcar

Merienda a media mañana

1 huevo duro

Almuerzo

Pan árabe (pan de *pita*) con pavo (chompipe) y tomate (jitomate) (3 onzas/84 g de pavo rebanado, 3 rodajas de tomate, ½ taza de lechuga rallada, 1 cucharadita de mostaza *Dijon* con un pan árabe de trigo integral)

Merienda a media tarde

4 onzas (112 g) de yogur sin grasa ni azúcar

Cena

Bacalao fresco envuelto (página 300)

Ensalada de lechuga Bibb

Aceite de oliva y vinagre balsámico al gusto o 2 cucharadas de aliño (aderezo) comercial bajo en azúcar

Postre

Manzana al horno

Día N⁰12

Desayuno

½ toronja (pomelo)

1 huevo al gusto

1 rebanada de pan de 7 granos

Mermelada baja en azúcar

Café o té descafeinado con leche descremada y sustituto de azúcar

Merienda a media mañana

1 palito de queso *mozzarella* bajo en grasa

Almuerzo

Sopa de tomate (página 286)

Torta de bistec *sirloin* picada con 1 rodaja de tomate (jitomate) y 1 rodaja de cebolla en ½ pan árabe (pan de *pita*) de trigo integral

Merienda a media tarde

Baba Ghannouj (página 311) con verduras crudas o envuelto con una hoja de lechuga

Cena

Ensalada de pollo a la parrilla con salsa *tzatziki* (página 303)

Espárragos asados y esparcidos con aceite de oliva

Ensalada mixta (verduras de hoja verde surtidas, pepino, pimiento/ají/pimiento morrón verde, tomates pequeños)

2 cucharadas de Vinagreta balsámica (página 219) o de algún aliño (aderezo) comercial bajo en azúcar

Postre

1 pera fresca con queso *ricotta* y nueces

Día Nº 13

Desayuno

1 taza de arándanos

1 huevo revuelto con salsa tipo mexicano de tomate (jitomate)

Avena (½ taza de copos de avena tradicionales/old-fashioned oats mezclados con 1 taza de leche descremada/*fat-free milk* o *nonfat milk*, cocinados a fuego bajo y espolvoreados con canela y 1 cucharada de nuez picada)

Café o té descafeinado con leche descremada (*fat-free milk* o *nonfat milk*) y sustituto de azúcar

Merienda a media mañana

4 onzas (112 g) de yogur sin grasa ni azúcar

Almuerzo

Ensalada de atún (3 onzas/84 g de atún en agua, 1 cucharada de apio picado, 1 cucharada de mayonesa, 3 rodajas de tomate/jitomate, 3 rodajas de cebolla) en un pan árabe (pan de *pita*) de trigo integral

Merienda a media tarde

1 palito de queso *mozzarella* bajo en grasa

Cena

Bistec asado con cebolla (página 292)

Ensalada estilo South Beach (página 304)

Brócoli al vapor

Postre

Fresas bañadas en chocolate (página 312)

Día N⁰14

Desayuno

6 onzas (180 ml) de jugo de verduras

Huevos horneados en moldes de tocino canadiense

1 rebanada de pan de 7 granos, tostada

Café o té descafeinado con leche descremada (*fat-free milk* o *nonfat milk*) y sustituto de azúcar

Merienda a media mañana

4 onzas (112 g) de yogur sin grasa ni azúcar

Almuerzo

Pizza de hongos *portobello* (página 283)

Merienda a media tarde

1 manzana *Granny Smith* pequeña con 1 triángulo de queso *Laughing Cow Light Cheese*

Cena

Salmón a la parrilla

Cuscús

Ensalada de espárragos blancos (página 308)

Postre

Fresas frescas con Crema de *ricotta* al limón verde (página 253)

ALIMENTOS QUE PUEDE REINTRODUCIR EN SU DIETA

FRUTA
Albaricoque (chabacano, damasco)
  fresco
  seco
Arándano
Cantaloup (melón chino)
Cereza
Ciruela
Fresa
Kiwi
Mango
Manzana
Melocotón (durazno)
Naranja (china)
Pera
Toronja (pomelo)
Uva

PRODUCTOS LÁCTEOS
Leche
  descremada (*fat-free milk* o *nonfat milk*) o semidescremada al 1 por ciento (*low-fat*)
  light de soya
Yogur
  light, con sabor a frutas
  natural, bajo en grasa o sin grasa

FÉCULAS (EN PEQUEÑAS CANTIDADES)
Arroz
  integral
  silvestre

Bagels pequeños de grano entero
Batata dulce (camote) pequeña
Cereal
  avena (no instantánea)
  Fiber One
  Kellogg's Extra-Fiber All Bran
  otro cereal alto en fibra
  Uncle Sam
Chícharo (guisante, arveja)
Muffins de salvado
  sin azúcar (ni pasas)
Pan
  de avena y salvado
  de centeno
  de trigo integral
  multigrano
Pan árabe (pan de *pita*)
  de trigo integral
  molido por piedra (*stone-ground*)
Palomitas (rositas) de maíz (cotufo)
Pasta de trigo integral

VERDURAS Y LEGUMBRES
Cebada
Frijoles (habichuelas) de caritas
Frijoles pintos

ALIMENTOS MISCELÁNEOS
Chocolate (con moderación)
  amargo
  semiamargo
Pudín (budín) sin grasa
Vino tinto

ALIMENTOS QUE DEBE EVITAR O COMER POCAS VECES

FÉCULAS Y PANES
Arroz blanco
Bagel de harina de trigo refinada
Cornflakes
Galletitas (*cookies*)
Matzo
Pan
  blanco
  de harina de trigo refinada
Panecillos
Papa
  blanca al horno
  instantánea
Pasta de harina de trigo refinada
Tortitas de arroz

VERDURAS
Maíz (elote, choclo)
Papa
Remolacha (betabel)
Zanahoria

FRUTA
Fruta de lata en jugo
Jugo de frutas
Pasas
Piña (ananá)
Plátano amarillo (guineo, banana)
Sandía

ALIMENTOS MISCELÁNEOS
Helado
Mermelada
Miel

SEGUNDA FASE
Recetas

Ahora que ha aliviado su resistencia a la insulina y ha perdido alrededor de una docena de libras (5 kg), está listo para iniciar un programa que le permita bajar de peso a largo plazo. Durante la Segunda Fase los carbohidratos empiezan a reintroducirse en la dieta de manera gradual, empezando por los que tienen un índice glucémico bajo, como la avena y el cuscús. En la sección de recetas aún no se recomienda incluir los carbohidratos con un alto índice glucémico, ni siquiera los buenos, como la batata dulce (camote), la pasta de trigo integral, el pan de grano entero o el arroz integral. Sin embargo, la dieta es lo bastante flexible para de hecho permitirle empezar a agregar estos carbohidratos no procesados a sus comidas según considere conveniente. Durante esta fase los postres también comienzan a volverse más generosos, así que podrá disfrutar, por ejemplo, unas Fresas bañadas en chocolate.

Nota: Si no entiende algunos de los términos empleados en la siguiente sección, por favor vea el glosario en la página 369.

DESAYUNOS

Panqueque de avena

½ taza de copos de avena tradicionales (*old-fashioned oats*)

¼ taza de requesón semidescremado al 1 por ciento (o *tofu*)

4 claras de huevo

1 cucharadita de extracto de vainilla

¼ cucharadita de canela

¼ cucharadita de nuez moscada

Licúe la avena, el requesón, las claras de huevo, el extracto de vainilla, la canela y la nuez moscada en una licuadora (batidora) hasta lograr una consistencia uniforme.

Rocíe una sartén antiadherente con aceite antiadherente en aerosol. Agregue la masa y fríala a fuego mediano hasta que se dore levemente por ambos lados.

Sirva el panqueque con el almíbar (sirope) bajo en azúcar de su preferencia.

Rinde 1 porción

VISTAZO NUTRICIONAL

Por porción: 288 calorías, 28 g de proteínas, 32 g de carbohidratos, 4 g de grasa, 1 g de grasas saturadas, 451 mg de sodio, 5 mg de colesterol, 5 g de fibra

Parfait amanecer

1 taza de fresas rebanadas

1 taza de yogur de vainilla sin grasa ni azúcar

½ taza de cereal *Uncle Sam*

En dos copas con pie para postre, acomode las fresas, el yogur y el cereal en capas.

Rinde 2 porciones

VISTAZO NUTRICIONAL

Por porción: 185 calorías, 8 g de proteínas, 37 g de carbohidratos, 1 g de grasa, 0 g de grasas saturadas, 102 mg de sodio, 3 mg de colesterol, 6 g de fibra

ALMUERZOS

Ensalada de salmón cocido y espinacas

2 cucharadas de aceite de oliva extra virgen

½ libra (227 g) de espinaca fresca limpia

¼ cucharadita de sal

⅛ cucharadita de pimienta negra recién molida

½ taza de cebolla amarilla picada

3 tomates (jitomates) frescos (aproximadamente 1¼ libras/567 g), sin piel y sin semilla, picados en trozos de ½" (1 cm)

El salmón que sobró del Salmón cocido con salsa de pepino al eneldo (página 232)

1 cucharada de perejil liso picado en trozos grandes (opcional)

Ponga 1 cucharada de aceite a calentar a fuego mediano en una sartén. Cuando esté caliente, sofría (saltee) las espinacas durante 1½ minutos. Mézclelas con la sal y la pimienta y repártalas entre 4 platos.

Ponga la otra cucharada de aceite a calentar en la sartén. Sofría la cebolla y los tomates a fuego mediano de 5 a 6 minutos, hasta que la cebolla esté cocida.

Acomode el salmón encima de las espinacas y remátelo con los tomates y la cebolla. Adórnelo con el perejil, si lo está usando.

Rinde 4 porciones

VISTAZO NUTRICIONAL

Por porción: 98 calorías, 2 g de proteínas, 9 g de carbohidratos, 7 g de grasa, 1 g de grasas saturadas, 162 mg de sodio, 0 mg de colesterol, 2 g de fibra

Ensalada de espinaca, pollo y frambuesa

¼ taza de vinagre de frambuesa o vinagre de vino blanco

5 cucharadas de aceite de oliva extra virgen

1 cucharadita de miel

½ cucharadita de cáscara de naranja (china) finamente rallada

⅛ cucharadita de sal

¼ cucharadita de pimienta negra recién molida

4 mitades de pechuga de pollo deshuesadas y sin pellejo (más o menos 12 onzas/336 g en total)

8 a 10 tazas de espinaca o de verduras de hoja verde mixtas cortadas en pedazos con las manos

1 taza de frambuesas frescas

1 papaya (fruta bomba, lechosa) pelada, sin semilla y cortada en rodajas

Mezcle el vinagre, 4 cucharadas del aceite, la miel, la cáscara de naranja, la sal y la pimienta en un frasco con tapa de rosca. Tape el frasco y agítelo bien. Ponga este aliño (aderezo) a enfriar hasta el momento de servir.

En una sartén mediana, fría el pollo a fuego mediano con la cucharada restante de aceite, durante 8 a 10 minutos o hasta que esté cocido y ya no se vea de color rosado. Voltéelo con frecuencia para dorarlo de manera uniforme. Retire el pollo de la sartén. Córtelo en tiras delgadas y cortas.

Mezcle las tiras calientes de pollo y la espinaca o las verduras de hoja verde mixtas en un tazón (recipiente) grande. Agite bien el aliño. Añada el aliño y las frambuesas a la mezcla del pollo. Revuélvalo con cuidado hasta recubrir bien todos los ingredientes.

Reparta la mezcla del pollo entre 4 platos para ensalada. Acomode las rodajas de papaya sobre cada plato.

Puede sustituir la papaya por 2 nectarinas medianas sin hueso y cortadas en rodajas, o bien por 2 melocotones (duraznos) pelados, sin hueso y cortados en rodajas.

Rinde 4 porciones

VISTAZO NUTRICIONAL

Por porción: 320 calorías, 22 g de proteínas, 16 g de carbohidratos, 19 g de grasa, 3 g de grasas saturadas, 199 mg de sodio, 49 mg de colesterol, 5 g de fibra

Ensalada de pollo con manzana y nuez

5   onzas (140 g) de pechuga de pollo cocida, cortada en trozos de ½" a ¾" (1 a 2 cm)

½   taza de apio picado

¾   taza de manzana picada

2   onzas (56 g) de nuez picada

1   cucharada de pasas

⅓   taza de un aliño (aderezo) comercial estilo italiano bajo en azúcar

Lechuga Bibb

Mezcle con cuidado el pollo, el apio, la manzana, la nuez y las pasas en un tazón (recipiente) mediano. Vierta el aliño sobre la mezcla y revuélvala con cuidado hasta recubrir bien todos los ingredientes.

Sirva la ensalada sobre una cama de lechuga Bibb.

Rinde 2 porciones

VISTAZO NUTRICIONAL

Por porción: 444 calorías, 27 g de proteínas, 33 g de carbohidratos, 25 g de grasa, 3 g de grasas saturadas, 391 mg de sodio, 63 mg de colesterol, 8 g de fibra

De la carta de. . .

BLUE DOOR AT DELANO

1685 Collins Avenue, Miami Beach

CHEF EJECUTIVA: **ELIZABETH BARLOW**

Ubicado al interior del Hotel Delano, uno de los centros
vacacionales más concurridos de Miami Beach,
en 1998 la revista *Esquire* nombró al Blue Door uno de los
Mejores Restaurantes Nuevos de los Estados Unidos. En medio
de la elegante decoración al estilo Art Decó, el chef asesor
Claude Troisgros ha hecho equipo con la chef Elizabeth Barlow
para producir una cocina moderna de bases francesas con cierta
influencia tropical.

Ternera *Moutarde* 4 Pax

4   chalotes medianos, picados en trocitos

2   dientes de ajo picados en trocitos

2   cucharaditas de mostaza Dijon

2   cucharaditas de vinagre balsámico

4   tazas de caldo de ternera o consomé de res

4   tomates (jitomates) pequeños madurados en la planta, sin
    piel ni semilla y picados en cubos medianos

1   onza (28 g) de semillas de mostaza

4   chuletas de ternera de 10 onzas (280 g), deshuesadas

    Sal

    Pimienta negra recién molida

¼   taza de aceite de oliva

3   cucharaditas de mantequilla

4   dientes de ajo

4   ramitos de romero fresco, fritos durante 10 segundos

Sofría (saltee) la mitad de los chalotes y los dientes de ajo a fuego mediano en 1 cucharadita de mantequilla hasta que estén traslúcidos, de 20 a 30 segundos. Agregue la mostaza y el vinagre y cocínelo todo durante aproximadamente 1 minuto o hasta que el vinagre casi se haya evaporado por completo.

Añada el caldo de ternera o el consomé de res y deje que se reduzca a la mitad (o sea, más o menos 2 tazas). Sofría el tomate con los chalotes restantes en 2 cucharaditas de mantequilla durante aproximadamente 1½ minutos. Agregue las semillas de mostaza.

Cuele el caldo de ternera reducido con un colador y añádalo al tomate sofrito. Agregue sal y pimienta al gusto.

Sazone las chuletas de ternera con la sal y la pimienta. Séllelas en la sartén con el aceite durante 1½ minutos por cada lado o hasta que se doren. Hornéelas de 8 a 12 minutos a 350°F (178°C) o hasta lograr el término de cocción deseado. Sáquelas del horno y déjelas reposar de 3 a 4 minutos.

Para servir las chuletas, coloque cada una al centro de un plato poco hondo. Vierta 2 onzas (60 ml) de salsa alrededor de cada chuleta y adórnelas con un ramito frito de romero y un diente de ajo asado.

Para deshuesar las chuletas, separe la carne del hueso pegado a este.

Rinde 4 porciones

VISTAZO NUTRICIONAL
Por porción: 340 calorías, 19 g de proteínas, 13 g de carbohidratos, 24 g de grasa, 5 g de grasas saturadas, 958 mg de sodio, 56 mg de colesterol, 2 g de fibra

Ensalada mediterránea de pollo

Aliño (aderezo)

- ½ taza de un aliño comercial estilo italiano bajo en azúcar
- 1 cucharada de salsa de pimienta de Cayena
- ½ cucharada de hojas secas de menta (hierbabuena)
- ¼ cucharada de mostaza en polvo

Ensalada

- 1 libra (456 g) de pechuga de pollo deshuesada y sin pellejo
- 2 cucharadas de aceite de oliva extra virgen
- 2 tazas de trigo *bulgur* preparado
- 1½ tazas de pepino picado en cubitos
- 1½ tazas de tomate (jitomate) picado en cubitos
- 1 taza de cebolla verde picada en trocitos
- ½ taza de perejil fresco picado

  Hojas de lechuga romana (orejona)

Para preparar el aliño: bata a mano el aliño estilo italiano, la salsa de pimienta, la menta y la mostaza en polvo en un tazón (recipiente) pequeño. Tápelo y métalo al refrigerador hasta la hora de servir.

Para preparar la ensalada: en una sartén mediana, fría el pollo a fuego mediano con el aceite durante 8 a 10 minutos o hasta que esté cocido y ya no se vea de color rosado. Voltéelo con frecuencia para dorarlo de manera uniforme. Retire el pollo de la sartén. Córtelo en cubos pequeños. Déjelo enfriar a temperatura ambiente y luego métalo al refrigerador hasta que esté bien frío.

Mezcle el pollo con el trigo *bulgur*, el pepino, el tomate, la cebolla y el perejil en un tazón. Distribuya la ensalada sobre la lechuga y rocíela con el aliño.

Rinde 6 porciones

VISTAZO NUTRICIONAL

Por porción: 220 calorías, 20 g de proteínas, 18 g de carbohidratos, 8 g de grasa, 1 g de grasas saturadas, 279 mg de sodio, 45 mg de colesterol, 4 g de fibra

Ensalada de cuscús con tomate y albahaca

¾ taza de cuscús cocido

1 tomate (jitomate) picado

⅓ taza de garbanzo de lata, escurrido y enjuagado

2 cebollines (cebollas de cambray) picados

1 cucharadita de aceite de oliva extra virgen

1 cucharada de jugo de limón fresco

1 cucharada de albahaca fresca picada

Lechuga

Mezcle el cuscús, el tomate, los garbanzos, el cebollín, el aceite, el jugo de limón y la albahaca en un tazón (recipiente).

Revuelva y sirva sobre una cama de lechuga.

Rinde 7 porciones

VISTAZO NUTRICIONAL

Por porción: 43 calorías, 2 g de proteínas, 7 g de carbohidratos, 1 g de grasa, 0 g de grasas saturadas, 0 mg de sodio, 0 mg de colesterol, 1 g de fibra

Pollo y cuscús al limón

1¼ tazas de agua

  1 cucharada de aceite de oliva extra virgen

  2 tazas de cabezuelas de brócoli

  1 paquete de *Near East Roasted Garlic & Olive Oil Couscous*

1½ tazas de pollo cocido picado

     Jugo de 1 limón (aproximadamente 3 cucharadas)

  ¼ cucharadita de cáscara de limón

Ponga a hervir en una sartén grande el agua, el aceite, el brócoli y el contenido del sobre de condimentos del paquete de cuscús. Agregue el cuscús, el pollo, el jugo y la cáscara de limón. Retire la sartén del fuego. Tápela y deje reposar durante 5 minutos. Separe los granos con un tenedor.

Meta el cuscús al refrigerador hasta que esté bien frío y sírvalo frío.

Rinde 4 porciones

VISTAZO NUTRICIONAL

Por porción: 311 calorías, 24 g de proteínas, 39 g de carbohidratos, 7 g de grasa, 1 g de grasas saturadas, 476 mg de sodio, 45 mg de colesterol, 3 g de fibra

Pizza de hongos *portobello*

1   cucharadita de aceite de oliva extra virgen

1   diente de ajo picado en cubitos

1   paquete de 6 onzas (168 g) de sombreretes de hongos *portobello*, limpios

1   pizca de sal

1   pizca de pimienta negra recién molida

12 onzas (336 g) de queso *mozzarella* en rebanadas o rallado

10 hojas de albahaca fresca

2   tomates (jitomates) frescos en rodajas, asados o cocidos a la parrilla

    Hojas de orégano (opcional)

Mezcle el aceite y el ajo en un tazón (recipiente) pequeño y frote los sombreretes de los hongos con esta mezcla por ambos lados. Coloque los sombreretes en círculo, con la parte superior hacia abajo, sobre una bandeja de hornear engrasada con aceite. Sazone con la sal y la pimienta. Acomode el queso, la albahaca y las rodajas de tomate también en círculo encima de los hongos, en capas alternadas. Espolvoree la pizza de hongos con el orégano, si lo está usando.

Hornéela a 450°F (234°C) durante unos 3 minutos o hasta que el queso se funda.

Rinde 2 porciones

VISTAZO NUTRICIONAL

Por porción: 549 calorías, 36 g de proteínas, 14 g de carbohidratos, 40 g de grasa, 23 g de grasas saturadas, 651 mg de sodio, 133 mg de colesterol, 3 g de fibra

De la carta de. . .

RUMI SUPPER CLUB

330 Lincoln Road, Miami Beach

CHEFS EJECUTIVOS: **SCOTT FREDEL**
y J. D. HARRIS

Una carta innovadora y el entorno bellísimo hacen de Rumi un lugar de reunión donde se pasa de la cocina fina al baile al alargarse las veladas. Para servir su moderna comida caribeña del estado de Florida no hace falta un congelador, ya que en Rumi sólo se utiliza la pesca del día.

Ensalada Rumi con vinagreta de limón

Ensalada

- 1 remolacha (betabel)
- 2 onzas (60 ml) de vinagre de vino de jerez
- 1 pimiento (ají, pimiento morrón) rojo
- 1 onza (28 g) de pacanas
- 1 onza de aceitunas *kalamata*
- 6 hojas de albahaca
- 1 chalote

Vinagreta

- 2 onzas de jugo de limón
- Sal
- Pimienta blanca
- 1 huevo
- 1 cucharadita de mostaza *Dijon*
- 3 onzas (90 ml) de aceite de oliva
- 3 onzas de aceite de *canola*
- 1 endibia (lechuga escarola) belga cortada en rodajas finas
- 1 onza de hojas de endibia rizada
- 1 naranja (china) pelada y partida en gajos

Para preparar la ensalada: ase la remolacha hasta que esté cocida y píquela en cubitos. Mezcle el jugo de remolacha que se haya escurrido con el vinagre de vino de jerez y caliéntelos para obtener un adobo (escabeche, marinado) de remolacha.

Cuele el adobo de remolacha y cubra los cubitos de remolacha con él. Ase el pimiento y píquelo en cubitos. Ase las pacanas y píquelas, reservando algunas enteras para adornar. Corte las aceitunas en rodajas muy finas y las hojas de albahaca en tiras, y pique el chalote finamente.

Para preparar la vinagreta: licúe el jugo de limón, la sal, la pimienta, el huevo y la mostaza en una licuadora (batidora). Agregue los aceites poco a poco para obtener una emulsión.

Mezcle las endibias belga y rizada, la naranja, el pimiento, las pacanas, las aceitunas, la albahaca, el chalote y la vinagreta. Coloque un montón de cubitos de remolacha (con el jugo) sobre un plato y encima un montón de ensalada con aliño (aderezo). Adorne cada plato con una pacana entera.

En vista de que los huevos no están pasteurizados, tal vez prefiera sustituirlos por algún producto líquido pasteurizado de huevo (como Egg Beaters*). Un cuarto de taza de sustituto líquido de huevo equivale a 1 huevo entero.*

Rinde 6 porciones

VISTAZO NUTRICIONAL
Por porción: 338 calorías, 2 g de proteínas, 9 g de carbohidratos, 33 g de grasa, 4 g de grasas saturadas, 120 mg de sodio, 35 mg de colesterol, 3 g de fibra

Sopa de tomate

1   cebolla pequeña picada

¼   taza de hongos en rebanadas

3   onzas (84 g) de jamón picado en cubitos

¼   cucharadita de aceite de oliva extra virgen

1   diente de ajo picado en trocitos

⅛   cucharadita de pimentón (*paprika*) dulce

1   pizca de pimienta de Jamaica (*allspice*)

1   lata de 14.5 onzas (406 g) de consomé desgrasado de pollo

1   lata de 15 onzas (420 g) de garbanzos

3   tomates (jitomates) enteros, sin piel

Mezcle la cebolla, los hongos, el jamón, el aceite, el ajo, el pimentón y la pimienta de Jamaica en una olla grande. Fría esta mezcla durante 1 minuto. Agregue el consomé de pollo, los garbanzos y los tomates. Tape la olla y deje hervir a fuego lento durante 15 minutos.

Licúe la sopa en una licuadora (batidora) y sírvala.

Rinde 2 porciones

VISTAZO NUTRICIONAL

Por porción: 404 calorías, 29 g de proteínas, 58 g de carbohidratos, 7 g de grasa, 2 g de grasas saturadas, 1341 mg de sodio, 25 mg de colesterol, 12 g de fibra

CENAS

Pollo adobado con hierbas finas

6   mitades de pechuga de pollo deshuesadas y sin pellejo

½   taza de vino blanco

2   cucharadas de aceite de oliva extra virgen o aceite de canola

1   cucharada de vinagre blanco

2   cucharaditas de albahaca seca triturada

1   cucharadita de orégano o estragón seco triturado

½   cucharadita de cebolla en polvo

2   dientes de ajo picados en trocitos

Ponga una bolsa gruesa con cierre hermético (*zip-top bag*) para alimentos en un tazón (recipiente) grande y meta el pollo a la bolsa. Agregue el vino, el aceite, el vinagre, la albahaca, el orégano o estragón, la cebolla en polvo y el ajo. Cierre la bolsa y voltéela para recubrir bien el pollo. Déjelo adobando (remojando) de 5 a 24 horas en el refrigerador, volteándolo de vez en cuando.

Escurra el pollo, reservando el adobo. Ponga el pollo sobre una parrilla sin calentar en la charola del asador del horno. Úntelo con el adobo usando una brocha para alimentos. Ase el pollo a 4 a 5 pulgadas (10 a 12.5 cm) de la fuente de calor durante unos 20 minutos o hasta que se dore ligeramente, bañándolo con frecuencia con el adobo. Voltéelo y áselo de 5 a 15 minutos más, hasta que esté cocido y ya no se vea de color rosado.

Rinde 6 porciones

VISTAZO NUTRICIONAL

Por porción: 185 calorías, 26 g de proteínas, 1 g de carbohidratos, 6 g de grasa, 1 g de grasas saturadas, 75 mg de sodio, 66 mg de colesterol, 0 g de fibra

Pollo sencillo con salsa de vino

4 cucharadas de aceite de oliva extra virgen

1 diente de ajo machacado

3 mitades de pechuga de pollo deshuesadas y sin pellejo, cortadas en tiras

⅛ cucharadita de sal

¼ cucharadita de pimienta negra de molido grueso

½ taza de vino blanco seco

3 tomates (jitomates) medianos en rodajas

Ponga el aceite y el ajo a calentar a fuego mediano en una sartén mediana. Salpimiente el pollo, agréguelo a la sartén y fríalo de 7 a 10 minutos. Agregue el vino blanco y cocínelo durante 2 minutos más.

Pase las pechugas de pollo a un platón extendido. Sofría (saltee) los tomates (jitomates) en la sartén hasta que estén cocidos. Coloque los tomates encima del pollo y vierta encima el líquido acumulado en la sartén.

Rinde 4 porciones

VISTAZO NUTRICIONAL

Por porción: 190 calorías, 6 g de proteínas, 5 g de carbohidratos, 15 g de grasa, 2 g de grasas saturadas, 117 mg de sodio, 12 mg de colesterol, 1 g de fibra

Pollo y verduras fritos
y revueltos al estilo asiático

3 cucharadas de aceite de *canola*

½ libra (227 g) de pechuga de pollo cocida, cortada en diagonal en lonjas (lascas) de ⅛" (3 mm) de grueso

1 paquete de 10 onzas (280 g) de verduras congeladas que incluyan brócoli, habichuelas verdes (ejotes), pimiento (ají, pimiento morrón) rojo y hongos

2 cucharadas de agua

2 cucharadas de salsa de soya

1 paquete de 10 onzas (280 g) de espinaca fresca

Caliente una sartén o un *wok* grande y pesado a fuego alto hasta que unas gotas de agua chisporroteen al caer sobre su superficie. Agregue 1½ cucharadas de aceite y ladee la sartén suavemente en todas direcciones hasta que el aceite la recubra por completo. Cuando el aceite esté caliente (pero no al grado de humear), agregue las lonjas de pechuga de pollo y fríalas durante 2 minutos, revolviéndolas constantemente. Retire el pollo y póngalo en un tazón (recipiente).

Agregue el aceite restante a la sartén. Cuando se haya calentado, añada las verduras mixtas congeladas y fríalas durante unos 4 minutos, revolviéndolas constantemente, hasta que los pedazos más grandes estén bien cocidos. Devuelva el pollo a la sartén, agregue el agua y la salsa de soya y fríalo todo durante 2 minutos más, revolviéndolo constantemente. Agregue la espinaca. Tape la sartén y cocine la espinaca al vapor durante 2 minutos a fuego mediano. Voltéela una vez con unas pinzas para que se caliente de manera uniforme; tape la sartén y siga cocinándola al vapor durante 2 minutos más.

Retire el pollo y las verduras de la sartén con una cuchara escurridora. Sirviéndose de una cuchara, pase el líquido a unos tazones pequeños y sírvalo como *gravy* o *dip*.

Rinde 4 porciones

VISTAZO NUTRICIONAL

Por porción: 232 calorías, 23 g de proteínas, 7 g de carbohidratos, 13 g de grasa, 2 g de grasas saturadas, 616 mg de sodio, 48 mg de colesterol, 4 g de fibra

Pollo a la mexicana

8   tazas de lechuga repollada finamente rallada

3   cucharadas de chile en polvo

1   cucharadita de comino molido

1   libra (456 g) de pechuga de pollo deshuesada y sin pellejo, picada en trozos de 1" (2.5 cm)

2   claras de huevo grandes

2   cucharadas de aceite de oliva extra virgen

8   onzas (24 g) de salsa tipo mexicano de tomate (jitomate) picada en trozos grandes

½   taza de crema agria descremada

    Ramitos de cilantro (opcional)

Reparta la lechuga entre 4 platos individuales, tápelos y póngalos aparte. Mezcle el chile en polvo y el comino en un tazón (recipiente) grande. Agregue el pollo, volteándolo para recubrirlo bien. Sáquelo del tazón, sacudiéndolo para desprender el exceso de la mezcla de condimentos. Pase el pollo por las claras de huevo y recúbralo de nuevo con la mezcla seca restante.

Ponga el aceite a calentar a fuego mediano en una sartén o un *wok* antiadherente de fondo ancho. Cuando el aceite esté caliente agregue el pollo; fríalo y revuélvalo con cuidado hasta que ya no se vea de color rosado en el centro. Córtelo para comprobar su cocimiento (de 5 a 7 minutos). Retire el pollo de la sartén y manténgalo caliente. Vierta la salsa en la sartén; baje el fuego a mediano y cocínela, revolviendo constantemente, hasta que esté bien caliente y se haya espesado un poco.

Acomode el pollo sobre la lechuga; báñelo con la salsa y la crema agria. Adorne los platos con ramitos de cilantro, si los está usando.

Rinde 4 porciones

VISTAZO NUTRICIONAL

Por porción: 266 calorías, 32 g de proteínas, 12 g de carbohidratos, 10 g de grasa, 2 g de grasas saturadas, 457 mg de sodio, 66 mg de colesterol, 5 g de fibra

Pollo envuelto con verduras al estilo asiático

⅓ taza de vino de jerez seco o vermut

3 cucharadas de salsa de soya baja en sodio

2 cucharaditas de aceite de sésamo (ajonjolí)

¼ taza de cebolla verde finamente picada

1 cucharadita de jengibre recién rallado

1 cucharadita de ajo finamente picado

4 mitades de pechuga de pollo deshuesadas y sin pellejo, cortadas en tiras de ½" (1 cm)

1 pimiento (ají, pimiento morrón) rojo en rodajas

1 paquete de 10 onzas (280 g) de comelotodos (arvejas chinas, *snow peas*)

1 paquete de 10 onzas de cabezuelas de brócoli

1 lata de 5 onzas (140 g) de castañas de agua

Precaliente el horno a 450°F (234°C) o la parrilla (*grill*) de gas, de brasas o eléctrica a fuego mediano-alto. Mezcle el vino de jerez o el vermut, la salsa de soya, el aceite, la cebolla, el jengibre y el ajo en un tazón (recipiente) pequeño. Agregue el pollo, el pimiento, el comelotodo, el brócoli y las castañas de agua y revuelva la mezcla hasta recubrir perfectamente todos los ingredientes.

Coloque ¼ de la mezcla del pollo sobre cada uno de cuatro pedazos de papel de aluminio grueso de 12" x 18" (30 cm x 45 cm). Levante el papel de aluminio de ambos lados; doble la parte de arriba y los extremos de cada paquete para sellarlos. Hornee los paquetes de 15 a 18 minutos sobre una bandeja de hornear en el horno o áselos de 12 a 14 minutos sobre la parrilla cubierta.

Rinde 4 porciones

VISTAZO NUTRICIONAL

Por porción: 244 calorías, 32 g de proteínas, 16 g de carbohidratos, 4 g de grasa, 1 g de grasas saturadas, 855 mg de sodio, 66 mg de colesterol, 7 g de fibra

Bistec asado con cebolla

1   cucharada de aceite de oliva extra virgen

2   cucharadas de vinagre balsámico

1   cucharada de salsa *Worcestershire*

1   cucharada de mostaza *Dijon*

2   dientes de ajo picados en trocitos

1   libra (456 g) de *flank steak*

1   cucharada de pimienta negra de molido grueso

½   cucharadita de sal

1   taza de consomé desgrasado de pollo

1   cebolla mediana picada en ruedas de ¼" (8 mm) de grueso

Mezcle el aceite, el vinagre, la salsa *Worcestershire*, la mostaza y el ajo en una fuente para hornear (refractario) grande que no sea de aluminio. Agregue la carne y voltéela para recubrirla bien. Tape la fuente para hornear y déjela en el refrigerador durante 30 minutos o toda la noche, volteando la carne una sola vez.

Rocíe una sartén antiadherente con aceite antiadherente en aerosol. Póngala a calentar a fuego mediano–alto. Espolvoree la carne con la pimienta y la sal. Póngala a dorar durante 2 minutos por cada lado. Agregue ½ taza de consomé; cocine la carne, volteándola una vez, de 5 a 6 minutos por cada lado (si la quiere entre término medio e inglés/medio cocido). Retire la carne de la sartén y tápela (pero no herméticamente) para mantenerla caliente. Reduzca el fuego a mediano. Fría las ruedas de cebolla en la sartén hasta que se doren, de 4 a 5 minutos por cada lado. Agregue el consomé restante según haga falta para evitar que la cebolla se pegue.

Para servir la carne, córtela en rebanadas delgadas de manera transversal y acompáñela con la cebolla.

Rinde 4 porciones

VISTAZO NUTRICIONAL

> **Por porción:** 239 calorías, 24 g de proteínas, 7 g de carbohidratos, 12 g de grasa, 4 g de grasas saturadas, 580 mg de sodio, 55 mg de colesterol, 1 g de fibra

Pan de carne

1   lata de 6 onzas (168 g) de pasta de tomate (jitomate) sin sal

½   taza de vino tinto seco

½   taza de agua

1   diente de ajo picado en trocitos

½   cucharadita de albahaca seca

¼   cucharadita de orégano seco

¼   cucharadita de sal

16   onzas (448 g) de pechuga de pavo (chompipe) molida

1   taza de avena

¼   taza de sustituto líquido de huevo

½   taza de *zucchini* (calabacita) rallado

Precaliente el horno a 350°F (178°C). Mezcle la pasta de tomate, el vino, el agua, el ajo, la albahaca, el orégano y la sal en una cacerola pequeña. Deje que rompa a hervir y reduzca el fuego a lento. Deje hervir durante 15 minutos a fuego lento sin tapar.

Póngala aparte. Mezcle el pavo, la avena, el sustituto de huevo, el *zucchini* y ½ taza de la mezcla de tomate en un tazón (recipiente) grande. Revuelva bien. Déle forma de pan a la carne y póngala en un molde de caja sin engrasar de 8" x 4" (20 cm x 10 cm). Hornee durante 45 minutos. Deseche el jugo que se haya acumulado. Vierta ½ taza de la mezcla de tomate sobre la carne. Horséela por 15 minutos más.

Coloque la carne sobre una fuente de servir (bandeja, platón). Deje enfriar durante 10 minutos antes de rebanarla. Sirva la salsa restante de tomate en recipientes aparte.

Rinde 8 porciones

VISTAZO NUTRICIONAL

Por porción: 188 calorías, 12 g de proteínas, 12 g de carbohidratos, 10 g de grasa, 3 g de grasas saturadas, 244 mg de sodio, 39 mg de colesterol, 2 g de fibra

294

De la carta de. . .

TUSCAN STEAK

431 Washington Avenue, Miami Beach

CHEF: MICHAEL WAGNER

Atún de aleta amarilla a la parrilla con ensalada de habas blancas y orégano

6	onzas (168 g) de atún de aleta amarilla para *sushi*
	Sal
	Pimienta negra de molido grueso
¼	cucharadita de ajo machacado
	Jugo de ½ limón
2	onzas (60 ml) de aceite de oliva
¼	taza de agua
1	cucharadita de albahaca fresca picada
½	cucharada de orégano
12	onzas (336 g) de habas blancas
1	cucharadita de perejil picado

Sazone el atún con la sal y la pimienta y áselo a la parrilla de 30 a 45 segundos por cada lado. Póngalo aparte para que se enfríe.

Mezcle el ajo, el jugo de limón, el aceite de oliva, el agua, la albahaca, el orégano y las habas en un tazón (recipiente) frío y ponga la mezcla a adobar (remojar) 3 horas en el refrigerador.

Para servir el plato, saque la ensalada del refrigerador hasta que quede a temperatura ambiente y póngala en el centro de un plato semihondo. Corte el atún en rebanadas delgadas y acomódelas encima de la mezcla de las habas. Adorne el plato con el perejil picado.

Rinde 4 porciones

VISTAZO NUTRICIONAL
Por porción: 299 calorías, 18 g de proteínas, 23 g de carbohidratos, 15 g de grasa, 2 g de grasas saturadas, 19 mg de sodio, 19 mg de colesterol, 10 g de fibra

Filete de salmón relleno de espinaca

4 filetes de salmón (de más o menos 5 onzas/140 g cada uno)

1 pizca de sal

1 pizca de pimienta negra recién molida

1 paquete de 10 onzas (280 g) de espinaca nueva (*baby spinach*) picada en trozos grandes

2 cucharadas de *pesto* comercial

1 cucharada de tomates (jitomates) secados al sol y envasados en seco, picados

1 cucharada de piñones

Precaliente el horno a 400°F (206°C). Realice un corte en el centro de cada filete hasta dos tercios de su grosor, asegurándose de no picarlo totalmente. Sazone cada filete con la sal y la pimienta. Mezcle la espinaca, el *pesto*, los tomates y los piñones en un tazón (recipiente). Rellene cada uno de los cortes que realizó con ⅓ taza de esta mezcla.

Acomode los filetes sobre la charola del asador del horno previamente rociada con aceite antiadherente en aerosol. Áselos de 8 a 10 minutos o hasta que la mezcla de las espinacas esté bien caliente.

Rinde 4 porciones

VISTAZO NUTRICIONAL

Por porción: 329 calorías, 32 g de proteínas, 4 g de carbohidratos, 20 g de grasa, 4 g de grasas saturadas, 213 mg de sodio, 86 mg de colesterol, 3 g de fibra

Lenguado asado con una salsa ligera de crema

3 cucharadas del sustituto de mantequilla *I Can't Believe It's Not Butter!*, en forma de pasta o en aerosol

1 taza de salsa *Lea & Perrins White Wine Worcestershire Sauce*

¼ taza de *half-and-half* descremada

4 filetes de lenguado

Ponga el sustituto en forma de pasta en una cacerola mediana o rocíe la cacerola con el aerosol, si opta por usar esta forma del sustituto. Agregue la salsa *Worcestershire* y bata a mano; deje que rompa a hervir y que la salsa se reduzca un poco. Incorpore la *half-and-half* y manténgala caliente.

Mientras tanto, precaliente el asador del horno y ponga el pescado sobre la parrilla sin calentar de la charola del asador del horno. Áselo a 4" a 6" (10 a 15 cm) de la fuente de calor durante 2 a 6 minutos o hasta que se desmenuce fácilmente. Pase el pescado a una fuente de servir (bandeja, platón) y báñelo con la salsa.

Rinde 4 porciones

VISTAZO NUTRICIONAL

Por porción: 262 calorías, 27 g de proteínas, 12 g de carbohidratos, 11 g de grasa, 3 g de grasas saturadas, 860 mg de sodio, 76 mg de colesterol, 0 g de fibra

De la carta de. . .

JOE'S STONE CRAB

11 Washington Avenue, Miami Beach

CHEF EJECUTIVO: ANDRE BIENVENUE

Camarones Louis

Camarones

¾ libra (340 g) de camarones pequeños o medianos

Sal

Jugo de 1 limón verde (lima) pequeño

Hojas de lechuga

1 taza de garbanzos de lata, escurridos

1 tomate (jitomate) maduro grande, sin centro y cortado en rodajas

2 huevos duros

2 limones partidos a la mitad horizontalmente

4 aceitunas negras maduras

4 rodajas delgadas de pimiento (ají, pimiento morrón) verde

Aliño (aderezo) Louis

½ taza de mayonesa

2 cucharadas de salsa picante

1 cucharada de cebolla rallada

1 cucharada de perejil fresco picado

Sal

Pimienta

1 cucharada de crema pesada, y un poco más para diluir el aliño

¼ cucharadita o más de salsa *Worcestershire*

Varias gotas de salsa Tabasco

Para preparar los camarones: ponga los camarones en agua hirviendo sazonada con un poco de sal y el jugo de limón verde. Cocínelos hasta que adquieran un color rosado, normalmente de 1 a 2 minutos. Escúrralos y déjelos enfriar un poco; pélelos y quíteles las venas. Colóquelos en un tazón (recipiente); tápelo con envoltura autoadherente de plástico y métalo al refrigerador.

Extienda las hojas de lechuga sobre dos platos extendidos grandes (en Joe's estos camarones se sirven sobre grandes platos ovalados). Coloque un montón de camarones de un lado del plato y uno de garbanzos del otro. Ponga rodajas de tomate en las cuatro "esquinas" del plato. Corte los huevos en cuartos a lo largo y coloque un cuarto de huevo al lado de cada rodaja de tomate. Ponga una mitad de limón en el extremo de cada plato y 2 aceitunas arriba y abajo. Acomode las rodajas de pimiento verde en las orillas. Tape los platos y métalos al refrigerador si no piensa servirlos de inmediato.

Para preparar el aliño Louis: mezcle la mayonesa, la salsa picante, la cebolla rallada, el perejil, la sal, la pimienta negra, la crema, la salsa *Worcestershire* y la salsa Tabasco. Revuélvalo todo muy bien. Ponga el aliño tapado a enfriar en el refrigerador hasta el momento de servir. Si está demasiado espeso, incorpore un poco más de crema. Sirva el aliño en una pequeña salsera al lado de los camarones.

Este plato es atractivo. Además, el aliño Louis también sirve para otros mariscos fríos. Contiene una gran cantidad de mayonesa, pero eso no es problema si se utiliza como dip. ¡No se lo coma como si fuera sopa!

Rinde 2 porciones

VISTAZO NUTRICIONAL
Por porción: 867 calorías, 46 g de proteínas, 40 g de carbohidratos, 58 g de grasa, 10 g de grasas saturadas, 1493 mg de sodio, 501 mg de colesterol, 7 g de fibra

Bacalao fresco envuelto

2 filetes de bacalao fresco de 1" (2.5 cm) de grueso (aproximadamente 1⅓ libras/605 g)

2 cucharadas de jugo de limón

1 taza de hongos picados en rebanadas finas

½ *zucchini* (calabacita) pequeño picado en juliana

½ pimiento (ají, pimiento morrón) rojo pequeño picado en juliana

½ cebolla pequeña cortada en rodajas finas

2 cucharadas de sustituto de mantequilla *I Can't Believe It's Not Butter!*, en forma de pasta o en aerosol

¼ cucharadita de estragón seco

1 pizca de pimienta negra recién molida

Corte dos pedazos de 2 pies (60 cm) cada uno de papel pergamino y doble cada uno a la mitad para obtener un cuadrado de 1 pie (30 cm) por lado. Coloque 1 filete de bacalao un poco hacia abajo del centro de cada cuadrado de papel. Espolvoree cada filete con la mitad del jugo de limón, los hongos, el *zucchini*, el pimiento y la cebolla. Remate cada uno con la mitad del sustituto de mantequilla. Doble el papel para que cubra el pescado. Después doble las orillas para sellarlas. Coloque los paquetes uno al lado del otro en una fuente para hornear (refractario) de 13 por 9 por 2 pulgadas (33 cm por 23 cm por 5 cm), adecuada para el horno de microondas. Cocine el pescado durante 6 minutos en *high*, haciendo girar el plato media vuelta después de 3 minutos.

Para servir el pescado, corte una "X" con unas tijeras en la superficie de cada paquete y rompa el papel para abrirlos.

Rinde 2 porciones

VISTAZO NUTRICIONAL

Por porción: 370 calorías, 56 g de proteínas, 7 g de carbohidratos, 12 g de grasa, 2 g de grasas saturadas, 260 mg de sodio, 130 mg de colesterol, 2 g de fibra

Spaghetti squash a lo italiano

2 libras (907 g) de *spaghetti squash*, partido a la mitad a lo largo y sin semilla

2 cucharadas de aceite de oliva

1 cebolla morada mediana cortada en rodajas finas

1 *zucchini* (calabacita) de 8 onzas (224 g), picado en cubos de ½" (1 cm)

4 tomates (jitomates) medianos picados en cubos

¼ cucharadita de sal

¼ cucharadita de pimienta de molido grueso

½ taza de queso parmesano de grasa reducida rallado (opcional)

1 limón pequeño en rodajas

Ponga las mitades de *squash* en una fuente para hornear (refractario) de vidrio, con la superficie cortada hacia abajo. Agregue ¼ taza de agua y tápelo con envoltura autoadherente de plástico. Cocínelo durante 8 a 10 minutos con el horno de microondas en *high*, hasta que esté cocido; déjelo enfriar un poco.

Mientras tanto ponga 1 cucharada del aceite a calentar en una sartén grande. Agregue la cebolla y fríala a fuego mediano–alto durante 3 minutos, hasta que esté traslúcida. Agregue el *zucchini* y fríalo de 4 a 5 minutos o hasta que empiece a dorarse. Agregue los tomates, la sal y la pimienta. Reduzca el fuego y deje hervir a fuego lento durante 10 minutos.

Con un tenedor, raspe el *squash* y pase las hebras a un tazón (recipiente). Mézclelo con la cucharada restante de aceite. Haga un montoncito de *squash* en el centro de 4 platos hondos para pasta y reparta la mezcla de las verduras alrededor de él. Espolvoréelo todo con más aceite, si así lo desea, y adórnelo con el queso parmesano, si lo está usando. Agregue las rodajas de limón.

Rinde 4 porciones

VISTAZO NUTRICIONAL

Por porción: 190 calorías, 5 g de proteínas, 28 g de carbohidratos, 9 g de grasa, 1 g de grasas saturadas, 199 mg de sodio, 0 mg de colesterol, 6 g de fibra

Tomates al horno con albahaca y queso parmesano

3 tomates (jitomates) grandes madurados en la planta (aproximadamente 1½ libras/680 g), partidos a la mitad

¼ taza de hierbas frescas (albahaca, perejil, mejorana) picadas en trocitos

½ taza de pan rallado (pan molido)

½ taza de queso parmesano o *asiago* rallado

2 dientes de ajo finamente picados en trocitos

1 pizca de sal

1 pizca de pimienta negra recién molida

3 cucharadas de aceite de oliva extra virgen

Precaliente el horno a 350°F (178°C). Ponga los tomates en una fuente para hornear (refractario) antiadherente, con la superficie cortada hacia arriba. Mezcle las hierbas, el pan rallado, el queso, el ajo, la sal, la pimienta y el aceite en un tazón (recipiente) pequeño. Espolvoree cada tomate con una porción igual de esta mezcla.

Hornee los tomates durante 30 minutos o hasta que se recubran de una capa crujiente. Estarán blandos, pero conservarán su forma.

Rinde 6 porciones

VISTAZO NUTRICIONAL

Por porción: 132 calorías, 4 g de proteínas, 9 g de carbohidratos, 9 g de grasa, 2 g de grasas saturadas, 161 mg de sodio, 5 mg de colesterol, 1 g de fibra

Ensalada de pollo a la parrilla con salsa *tzatziki*

Pollo

1 onza (30 ml) de aceite de oliva extra virgen

2 cucharaditas de jugo de limón fresco

1 cucharadita de orégano

¼ cucharadita de sal kósher

1 cucharadita de pimienta negra de molido grueso

4 mitades de pechuga de pollo deshuesadas y sin pellejo

Salsa *tzatziki*

1 taza de yogur natural sin grasa

⅔ taza de pepino pelado y sin semilla, picado en cubitos

¾ cucharadita de ajo picado

⅔ onza (20 ml) de aceite de oliva

⅔ onza de vinagre blanco

1 onza (28 g) de eneldo picado

1½ onzas (42 g) de menta (hierbabuena) fresca picada

¼ cucharadita de sal kósher

6 onzas (168 g) de lechuga repollada rallada

1 tomate (jitomate) de 5 onzas (140 g), picado en cubitos

Para preparar el pollo: mezcle el aceite, el jugo de limón, el orégano, la sal y la pimienta en un plato poco hondo; agregue el pollo. Déjelo de 2 a 3 horas en el refrigerador. Escurra y deseche el adobo (escabeche, marinado).

Cocine el pollo en la parrilla (*grill*) de gas, de brasas o eléctrica hasta que un termómetro introducido en la parte más gruesa de la pechuga marque 160°F (71°C) y los jugos salgan transparentes. Métalo al refrigerador hasta que esté bien frío.

Para preparar la salsa: mezcle el yogur, el pepino, el ajo, el aceite, el vinagre, el eneldo, la menta y la sal. Muela esta mezcla en una licuadora (batidora) o un procesador de alimentos hasta lograr una consistencia uniforme. Meta la salsa al refrigerador hasta que esté bien fría.

Antes de servir, pique el pollo en juliana y acomódelo sobre una cama de lechuga. Remátelo con los cubitos de tomate. Sírvalo con la salsa.

Rinde 4 porciones

VISTAZO NUTRICIONAL

Por porción: 281 calorías, 30 g de proteínas, 10 g de carbohidratos, 14 g de grasa, 2 g de grasas saturadas, 355 mg de sodio, 67 mg de colesterol, 1 g de fibra

Ensalada estilo South Beach

Vinagreta

- 3 cucharadas de aceite de oliva extra virgen
- 3 cucharadas de aceite vegetal
- 3 cucharadas de vinagre de vino
- ½ cucharadita de mostaza *Dijon*
- ½ cucharadita de sal
- ½ cucharadita de pimienta negra recién molida

Ensalada

- 1 lata de 14 onzas (392 g) de palmitos, escurridos y rebanados
- ½ taza de pimiento (ají, pimiento morrón) verde picado
- ½ taza de pimiento rojo picado
- 1 lata de 14 onzas de corazones de alcachofa, escurridos y partidos en cuatro
- 10 aceitunas rellenas de pimiento partidas a la mitad
- 1 lechuga tipo *Boston*
- 2 huevos duros partidos en cuatro
- 12 tomates (jitomates) pequeños partidos a la mitad

Para preparar la vinagreta: mezcle el aceite de oliva, el aceite vegetal, el vinagre, la mostaza, la sal y la pimienta en un frasco con tapa de rosca. Tápelo muy bien y agítelo vigorosamente para mezclar los ingredientes.

Para preparar la ensalada: mezcle los palmitos, los pimientos verdes y rojos, los corazones de alcachofa y las aceitunas en un tazón (recipiente). Agregue la vinagreta y revuélvalo todo bien. Déjelo por lo menos 1 hora en el refrigerador.

Antes de servir la ensalada, acomódela sobre una cama de hojas de lechuga tipo Boston y adórnela con los huevos y los tomates pequeños.

Rinde 6 porciones

VISTAZO NUTRICIONAL

Por porción: 226 calorías, 7 g de proteínas, 15 g de carbohidratos, 17 g de grasa, 2 g de grasas saturadas, 710 mg de sodio, 71 mg de colesterol, 6 g de fibra

Ensalada "perfección"

1 sobre de gelatina *Knox* sin sabor

½ + 1¼ tazas de agua

¼ taza de sustituto de azúcar *Equal*

¼ taza de vinagre blanco

½ cucharadita de sal

¾ taza de repollo (col) finamente picado

1 taza de apio picado en cubitos

1 pimiento (ají, pimiento morrón) rojo picado

En una cacerola, espolvoree la gelatina sobre ½ taza de agua para ablandarla. Póngala a calentar a fuego lento y revuélvala hasta que se disuelva. Retire la cacerola del fuego. Agregue el sustituto de azúcar, el agua restante, el vinagre y la sal. Póngala a enfriar hasta que adquiera la consistencia de claras de huevo sin batir. Incorpore el repollo, el apio y el pimiento.

Vierta la mezcla en un molde de 3 tazas de capacidad o en moldes individuales y métala en el refrigerador hasta que cuaje.

Rinde 6 porciones

VISTAZO NUTRICIONAL

Por porción: 44 calorías, 2 g de proteínas, 9 g de carbohidratos, 0 g de grasa, 0 g de grasas saturadas, 219 mg de sodio, 0 mg de colesterol, 1 g de fibra

De la carta de...

MACALUSO'S

1747 Alton Road, Miami Beach

CHEF EJECUTIVO Y DUEÑO: **MICHAEL D'ANDREA**

MACALUSO'S ES EL ÚNICO RESTAURANTE EN EL SUR DEL ESTADO DE
FLORIDA QUE SIRVE COMIDA CASERA ITALIANA DE STATEN ISLAND,
NUEVA YORK.

Ensalada Macaluso's

2 a 3 corazones de lechuga romana (orejona) picados en trozos de 1" (2.5 cm)

1 pimiento (ají, pimiento morrón) rojo picado en trozos de 1"

1 pepino cortado en rodajas finas

1 tomate (jitomate) maduro partido en ocho pedazos

¼ taza de cebolla morada cortada en rodajas finas y picada luego en tiras de 1"

¼ taza de aceite de oliva extra virgen del primer prensado en frío

¼ taza de algún vinagre de vino tinto de excelente calidad

3 cucharaditas de queso romano

Sal

Pimienta negra recién molida

¼ taza de garbanzos de lata

Ponga los corazones de lechuga romana, el pimiento, el pepino, el tomate y la cebolla en una ensaladera.

Mezcle el aceite de oliva, el vinagre de vino tino, el queso, la sal y la pimienta en un frasco con tapa de rosca y agítelo muy bien. Esparza el aliño (aderezo) sobre la ensalada. Añada los garbanzos y mézclelo todo muy bien.

Rinde 2 porciones

VISTAZO NUTRICIONAL
Por porción: 389 calorías, 9 g de proteínas, 25 g de carbohidratos, 30 g de grasa, 5 g de grasas saturadas, 153 mg de sodio, 3 mg de colesterol, 9 g de fibra

Ensalada de espárragos blancos

1   cucharadita de estragón fresco picado

½   taza de tomate (jitomate) sin semilla finamente picado

⅓   taza de aceite de oliva extra virgen

1   diente de ajo picado en trocitos

2   cucharadas de vinagre de vino blanco

    Hojas de lechuga

1   frasco de 12 onzas (336 g) de espárragos blancos, escurridos

Mezcle el estragón, los tomates, el aceite, el ajo y el vinagre en un tazón (recipiente) pequeño.

Para servir los espárragos, cubra 4 fuentes de servir (bandejas, platones) individuales con las hojas de lechuga. Acomode de 4 a 6 espárragos en cada plato sobre la cama de lechuga. Bañe los espárragos de cada plato con aproximadamente 3 cucharadas de vinagreta.

Rinde 4 porciones

VISTAZO NUTRICIONAL

Por porción: 193 calorías, 2 g de proteínas, 5 g de carbohidratos, 19 g de grasa, 3 g de grasas saturadas, 247 mg de sodio, 0 mg de colesterol, 2 g de fibra

Tiras de *zucchini* con eneldo

4 *zucchinis* (calabacitas) medianos (aproximadamente 1½ libras/680 g) cortados a lo largo en tiras delgadas y anchas

2 cucharadas de queso parmesano rallado

2 cucharadas de eneldo fresco picado

1 cucharada de aceite de oliva extra virgen

1 cucharadita de pimienta roja molida

Ponga una olla de agua a hervir. Agregue el *zucchini* al agua hirviendo y cocínelo de 30 a 60 segundos o hasta que esté apenas cocido pero aún crujiente. Escúrralo.

Pase el *zucchini* a un platón extendido. Agregue el queso parmesano, el eneldo, el aceite y la pimienta roja molida. Revuélvalo todo con cuidado hasta recubrir totalmente las tiras de *zucchini*.

Rinde 4 porciones

VISTAZO NUTRICIONAL

Por porción: 68 calorías, 3 g de proteínas, 5 g de carbohidratos, 5 g de grasa, 1 g de grasas saturadas, 52 mg de sodio, 2 mg de colesterol, 2 g de fibra

Verduras surtidas

1 *zucchini* (calabacita) mediano partido en trozos pequeños

1 *summer squash* mediano partido en trozos pequeños

1 pimiento (ají, pimiento morrón) rojo mediano partido en trozos pequeños

1 pimiento amarillo mediano partido en trozos pequeños

1 libra (456 g) de espárragos frescos partidos en trozos pequeños

1 cebolla morada partida en trozos pequeños

3 cucharadas de aceite de oliva

1 cucharadita de sal

½ cucharadita de pimienta negra recién molida

Precaliente el horno a 450°F (234°C). Ponga el *zucchini*, el *squash*, los pimientos rojo y amarillo, los espárragos y la cebolla en una olla (charola) grande para asar. Agregue el aceite de oliva, la sal y la pimienta negra. Revuelva hasta recubrir bien todos los ingredientes. Extienda la mezcla en una sola capa en la olla.

Ase las verduras durante 30 minutos, revolviéndolas de vez en cuando, hasta que estén cocidas y se doren levemente.

Rinde 4 porciones

VISTAZO NUTRICIONAL

Por porción: 169 calorías, 5 g de proteínas, 15 g de carbohidratos, 11 g de grasa, 2 g de grasas saturadas, 590 mg de sodio, 0 mg de colesterol, 5 g de fibra

MERIENDA

Baba Ghannouj

1   berenjena mediana

1   diente de ajo picado en trocitos

1   cucharada de *tahini* (pasta de semillas de sésamo/ajonjolí)

⅛ cucharadita de comino molido

    Verduras crudas surtidas

Precaliente el asador del horno. Corta la berenjena horizontalmente en rodajas de ½" (1 cm) de grueso. Coloque las rodajas de berenjena sobre una bandeja de hornear y áselas a 3" (7.5 cm) de la fuente de calor, hasta que se ablanden y se formen gotas de agua sobre su superficie. Deje enfriar la berenjena y pélela. Muélala en una licuadora (batidora) o un procesador de alimentos junto con el ajo, el *tahini* y el comino.

Ponga la pasta a enfriar en el refrigerador y sírvala acompañada de verduras.

Rinde 1 porción

VISTAZO NUTRICIONAL

Por porción: 213 calorías, 8 g de proteínas, 32 g de carbohidratos, 9 g de grasa, 1 g de grasas saturadas, 20 mg de sodio, 0 mg de colesterol, 12 g de fibra

Fresas bañadas en chocolate

2 cuadritos de 1 onza (28 g) cada uno de chocolate semiamargo (*semisweet*) o amargo (*bittersweet*), picado

½ cucharada de crema para batir

1 chorrito de extracto de almendra

8 fresas

Mezcle el chocolate y la crema para batir en una taza para medir o un tazón (recipiente) de vidrio. Póngalo a calentar con el horno de microondas en *medium* durante 1 minuto o hasta que el chocolate se derrita, revolviéndolo una vez a los 30 segundos. Incorpore el extracto de almendra y déjelo enfriar un poco.

Sumerja cada fresa en el chocolate fundido; permita que el exceso se desprenda goteando. Coloque las fresas sobre una bandeja de hornear cubierta de papel encerado. Métalas al refrigerador o al congelador durante aproximadamente 15 minutos o hasta que el chocolate se endurezca.

Rinde 2 porciones

VISTAZO NUTRICIONAL

Por porción: 175 calorías, 3 g de proteínas, 24 g de carbohidratos, 9 g de grasa, 6 g de grasas saturadas, 1 mg de sodio, 5 mg de colesterol, 4 g de fibra

Fresas con yogur de vainilla

4   onzas (112 g) de yogur de vainilla sin grasa ni azúcar

½   taza de fresas picadas

Sirviéndose de una cuchara, pase el yogur a una copa para *parfait* y agregue las fresas. Sírvalo de inmediato.

Rinde 1 porción

VISTAZO NUTRICIONAL

Por porción: 85 calorías, 4 g de proteínas, 16 g de carbohidratos, 0 g de grasa, 0 g de grasas saturadas, 66 mg de sodio, 3 mg de colesterol, 2 g de fibra

Chocolate con pistaches

12   cuadritos de chocolate semiamargo

1   taza de pistaches sin cáscara tostados

Cocine el chocolate durante 2 minutos con el horno de microondas en *high* en un tazón (recipiente) adecuado para ello, revolviéndolo una vez después de 1 minuto. Revuelva hasta que el chocolate se derrita por completo.

Incorpore los pistaches. Sirviéndose de una cuchara, extienda la mezcla de chocolate y pistaches sobre una bandeja de hornear cubierta de papel encerado. Déjela en el refrigerador durante 1 hora o hasta que se endurezca. Rompa el chocolate en pedazos pequeños.

Rinde 1 libra (456 g)

VISTAZO NUTRICIONAL

Por porción: 150 calorías, 3 g de proteínas, 16 g de carbohidratos, 10 g de grasa, 4 g de grasas saturadas, 0 mg de sodio, 0 mg de colesterol, 2 g de fibra

Tacitas de chocolate

1 sobre de 3½ onzas (98 g) de pudín (budín) de vainilla sin azúcar

1¼ tazas de leche descremada (*fat-free milk* o *nonfat milk*)

¾ taza de sustituto de crema batida *lite* congelado, descongelado

8 *Astor Chocolate Liqueur Cups* (disponibles en las tiendas de vinos y licores)

Cocoa en polvo

Prepare el pudín con la leche. Sirviéndose de una pala de goma (hule), incorpore el sustituto de crema batida. Llene las tacitas de chocolate con el relleno de crema (los *Liqueur Cups*). Espolvoréelas con la cocoa en polvo.

Rinde 8 porciones

VISTAZO NUTRICIONAL

Por porción: 99 calorías, 2 g de proteínas, 17 g de carbohidratos, 3 g de grasa, 1 g de grasas saturadas, 206 mg de sodio, 5 mg de colesterol, 0 g de fibra

TERCERA FASE

Plan dietético

A estas alturas usted ya debe haber alcanzado su peso ideal. Si se mantuvo fiel a la dieta, también debe haber mejorado la composición química de su sangre. La siguiente parte del plan está diseñada para ayudarle a mantener los beneficios que logró durante las primeras dos fases. Así comerá durante el resto de su vida. La Tercera Fase es la etapa más liberal de la dieta, la cual se vuelve simplemente un elemento más —si bien importante— de un estilo de vida saludable, en lugar de un programa para bajar de peso. Asimismo ya debe saber lo suficiente acerca de cómo funciona la dieta South Beach y la manera en que interactúa con su cuerpo en particular para disfrutar totalmente la flexibilidad del plan. Por eso la Tercera Fase no incluye una lista de alimentos. Dicho de otra manera, si usted desea algo y consumirlo no anulará todos sus sacrificios, puede disfrutarlo con confianza. Siempre habrá ocasiones en que se exceda un poco, incluso después de años con la dieta. Esas son las ocasiones en las que volverá a la Primera Fase durante una o dos semanas. Regresará a su punto de partida y luego reanudará la Tercera Fase. Nunca piense en estas situaciones como recaídas: diseñamos la dieta para permitirles a seres humanos normales comer como quieran. Si en su caso eso significa excederse en los postres de vez en cuando, perfecto. Buen provecho.

Nota: Si no entiende algunos de los términos empleados en la siguiente sección, por favor vea el glosario en la página 369.

Día Nº1

Desayuno

½ toronja (pomelo)

2 *Quiches* de verduras para llevar (página 204)

Avena (½ taza de copos de avena tradicionales/*old-fashioned oats* mezclados con 1 taza de leche descremada/*fat-free milk* o *nonfat milk*, cocinados a fuego bajo y espolvoreados con canela y 1 cucharada de nuez picada)

Café o té descafeinado con leche descremada (*fat-free milk* o *nonfat milk*) y sustituto de azúcar

Almuerzo

Taco de rosbif (página 337)

1 manzana fresca

Cena

Pollo marroquí a la parrilla (página 338)

Espárragos al vapor

Cuscús

Ensalada mediterránea (página 353)

Aceite de oliva y vinagre al gusto o 2 cucharadas de aliño (aderezo) comercial bajo en azúcar

Postre

Fresas con yogur de vainilla (página 313)

Día N⁰2

Desayuno

1 naranja (china) fresca en rodajas

¼ a ½ taza de sustituto líquido de huevo

2 rebanadas de tocino canadiense

1 rebanada de pan de grano entero

Café o té descafeinado con leche descremada (*fat-free milk* o *nonfat milk*) y sustituto de azúcar

Almuerzo

Ensalada de atún a lo South Beach (página 210)

Postre de gelatina de sabor sin azúcar

Cena

Pollo y verduras fritos y revueltos al estilo asiático (página 289)

Ensalada oriental de repollo (página 248)

Postre

Crema de *ricotta* al limón (página 251)

Día N⁰3

Desayuno

½ toronja (pomelo)

1 *omelette* de clara de huevo con salsa tipo mexicano

1 rebanada de pan multigrano

Café o té descafeinado con leche descremada (*fat-free milk* o *nonfat milk*) y sustituto de azúcar

Almuerzo

Sándwich (emparedado) abierto de jamón y queso suizo (gruyere) sobre pan de centeno

1 manzana fresca

Cena

Bistec *sirloin* asado al horno

Espinacas con crema (página 353)

Puré de "papas" sorpresa a lo South Beach (página 242)

Ensalada fresca de tomate y queso *mozzarella* (página 358)

Postre

Albaricoques bañados en chocolate (página 366)

Día N⁰4

Desayuno

½ toronja (pomelo)

Avena (½ taza de copos de avena tradicionales/*old-fashioned oats* mezclados con 1 taza de leche descremada/*fat-free milk* o *nonfat milk*, cocinados a fuego bajo y espolvoreados con canela y 1 cucharada de nuez picada)

1 huevo escalfado

1 rebanada de pan multigrano

1 cucharada de mermelada de frutas baja en azúcar

Café o té descafeinado con leche descremada (*fat-free milk* o *nonfat milk*) y sustituto de azúcar

Almuerzo

Tomate (jitomate) relleno de ensalada de pollo

1 rebanada de melón fresco

4 onzas (112 g) de yogur sin grasa ni azúcar

Cena

Pargo provenzal (página 346)

Comelotodos (arvejas chinas, *snow peas*) al vapor

Arroz estilo *pilaf*

Ensalada mixta (verduras de hoja verde surtidas, pepino, pimiento/ají/pimiento morrón verde, tomates pequeños)

Aceite de oliva y vinagre al gusto o 2 cucharadas de aliño (aderezo) comercial bajo en azúcar

Postre

Pera al vapor rellena de chocolate (página 365)

Día N⁰5

Desayuno

½ toronja (pomelo)

Omelette de clara de huevo (página 203)

½ *muffin* inglés de trigo integral

Café o té descafeinado con leche descremada (*fat-free milk* o *nonfat milk*) y sustituto de azúcar

Almuerzo

Ensalada griega (página 207)

4 onzas (112 g) de yogur de frambuesa sin grasa ni azúcar

Cena

Alambres de carne de res, pimientos y hongos (página 346)

Arroz integral

Ensalada de aguacate (palta) y tomate (jitomate)

Aceite de oliva y vinagre al gusto

Postre

Crema de *ricotta* almendrada (página 252)

Día Nº6

Desayuno

Arándanos frescos

Sorpresa de canela (página 332)

Café o té descafeinado con leche descremada (*fat-free milk* o *nonfat milk*) y sustituto de azúcar

Almuerzo

Ensalada César de pollo (sin crutones)

2 cucharadas de aliño (aderezo) comercial para ensalada César

Cena

Camarones con arroz silvestre (página 352)

Ensalada de *arugula*

2 cucharadas de Vinagreta balsámica (página 219) o de algún aliño (aderezo) comercial bajo en azúcar

Postre

Fondue de chocolate *Swiss Knight Fondue au Chocolate* con fresas frescas

Día Nº7

Desayuno

1 naranja (china) fresca en rodajas

Frittata de tomate y hierbas (página 331)

1 rebanada de pan multigrano tostado

1 cucharada de mermelada de frutas baja en azúcar

Café o té descafeinado con leche descremada (*fat-free milk* o *nonfat milk*) y sustituto de azúcar

Almuerzo

Ensalada de atún, pepino y pimiento rojo con aliño de eneldo al limón (página 336)

Postre de gelatina de sabor sin azúcar

Cena

Gallina de Cornualles barnizada con albaricoque (página 344)

Cuscús

Ensalada de lechuga *Bibb*

Aceite de oliva y vinagre balsámico al gusto o 2 cucharadas de aliño (aderezo) comercial bajo en azúcar

Postre

Pastel esponjoso de chocolate (página 364)

Día Nº 8

Desayuno

6 onzas (180 ml) de jugo de verduras

¼ a ½ taza de sustituto líquido de huevo

1 rebanada de tocino canadiense

½ *muffin* inglés de trigo integral

1 cucharadita de mermelada de frutas baja en azúcar

Café o té descafeinado con leche descremada (*fat-free milk* o *nonfat milk*) y sustituto de azúcar

Almuerzo

Ensalada de pollo a la parrilla

2 cucharadas de Vinagreta balsámica (página 219) o de algún aliño (aderezo) comercial bajo en azúcar

Cena

Bistec a la parrilla con romero (página 345)

Habichuelas verdes (ejotes, *green beans*) frescas al vapor

Tomates al horno con albahaca y queso parmesano (página 302)

Ensalada de *arugula* y berros (página 354)

2 cucharadas de Vinagreta balsámica (página 219) o de algún aliño (aderezo) comercial bajo en azúcar

Postre

Fresas y arándanos frescos en Tacitas de chocolate (página 314)

Día N⁰9

Desayuno

1 naranja (china) fresca en rodajas

2 *Quiches* de verduras para llevar (página 204)

1 rebanada de pan multigrano tostado

Café o té descafeinado con leche descremada (*fat-free milk* o *nonfat milk*) y sustituto de azúcar

Almuerzo

Ensalada de cuscús con aliño condimentado de yogur (página 334)

1 nectarina fresca

Cena

Pescado al limón en papel de aluminio (página 348)

Zucchini (calabacita) con eneldo

Tomate (jitomate) en rodajas

Cantaloup (melón chino) en rodajas

Postre

Fresas con vinagre balsámico (página 360)

Día N⁰10

Desayuno

½ toronja (pomelo)

1 Panqueque de avena (página 273)

Café o té descafeinado con leche descremada (*fat-free milk* o *nonfat milk*) y sustituto de azúcar

Almuerzo

Sándwich (emparedado) abierto de rosbif (3 onzas/84 g de rosbif magro/bajo en grasa, lechuga, tomate/jitomate, cebolla, mostaza, 1 rebanada de pan de grano entero)

1 manzana *Granny Smith* pequeña

Cena

Pechuga de pollo al horno

Spaghetti squash a lo italiano (página 301)

Ensalada mixta (verduras de hoja verde surtidas, pepino, pimiento/ají/pimiento morrón verde, tomates pequeños)

Aliño (aderezo) comercial estilo italiano bajo en azúcar

Postre

Nectarinas en rodajas y arándanos frescos con 4 onzas (112 g) de yogur de vainilla sin grasa ni azúcar

Día N⁰11

Desayuno

Batido (licuado) de bayas (8 onzas/224 g de yogur sin grasa ni azúcar con sabor a frutas, ½ taza de bayas, ½ taza de hielo triturado; muela hasta obtener una consistencia uniforme)

Café o té descafeinado con leche descremada (*fat-free milk* o *nonfat milk*) y sustituto de azúcar

Almuerzo

Ensalada de endibia y pacana (página 333)

Pan árabe (pan de *pita*) de pavo (chompipe) y tomate (jitomate) (3 onzas/84 g de pavo rebanado, 3 rodajas de tomate, ½ taza de lechuga rallada, 1 cucharadita de mostaza *Dijon* con un pan árabe de trigo integral)

4 onzas (112 g) de yogur de limón sin grasa ni azúcar

Cena

London Broil adobado (página 229)

Espárragos y pimientos a la parrilla

Papa asada a las hierbas finas

Ensalada mixta (verduras de hoja verde surtidas, pepino, pimiento/ají/pimiento morrón verde, tomates pequeños)

Aceite de oliva y vinagre al gusto o 2 cucharadas de aliño (aderezo) comercial bajo en azúcar

Postre

Tartas de queso con limón verde individuales (página 363)

Día Nº 12

Desayuno

½ toronja (pomelo) fresca

Huevos *Tex-Mex* (2 huevos revueltos con queso *Monterey Jack* rallado y salsa tipo mexicano)

1 rebanada de pan de grano entero tostado

Café o té descafeinado con leche descremada (*fat-free milk* o *nonfat milk*) y sustituto de azúcar

Almuerzo

Taco de rosbif (preparado con el *London broil* que sobró del día 11) (página 337)

1 nectarina fresca

Cena

Salmón a la parrilla con salsa de tomate (jitomate)

Espárragos a la parrilla

Ensalada mixta (verduras de hoja verde surtidas, pepino, pimiento/ají/pimiento morrón verde, tomates pequeños)

Aceite de oliva y vinagre al gusto o 2 cucharadas de aliño (aderezo) comercial bajo en azúcar

Postre

Albaricoques bañados en chocolate (página 366)

Día Nº13

Desayuno

½ toronja (pomelo)

Frittata de espinaca con salsa de tomate (página 200)

Café o té descafeinado con leche descremada (*fat-free milk* o *nonfat milk*) y sustituto de azúcar

Almuerzo

Pimiento (ají, pimiento morrón) rojo relleno de requesón y verduras picadas

Cantaloup (melón chino) en rodajas con arándanos

Cena

Gallina de Cornualles estilo *tandoori* (página 342)

Ensalada de endibia y pacana (página 333)

Cuscús

Hummus (página 249) con hojuelas de pan árabe (pan de *pita*) y verduras crudas

(el *hummus* puede ser comprado)

Postre

1 pera cocida a fuego lento en vino tinto seco

Día Nº14

Desayuno

1 *blintz* estilo South Beach (1 huevo batido con ⅓ taza de queso campesino/*farmer cheese* y sustituto de azúcar *Splenda* al gusto, frito en una sartén antiadherente para *omelette* previamente rociada con aceite antiadherente en aerosol)

Café o té descafeinado con leche descremada (*fat-free milk* o *nonfat milk*) y sustituto de azúcar

Almuerzo

Ensalada del *chef* (por lo menos 1 oz/28 g de cada uno de jamón, pavo/chompipe y queso suizo/gruyere bajo en grasa sobre verduras de hoja verde mixtas)

Aceite de oliva y vinagre al gusto o 2 cucharadas de aliño (aderezo) comercial bajo en azúcar

1 rebanada de pan de grano entero

Cena

Pescado horneado al limón verde (página 349)

Tomates asados con *pesto* (página 246)

Coles (repollitos) de Bruselas al vapor

Ensalada de alcachofas (corazones de alcachofas cocidos y enfriados en el refrigerador con tomates pequeños partidos a la mitad y cebollín/cebolla de cambray picado)

2 cucharadas de Vinagreta balsámica (página 219) o de algún aliño (aderezo) comercial bajo en azúcar

Postre

Fresas bañadas en chocolate (página 312)

TERCERA FASE
Recetas

Una vez que llegue al peso que se fijó como meta cambiará a estas recetas, las cuales ya incluyen alimentos como el pan multigrano, la tortilla y el arroz integral. A estas alturas usted sabrá qué carbohidratos puede ingerir sin subir de peso y ya los habrá integrado a su alimentación. Se habrá dado cuenta de que en esta fase no incluimos las dos meriendas diurnas; lo más probable es que en realidad no le hagan falta para sentirse satisfecho entre comidas. Por otra parte, esta fase toma en cuenta manjares como el Pastel esponjoso de chocolate, lo cual sin duda compensa la falta de meriendas.

Nota: Si no entiende algunos de los términos empleados en la siguiente sección, por favor vea el glosario en la página 369.

 **DESAYUNOS**

Frittata de tomate y hierbas

½ taza de tomate (jitomate) pequeño (*plum tomato*) picado

¼ taza de cebollín (cebolla de cambray) picado

3 hojas de albahaca picadas

1 cucharada de sustituto de mantequilla *I Can't Believe It's Not Butter!* en aerosol

1 taza de sustituto líquido de huevo

Rocíe una sartén resistente al horno de 10" (25 cm) de diámetro con sustituto de mantequilla en aerosol y póngala a calentar a fuego mediano hasta que esté bien caliente. Sofría (saltee) los tomates, el cebollín y la albahaca en el sustituto de mantequilla hasta que estén cocidos. Reduzca el fuego a lento. Vierta la mezcla del sustituto de huevo de manera uniforme sobre las verduras en la sartén. Tápela y cocine de 5 a 7 minutos o hasta que la mezcla de los huevos esté bien cocida por debajo y casi cuaje por encima.

Pase la sartén al asador y ásela de 2 a 3 minutos o hasta que la superficie de arriba termine de cuajar. Deslice la *frittata* sobre una fuente de servir (bandeja, platón) y córtela en triángulos para servirla.

Rinde 2 porciones

VISTAZO NUTRICIONAL

Por porción: 169 calorías, 16 g de proteínas, 5 g de carbohidratos, 9 g de grasa, 2 g de grasas saturadas, 278 mg de sodio, 1 mg de colesterol, 1 g de fibra

Sorpresa de canela

¼ taza de requesón semidescremado al 1 por ciento

1 rebanada de pan multigrano

1 pizca de canela

Unte el pan con el requesón. Espolvoréelo con la canela y métalo al asador de 2 a 3 minutos o hasta que el queso empiece a burbujear.

Rinde 1 porción

VISTAZO NUTRICIONAL

Por porción: 87 calorías, 9 g de proteínas, 12 g de carbohidratos, 1 g de grasa, 0 g de grasas saturadas, 347 mg de sodio, 5 mg de colesterol, 3 g de fibra

A L M U E R Z O S

Ensalada de endibia y pacana

3 tazas de lechuga tipo *Boston* sin aplastar

1 cebolla en rodajas

3 tazas de endibia (lechuga escarola) rizada sin aplastar

¼ cucharadita de pimienta negra recién molida

¾ taza de pacanas (*pecans*) picadas en trozos grandes y tostadas

¼ taza de vinagre de vino tinto

¼ cucharadita de sal

Mezcle la lechuga, la cebolla, la endibia y la pimienta en un tazón (recipiente) grande. Déjelo aparte.

Ponga las pacanas, el vinagre y la sal a calentar a fuego lento en una sartén hasta que estén bien calientes. Vierta esta mezcla sobre la lechuga y revuélvala con cuidado.

Rinde 6 porciones

VISTAZO NUTRICIONAL

Por porción: 118 calorías, 2 g de proteínas, 7 g de carbohidratos, 10 g de grasa, 1 g de grasas saturadas, 101 mg de sodio, 0 mg de colesterol, 3 g de fibra

Ensalada de cuscús con aliño condimentado de yogur

Cuscús

1   cucharada de aceite de oliva extra virgen

1   cebolla pequeña finamente picada

1   tallo pequeño de apio finamente picado

1   taza de cuscús

1½ tazas de agua

Aliño (aderezo) condimentado de yogur

3   cucharadas de jugo de limón fresco

3   cucharadas de yogur natural sin grasa

1   cucharada de aceite de oliva extra virgen

2   cucharaditas de jengibre fresco picado en trocitos

1   diente de ajo machacado

1   cucharadita de comino molido

1   cucharadita de cilantro en polvo (*ground coriander*)

1   pizca de pimienta negra recién molida

Ensalada

½   taza de pasas de Corinto o pasas

½   taza de garbanzo de lata, escurrido y enjuagado

½   taza de pimiento (ají, pimiento morrón) rojo picado

½   taza de pimiento verde picado

½   taza de cilantro o perejil fresco picado

½   taza de cebollines (cebollas de cambray) medianos en rodajas

1   limón partido en gajos (opcional)

Para preparar el cuscús: ponga el aceite a calentar a fuego mediano en una cacerola de 2 cuartos de galón (1.9 l) de capacidad. Agregue la cebolla y el apio y fríalos de 2 a 3 minutos, revolviéndolos de vez en cuando, hasta que estén cocidos. Incorpore el cuscús, recubriéndolo con el aceite. Fríalo durante 1 minuto sin dejar de revolver, hasta que se tueste levemente. Añada el agua y deje que rompa a hervir, revolviendo todo con cuidado. Retire la cacerola del fuego. Déjela reposar, tapada, durante 30 minutos o hasta que se enfríe y el líquido se haya absorbido; destápela de vez en cuando para separar los granos de cuscús con un tenedor.

Para preparar el aliño condimentado de yogur: en un tazón (recipiente) grande, mezcle el jugo de limón, el yogur, el aceite, el jengibre, el ajo, el comino, el cilantro en polvo y la pimienta. Bata a mano antes de servirlo.

Para preparar la ensalada: pase el cuscús a un platón hondo grande. Sirviéndose de una cuchara, distribuya las pasas de Corinto, los garbanzos, los pimientos, el cilantro o perejil y los cebollines en montones separados alrededor del cuscús. Agregue el aliño. Mezcle todos los ingredientes en la mesa. Adorne la ensalada con los gajos de limón, si los está usando.

Rinde 4 porciones

VISTAZO NUTRICIONAL

Por porción: 393 calorías, 12 g de proteínas, 69 g de carbohidratos, 9 g de grasa, 1 g de grasas saturadas, 31 mg de sodio, 1 mg de colesterol, 8 g de fibra

Ensalada de atún, pepino y pimiento rojo con aliño de eneldo al limón

Aliño (aderezo) de eneldo al limón

¼ taza de aceite de oliva extra virgen

3 cucharadas de jugo de limón fresco

1 a 2 cucharadas de eneldo fresco picado

½ cucharadita de sal

½ cucharadita de pimienta negra de molido grueso

Ensalada

2 pepinos medianos, picados

1 pimiento (ají, pimiento morrón) rojo picado

2 latas de 6.5 onzas (182 g) cada una de atún blanco sólido, escurrido y desmenuzado

Lechuga romana (orejona)

1 limón pequeño pelado, sin semilla y cortado en rodajas

Para preparar el aliño de eneldo al limón: bata a mano el aceite de oliva, el jugo de limón, el eneldo, la sal y la pimienta negra en un tazón (recipiente) pequeño.

Para preparar la ensalada: mezcle los pepinos, el pimiento y el atún en un tazón grande. Póngalo aparte. Acomode la lechuga sobre 4 platos. Sirviéndose de una cuchara, ponga la mezcla de atún en el centro de cada plato. Acomode las rodajas de limón alrededor del atún. Esparza la ensalada con el aliño.

Rinde 4 porciones

VISTAZO NUTRICIONAL

Por porción: 282 calorías, 24 g de proteínas, 9 g de carbohidratos, 17 g de grasa, 3 g de grasas saturadas, 640 mg de sodio, 39 mg de colesterol, 2 g de fibra

Tacos de rosbif

- ¼ taza de queso crema de grasa reducida
- 4 tortillas de harina de 9 a 10 pulgadas (23 cm a 25 cm) de diámetro
- ½ cebolla morada en rodajas
- 4 hojas de espinaca lavadas
- 8 onzas (224 g) de rosbif en lonjas (lascas)

Para cada taco, unte la superficie de una tortilla con una pequeña cantidad de queso crema. Agregue la cebolla, la espinaca y el rosbif en capas. Doble los lados opuestos de la tortilla aproximadamente 1½" (3.8 cm) hacia el centro y enróllela desde abajo.

Rinde 4 porciones

VISTAZO NUTRICIONAL

Por porción: 300 calorías, 13 g de proteínas, 42 g de carbohidratos, 9 g de grasa, 3 g de grasas saturadas, 659 mg de sodio, 21 mg de colesterol, 3 g de fibra

CENAS

Pollo marroquí a la parrilla

¼ taza de aceite de oliva extra virgen

1 cucharadita de orégano

½ cucharadita de pimienta de Jamaica (*allspice*) molida

½ cucharadita de comino molido

½ cucharadita de clavo molido

3 dientes de ajo picados en trocitos

4 mitades de pechuga de pollo deshuesadas y sin pellejo

1 caja de 5.8 onzas de cuscús de la marca *Near East*

Salsa de pimientos rojos (página 339)

Mezcle el aceite, el orégano, la pimienta de Jamaica, el comino, los clavos molidos y el ajo en un tazón (recipiente) grande. Añada las pechugas de pollo y báñelas con la mezcla del aceite de oliva. Cocine el pollo a fuego mediano sobre una parrilla (*grill*) de gas, brasas o eléctrica durante 30 minutos o hasta que al picarlo los jugos salgan transparentes. Retírelo de la parrilla y manténgalo caliente.

Mientras tanto, prepare el cuscús de acuerdo con las indicaciones del envase. Cuando esté listo, repártalo entre 4 platos. Corte cada pechuga de pollo en rebanadas delgadas y acomódelas en abanico sobre el cuscús en cada plato. Esparza 2 cucharadas de salsa sobre cada pechuga de pollo.

Rinde 4 porciones

VISTAZO NUTRICIONAL

Por porción: 429 calorías, 32 g de proteínas, 37 g de carbohidratos, 16 g de grasa, 2 g de grasas saturadas, 89 mg de sodio, 66 mg de colesterol, 4 g de fibra

Salsa de pimientos rojos

½ taza de pimientos (ajíes, pimientos morrones) de lata, escurridos

2 cucharadas de jugo de limón

Ponga los pimientos y el jugo de limón en un procesador de alimentos. Muélalos de 30 a 45 segundos o hasta lograr una consistencia uniforme. Pase la salsa a un recipiente tapado. Sírvala a temperatura ambiente.

Rinde 8 cucharadas

VISTAZO NUTRICIONAL

Por porción: 10 calorías, 0 g de proteínas, 2 g de carbohidratos, 0 g de grasa, 0 g de grasas saturadas, 4 mg de sodio, 0 mg de colesterol, 0 g de fibra

De la carta de. . .

RUMI SUPPER CLUB

330 Lincoln Road, Miami Beach

CHEFS EJECUTIVOS: **SCOTT FREDEL**
y J. D. HARRIS

Pollo asado con ajo dulce, cebolla derretida y naranja agria

  3 libras (1.4 kg) de pollo

  ½ taza de dientes de ajo enteros, pelados

  1 taza + 3 cucharadas de aceite de oliva

  1 manojo de perejil liso

     Cáscara de 1 naranja (china)

     Cáscara de 1 limón verde (lima)

  1 libra (456 g) de yuca, pelada

  2 cebollas españolas cortadas en rodajas finas

16 onzas (480 ml) de jugo de naranja agria

  1 taza de caldo sustancioso de pollo

Parta el pollo a la mitad y deshuéselo. Ponga el ajo en ¼ taza de aceite y sofríalo (saltéelo) hasta que esté bien cocido. Cuando el ajo se haya enfriado, licúe la mitad de este con el perejil, las cáscaras de naranja y de limón verde y la ¾ taza restante de aceite. Frote el pollo con la mezcla del ajo y adóbelo (remójelo) durante 1 día en el refrigerador.

Cocine la yuca en agua con sal hasta que esté cocida y escúrrala.

Cocine las cebollas a fuego lento en un poco de agua hasta que se suavicen. Resérvelas. Cocine el jugo de naranja agria a fuego lento hasta que adquiera la consistencia de un almíbar (sirope). Agregue el caldo de pollo y cocínelo hasta que se espese un poco. Resérvelo.

Hornee el pollo a 350°F (178°C) durante 45 minutos o hasta que esté bien cocido y los jugos salgan transparentes cuando se le pique con un tenedor. Sofría (saltee) la yuca en las 3 cucharadas restantes de aceite de oliva hasta que quede crujiente. Agregue la cebolla que reservó y el ajo sofrito restante.

Escurra bien la mezcla de la yuca y póngala en un plato junto con el pollo. Cúbralo todo con la mezcla de la naranja.

La yuca es un tubérculo que se obtiene con facilidad en el sur del estado de Florida, principalmente a causa de las influencias sudamericanas y caribeñas que aquí se viven. Para conservar su peso o adelgazar, utilice el aceite escurrido para sazonar con moderación. Acuérdese: ¡sofría, no fría!

Si no logra conseguir naranja agria, mezcle ½ taza de jugo de limón con 1½ tazas de jugo de naranja.

Rinde 6 porciones

VISTAZO NUTRICIONAL
Por porción: 630 calorías, 25 g de proteínas, 50 g de carbohidratos, 37 g de grasa, 8 g de grasas saturadas, 240 mg de sodio, 85 mg de colesterol, 4 g de fibra

Gallina de Cornualles estilo *tandoori*

3 gallinas de Cornualles de aproximadamente 1 libra (456 g) cada una

1½ cucharaditas de chile en polvo

½ cucharadita de sal (opcional)

1 pizca de pimienta negra recién molida

3 cucharadas de jugo de limón verde (lima) fresco

1 taza de yogur natural sin grasa

3 dientes de ajo picados

1 pulgada (2.5 cm) de jengibre fresco picado en trozos grandes

1 cebolla pequeña picada en trozos grandes

1 cucharadita de semillas de comino

½ cucharadita de cúrcuma (azafrán de las Indias, *turmeric*) molida

1 limón verde partido en gajos (opcional)

Ramitos de cilantro o de perejil fresco (opcional)

Si las gallinas están congeladas, descongélelas. Enjuáguelas bajo el chorro del agua, saque las menudencias (menudillos, menudos) y los pescuezos y seque las gallinas cuidadosamente. Realice varios cortes en el pellejo y luego parta cada una a la mitad a lo largo del hueso de la pechuga.

Mezcle 1 cucharadita de chile en polvo, la sal, la pimienta y el jugo de limón verde. Frote las gallinas con esta mezcla y póngalas aparte durante unos 15 minutos.

Licúe el yogur, el ajo, el jengibre, la cebolla, el comino, la cúrcuma y la ½ cucharadita restante de chile en polvo en una licuadora (batidora). Coloque las piezas de gallina en un tazón (recipiente) y agregue la mezcla del yogur. Revuelva todo bien hasta recubrir la gallina perfectamente. Tape el tazón y déjelo en el refrigerador durante por lo menos 8 horas, volteando la gallina de vez en cuando.

Precaliente el horno a 400°F (206°C). Ponga las gallinas con el pellejo hacia arriba sobre la parrilla de una olla (charola) para asar. Métalas al horno de 45 a 60 minutos o hasta que estén muy bien cocidas, bañándolas de vez en cuando con la mezcla del yogur. Pruebe el grado de cocción picando el pellejo del muslo; los jugos deben salir transparentes. Sírvalas calientes.

Antes de comer las gallinas retire el pellejo y adórnelas con el limón verde y el cilantro o el perejil, si los está usando.

Rinde 6 porciones

VISTAZO NUTRICIONAL

Por porción: 150 calorías, 22 g de proteínas, 8 g de carbohidratos, 4 g de grasa, 1 g de grasas saturadas, 100 mg de sodio, 90 mg de colesterol, 1 g de fibra

Gallina de Cornualles barnizada con albaricoque

- 1 taza de mermelada *Smuckers Light Sugar-Free Apricot Preserves*
- ⅓ taza de jugo de naranja (china) fresco
- ¼ taza de sustituto de mantequilla *I Can't Believe It's Not Butter!* en aerosol
- 4 gallinas de Cornualles descongeladas
- 1 pizca de sal
- 1 pizca de pimienta negra recién molida

Para preparar el barnizado, mezcle la mermelada, el jugo de naranja y el sustituto de mantequilla. Enjuague las gallinas bajo el chorro del agua y séquelas cuidadosamente. Frótelas por dentro con la sal y la pimienta. Coloque las gallinas con la pechuga hacia arriba sobre la parrilla de una olla (charola) para asar, asegurándose de que no se toquen entre sí. Viértales el barnizado encima. Áselas a 350°F (178°C) durante 1 hora o hasta que estén muy cocidas, bañándolas cada 10 minutos. Pruebe el grado de cocción picando el pellejo del muslo; los jugos deben salir transparentes.

Saque las gallinas del horno y déjelas reposar durante 10 minutos antes de servirlas.

Rinde 4 porciones

VISTAZO NUTRICIONAL

Por porción: 449 calorías, 28 g de proteínas, 26 g de carbohidratos, 28 g de grasa, 7 g de grasas saturadas, 171 mg de sodio, 126 mg de colesterol, 1 g de fibra

Bistec a la parrilla con romero

4 bistecs de lomo de res (*beef loins*) sin hueso o 4 *New York strip steaks*

2 cucharadas de hojas de romero fresco picado en trocitos

2 dientes de ajo picados en trocitos

1 cucharada de aceite de oliva extra virgen

1 cucharadita de cáscara de limón rallada

1 cucharadita de pimienta negra de molido grueso

Ramitos de romero fresco (opcional)

Realice cortes entrecruzados en forma de diamantes sobre la superficie de los bistecs de ambos lados. Mezcle el romero fresco, el ajo, el aceite, la cáscara de limón y la pimienta negra en un tazón (recipiente) pequeño. Frote los bistecs con esta mezcla. Tápelos y déjelos en el refrigerador durante 1 hora.

Cocine los bistecs sobre la parrilla (*grill*) de gas, de brasas o eléctrica hasta que un termómetro introducido en el centro marque 145°F (63°C) (si los quiere entre término medio e inglés/medio cocido). Córtelos en diagonal en rebanadas de ½" (1 cm) de grueso. Adórnelos con los ramitos de romero, si los está usando.

Rinde 4 porciones

VISTAZO NUTRICIONAL

Por porción: 247 calorías, 21 g de proteínas, 1 g de carbohidratos, 17 g de grasa, 6 g de grasas saturadas, 50 mg de sodio, 60 mg de colesterol, 0 g de fibra

Alambres de carne de res, pimientos y hongos

1 cucharada de jugo de limón fresco

1 cucharada de aceite de oliva extra virgen

1 cucharada de agua

2 cucharaditas de mostaza *Dijon*

½ cucharadita de orégano fresco picado

¼ cucharadita de pimienta negra recién molida

1 libra (456 g) de bistec *top sirloin* sin hueso, picado en cubos de 1" (2.5 cm)

1 pimiento (ají, pimiento morrón) rojo grande partido en trozos de 1"

12 hongos grandes

2 tazas de arroz integral cocido

¼ taza de piñones tostados

Bata a mano el jugo de limón, el aceite, el agua, la mostaza, el orégano y la pimienta negra en un tazón (recipiente) grande. Agregue el bistec, el pimiento y los hongos y revuélvalo todo para recubrirlo bien. Ensarte el bistec, el pimiento y los hongos de forma alternada en 4 alambres (pinchos) de metal. Póngalos aparte.

Prepare el arroz de acuerdo con las indicaciones del envase. Manténgalo caliente. Mientras tanto, coloque los alambres sobre una parrilla (*grill*) de brasas medianamente calientes. Volteándolos de vez en cuando, cocínelos sin tapar de 8 a 11 minutos o hasta que un termómetro de carne marque 145°F (63°C) (si los quiere entre término medio e inglés/medio cocido).

Incorpore los piñones tostados al arroz. Sirva los alambres encima de la mezcla del arroz, calculando ½ taza de arroz por porción.

Rinde 4 porciones

VISTAZO NUTRICIONAL

Por porción: 493 calorías, 33 g de proteínas, 50 g de carbohidratos, 18 g de grasa, 5 g de grasas saturadas, 125 mg de sodio, 75 mg de colesterol, 4 g de fibra

Pargo provenzal

- ¼ taza de aceite de oliva extra virgen
- 1½ libras (680 g) de filete fresco de pargo (huachinango, chillo)
- ⅓ taza de aceitunas tipo *kalamata*
- 2½ cucharadas de alcaparras
- 1 taza de tomate (jitomate) de lata
- 3 cucharadas de chalote picado
- ½ cucharada de hojas de romero fresco
- ½ cucharada de ajo picado en trocitos
- ⅓ taza de vino blanco

Precaliente el horno a 450°F (234°C). Precaliente una sartén grande para sofreír (saltear) de 2 a 3 minutos a fuego alto. Vierta el aceite sobre la sartén, moviéndola para recubrir toda su superficie. Añada el pargo y baje el fuego a mediano-alto. Sofría el pescado de 6 a 10 minutos, volteándolo una vez a la mitad del tiempo de cocción. Retírelo de la sartén cuando ya sea posible desmenuzarlo fácilmente. Deslice los filetes con cuidado sobre una bandeja de hornear. Métalos al horno para mantenerlos calientes. Mezcle las aceitunas, las alcaparras, los tomates y el chalote en la sartén. Incorpore el romero y el ajo, agregue el vino y sofríalo todo durante 5 minutos. Saque los filetes del horno, colóquelos sobre una fuente de servir (bandeja, platón) y viértales encima la mezcla de las verduras.

Rinde 4 porciones

VISTAZO NUTRICIONAL

Por porción: 362 calorías, 36 g de proteínas, 6 g de carbohidratos, 19 g de grasa, 3 g de grasas saturadas, 543 mg de sodio, 63 mg de colesterol, 1 g de fibra

Pescado al limón en papel de aluminio

4   filetes grandes de pescado

¼   taza de zanahoria picada en cubitos

¼   taza de apio picado en cubitos

¼   taza de cebolla verde picada

2   cucharadas de perejil fresco picado

2   limones en rodajas delgadas

Precaliente el horno a 350°F (178°C). Corte dos pedazos de 2 pies (60 cm) cada uno de papel de aluminio y doble cada uno a la mitad para obtener un cuadrado de 1 pie (30 cm) por lado. Coloque 1 filete de pescado un poco hacia abajo del centro de cada cuadrado de papel. Espolvoree cada filete con la cuarta parte de las zanahorias, el apio, la cebolla verde y el perejil. Remate con rodajas de limón.

Doble el papel de aluminio encima del pollo y doble las orillas para sellarlas. Coloque los filetes envueltos en papel de aluminio sobre una bandeja de hornear y hornéelos de 15 a 20 minutos o hasta que el pescado se desmenuce fácilmente.

Rinde 2 porciones

VISTAZO NUTRICIONAL

Por porción: 119 calorías, 22 g de proteínas, 5 g de carbohidratos, 1 g de grasa, 0 g de grasas saturadas, 97 mg de sodio, 65 mg de colesterol, 1 g de fibra

Pescado horneado al limón verde

½ libra (227 g) de filetes de pescado fresco

¼ taza de jugo de limón verde (lima) fresco

1 cucharadita de hojas de estragón

¼ taza de tallos de cebolla verde, picados

Ponga los filetes de pescado en una fuente para hornear (refractario). Espolvoréelos con el jugo de limón verde, el estragón y los tallos de cebolla. Hornéelos, tapados, a 325°F (164°C) de 15 a 20 minutos o hasta que el pescado se desmenuce con facilidad.

Rinde 2 porciones

VISTAZO NUTRICIONAL

Por porción: 114 calorías, 22 g de proteínas, 4 g de carbohidratos, 1 g de grasa, 0 g de grasas saturadas, 80 mg de sodio, 65 mg de colesterol, 1 g de fibra

De la carta de. . .

CHINA GRILL

404 Washington Avenue, Miami Beach

CHEF: **CHRISTIAN PLOTCZYK**

Ensalada de pera asiática

4 peras asiáticas peladas, sin corazón y picadas

1 chalote picado en trocitos

2½ cucharaditas de jengibre fresco picado en cubitos

2 tazas de agua

1 vaina de vainilla (*vanilla bean stick*) partida a la mitad

3 cucharadas de vinagre de vino de jerez

2 cucharadas de *mirin* (*sake* dulce)

¼ taza de aceite de soya

Sal

Pimienta negra

½ libra (227 g) de brotes (germinados) de hoja verde (*baby greens*)

1 zanahoria rallada (opcional)

Cocine las peras con el chalote, el jengibre y el agua a fuego mediano hasta que se suavicen en una cacerola con 1 cuarto de galón (946 ml) de capacidad. Cuélelas y póngalas aparte para que se enfríen. Una vez que estén a temperatura ambiente, muélalas y cuélelas con un colador.

Saque las semillas de la vainilla e incorpórelas al puré. Deseche las vainas. Agregue el vinagre de vino de jerez y el *mirin* y licúelo todo en una licuadora (batidora) o un procesador de alimentos. Poco a poco agregue el aceite para emulsionar el aliño (aderezo). Sazone con la sal y la pimienta. Pique la última pera en cubitos para adornar.

Para servir la ensalada, revuelva los brotes muy bien con la mezcla de pera. Reparta la ensalada entre 4 fuentes de servir (bandejas, platones) y adórnelas con la zanahoria rallada (si la está usando) y los cubitos de pera.

En China Grill, esta ensalada se sirve para acompañar las famosas Costillas de cordero barbecue. La deliciosa combinación de ingredientes la convierte en una ensalada innovadora de acuerdo con las pautas de la dieta South Beach.

Rinde 4 porciones

VISTAZO NUTRICIONAL
Por porción: 200 calorías, 2 g de proteínas, 17 g de carbohidratos, 14 g de grasa, 2 g de grasas saturadas, 20 mg de sodio, 0 mg de colesterol, 5 g de fibra

Camarones con arroz silvestre

1 paquete de 6 onzas (168 g) de arroz silvestre

1 libra (456 g) de camarón, pelado y desvenado

2 cucharaditas de pimentón (*paprika*)

½ cucharadita de pimienta blanca

½ cucharadita de sal

½ diente de ajo picado en trocitos

1 cucharada de aceite de oliva extra virgen

1 taza de tomates (jitomates) pequeños partidos a la mitad

   Perejil fresco picado (opcional)

Prepare el arroz silvestre de acuerdo con las indicaciones del envase.

Ponga los camarones, el pimentón, la pimienta, la sal y el ajo en un tazón (recipiente) grande. Revuélvalos bien y déjelos aparte.

Caliente el aceite en una sartén hasta que esté bien caliente. Agregue los camarones y fríalos durante 30 segundos a fuego mediano. Siga friéndolos, revolviéndolos constantemente, durante 45 segundos más o hasta que estén opacos. Retírelos del fuego y sírvalos sobre ¼ taza de arroz silvestre por porción.

Rinde 4 porciones

VISTAZO NUTRICIONAL

Por porción: 368 calorías, 32 g de proteínas, 46 g de carbohidratos, 6 g de grasa, 1 g de grasas saturadas, 467 mg de sodio, 172 mg de colesterol, 4 g de fibra

Espinacas con crema

2 paquetes de 10 onzas (280 g) cada uno de espinaca congelada, descongelada

2 chalotes pequeños, picados en trocitos

1 diente de ajo picado en trocitos

⅓ taza de crema agria descremada

½ cucharadita de sal

¼ cucharadita de pimienta negra de molido grueso

Ponga la espinaca a calentar a fuego mediano-alto en una sartén durante unos 5 minutos o hasta que el líquido se evapore. Añada el chalote y el ajo. Cocínelo todo hasta que esté bien cocido. Baje el fuego a lento. Agregue la crema agria, la sal y la pimienta y revuélvalo todo hasta que la crema agria se derrita. No permita que hierva.

Rinde 6 porciones

VISTAZO NUTRICIONAL

Por porción: 35 calorías, 3 g de proteínas, 6 g de carbohidratos, 0 g de grasa, 0 g de grasas saturadas, 282 mg de sodio, 0 mg de colesterol, 3 g de fibra

Ensalada mediterránea

1 paquete de lechuga romana (orejona) prelavada, cortada en pedazos con las manos

½ taza de aceitunas negras en rodajas

¼ taza de queso *feta* desmoronado

½ taza de Vinagreta balsámica (página 219) o de algún aliño (aderezo) comercial bajo en azúcar

Mezcle la lechuga y las aceitunas negras en un tazón (recipiente) grande. Revuélvalas muy bien. Reparta la mezcla de la lechuga entre 4 platos, espolvoréela con el queso y esparza encima la vinagreta.

Rinde 4 porciones

VISTAZO NUTRICIONAL

Por porción: 101 calorías, 2 g de proteínas, 11 g de carbohidratos, 5 g de grasa, 1 g de grasas saturadas, 716 mg de sodio, 8 mg de colesterol, 1 g de fibra

Ensalada de *arugula* y berros

Mermelada de fresa

  5 onzas (140 g) de fresas sin rabo, en rodajas

  1 cucharada de vinagre balsámico

1½ cucharadas de agua

  ½ cucharada de pimienta negra de molido grueso

Vinagreta

1¼ cucharadas de jugo de limón fresco

1¼ cucharadas de vinagre de vino blanco

  ½ taza de aceite de oliva extra virgen

1¼ cucharadas de pimienta negra de molido grueso

Ensalada

  4 onzas (112 g) de hojas de *arugula*

  4 onzas de hojas de berro

16 fresas sin rabo, picadas a la mitad

  1 pizca de pimienta negra recién molida

Para preparar la mermelada de fresa: mezcle las fresas, el vinagre, el agua y la pimienta negra en una cacerola a fuego mediano. Deje que rompa a hervir y siga hirviendo la mezcla a fuego lento durante 25 minutos o hasta que se espese un poco, revolviéndola de vez en cuando. Cuando se enfríe, viértala en un tazón (recipiente), tápelo y métalo al refrigerador.

Para preparar la vinagreta: mezcle el jugo de limón y el vinagre en un tazón mediano. Incorpore el aceite y la pimienta y bata la vinagreta a mano para mezclar todo muy bien; tápela y resérvela. Bátala a mano antes de servirla.

Antes de servir: mezcle la *arugula* y el berro en un tazón grande con la vinagreta, reservando 4 cucharadas de esta. Divida la mezcla entre 4 platos. Pase la superficie cortada de 4 mitades de fresa por la pimienta. Acomódelas alrededor de las verduras de hoja verde, junto con otras 4 mitades de fresa. Haga esto con cada plato. Sobre cada plato, puntee 1 cucharada reservada de vinagreta y 2 cucharadas de mermelada.

Rinde 4 porciones

VISTAZO NUTRICIONAL

Por porción: 308 calorías, 2 g de proteínas, 13 g de carbohidratos, 28 g de grasa, 4 g de grasas saturadas, 22 mg de sodio, 0 mg de colesterol, 4 g de fibra

De la carta de...

MACALUSO'S

1747 Alton Road, Miami Beach

CHEF EJECUTIVO/DUEÑO: **MICHAEL D'ANDREA**

Ternera a la parrilla estilo Macaluso's con brócoli *rabe*

Ternera a la parrilla

- 1 cucharadita de albahaca fresca picada
- 2 dientes de ajo finamente picados
- ¼ cucharadita de pimentón (*paprika*)

  Sal

  Pimienta negra recién molida

- 3 cucharadas del mejor aceite de oliva extra virgen del primer prensado en frío
- 2 filetes de ternera de 4 a 6 onzas (112 a 168 g) cada uno, aplanados hasta reducirlos a lonjas (lascas) muy finas

Brócoli *rabe*

3 tazas de brócoli *rabe* limpio (una verdura saludable de la familia del nabo)

¼ taza de aceite de oliva extra virgen del primer prensado en frío

¼ cucharadita de pimienta negra recién molida

¼ cucharadita de sal

4 dientes de ajo enteros (pelados)

1 pizca de pimienta roja machacada

Para preparar la ternera a la parrilla: mezcle la albahaca, el ajo, el pimentón, la sal y la pimienta con el aceite de oliva. Agregue la ternera a la mezcla y revuélvala a mano. Coloque la ternera sobre una parrilla (*grill*) de gas, de brasas o eléctrica y viértale encima el adobo (escabeche, marinado) restante. Cocínela a fuego mediano-alto hasta que esté bien cocida (aproximadamente 3 minutos por lado).

Para preparar el brócoli *rabe*: enjuague el brócoli *rabe* bajo el chorro de agua fría y escúrralo muy bien. Vierta el aceite, la pimienta, la sal, el ajo y la pimienta roja en una olla para caldos. Caliente el aceite a fuego mediano. Coloque el brócoli *rabe* en la olla, tápela y cocínelo de 4 a 7 minutos o hasta que esté bien cocido.

Ponga el brócoli *rabe* cocido sobre un plato y sírvalo con la ternera a la parrilla encima.

Rinde 2 porciones

VISTAZO NUTRICIONAL
Por porción: 357 calorías, 25 g de proteínas, 9 g de carbohidratos, 25 g de grasa, 4 g de grasas saturadas, 380 mg de sodio, 100 mg de colesterol, 0 g de fibra

Ensalada fresca de tomate y queso *mozzarella*

2 tomates (jitomates) maduros medianos en rodajas

4 onzas (112 g) de queso *mozzarella* fresco en rebanadas

¼ taza de hojas de albahaca fresca

1 roseta de albahaca

2 cucharadas de aceite de oliva extra virgen

2 cucharadas de vinagre balsámico

1 cucharadita de pimienta negra de molido grueso

Acomode el tomate, el queso *mozzarella* y la albahaca en espiral sobre una fuente de servir (bandeja, platón) grande. Mezcle el aceite y el vinagre y espárzalos sobre la ensalada. Espolvoréela con la pimienta.

Rinde 4 porciones

VISTAZO NUTRICIONAL

Por porción: 163 calorías, 6 g de proteínas, 5 g de carbohidratos, 13 g de grasa, 5 g de grasas saturadas, 114 mg de sodio, 22 mg de colesterol, 1 g de fibra

Papa asada a las hierbas finas

1½   libras (680 g) de papa roja pequeña

2   cucharadas de aceite de oliva extra virgen

¾   cucharadita de romero seco, desmoronado

¾   cucharadita de mostaza en polvo

½   cucharadita de salvia (*sage*) seca

½   cucharadita de tomillo seco

¼   cucharadita de pimienta

Precaliente el horno a 450°F (234°C) o prepare la parrilla (*grill*) de gas, de brasas o eléctrica para el calor directo. Con un pelador de papas, quite una estrecha franja de cáscara de alrededor del centro de cada papa. Ponga el aceite, el romero, la mostaza, la salvia, el tomillo y la pimienta en un tazón (recipiente) grande. Añada las papas y mézclelo todo.

Corte 4 pedazos de papel de aluminio de 12" (30 cm) de largo. Divida la mezcla de las papas por partes iguales entre los pedazos de papel de aluminio. Envuelva las papas con el papel, haciendo paquetes apretados. Coloque los paquetes en el horno o sobre la parrilla. Cocínelos, volteándolos una sola vez, de 30 a 35 minutos en el horno o de 25 a 30 minutos en la parrilla, hasta que las papas estén cocidas.

Rinde 4 porciones

VISTAZO NUTRICIONAL

Por porción: 183 calorías, 5 g de proteínas, 30 g de carbohidratos, 7 g de grasa, 1 g de grasas saturadas, 0 mg de sodio, 0 mg de colesterol, 4 g de fibra

POSTRES

Fresas con vinagre balsámico

2 pintas (560 g) de fresas sin rabo, en rodajas

2 sobres de sustituto de azúcar

3 cucharadas de vinagre balsámico

   Pimienta negra de molido grueso

   Ramitos de menta (hierbabuena) (opcional)

Mezcle las fresas, el sustituto de azúcar y el vinagre balsámico en un tazón (recipiente) mediano. Deje reposar la mezcla a temperatura ambiente hasta que esté listo para servirla.

Para servir las fresas, pase la mezcla con una cuchara a 4 platos hondos para postre. Espolvoréelas con un poco de pimienta negra molida al momento. Adorne los platos con ramitos de menta, si los está usando.

Rinde 4 porciones

VISTAZO NUTRICIONAL

Por porción: 59 calorías, 1 g de proteínas, 14 g de carbohidratos, 1 g de grasa, 0 g de grasas saturadas, 5 mg de sodio, 0 mg de colesterol, 4 g de fibra

Peras cocidas

1   sobre (para 4 porciones) de gelatina de frambuesa o fresa sin azúcar

2   tazas de agua hirviendo

4   peras pequeñas sin corazón y peladas

En una cacerola lo bastante grande para contener todas las peras, disuelva la gelatina en el agua hirviendo. Agregue las peras y déjelas hervir a fuego lento, tapadas, de 8 a 10 minutos. Voltéelas varias veces para que adquieran un colorido uniforme. Compruebe su grado de cocción con un probador de pasteles o palillo (mondadientes). Cuando las peras se puedan picar sin encontrar resistencia, sáquelas con una cuchara escurridora. Cuide de no recocerlas. Métalas al refrigerador una vez que se hayan enfriado.

Vierta el agua con la gelatina restante en 4 flaneras pequeñas y métala al refrigerador hasta que cuaje.

Rinde 4 porciones

VISTAZO NUTRICIONAL

Por porción: 199 calorías, 11 g de proteínas, 25 g de carbohidratos, 1 g de grasa, 0 g de grasas saturadas, 549 mg de sodio, 0 mg de colesterol, 4 g de fibra

Peras al jengibre

4   peras medianas peladas, partidas a la mitad y sin corazón

¼   taza de jugo de naranja (china) fresco

½   taza de galletas de jengibre finamente desmoronadas

2   cucharadas de nuez picada

2   cucharadas de margarina o mantequilla

Precaliente el horno a 350°F (178°C). Ponga las mitades de pera con la superficie cortada hacia arriba en una fuente para hornear (refractario) de 12" x 7½" x 2" (30 cm x 19 cm x 5 cm). Esparza el jugo de naranja sobre las peras. Mezcle la galleta de jengibre, la nuez y la margarina o mantequilla en un tazón (recipiente) pequeño. Espolvoree esta mezcla sobre las peras. Hornéelas de 20 a 25 minutos o hasta que la fruta esté cocida.

Rinde 8 porciones

VISTAZO NUTRICIONAL

Por porción: 110 calorías, 1 g de proteínas, 16 g de carbohidratos, 5 g de grasa, 1 g de grasas saturadas, 55 mg de sodio, 0 mg de colesterol, 2 g de fibra

Tartas de queso con limón verde individuales

12 galletas de barquillo de vainilla

¾ taza de requesón descremado

1 paquete de 8 onzas (224 g) de queso *Neufchâtel* suavizado

¼ taza + 2 cucharadas de azúcar

2 huevos

1 cucharada de cáscara de limón verde (lima) rallada

1 cucharada de jugo de limón verde fresco

1 cucharadita de extracto de vainilla

¼ taza de yogur de vainilla bajo en grasa

2 kiwis medianos pelados, partidos a la mitad y en rodajas

Ponga 12 tazas de papel para hornear en un molde para hornear 12 *muffins*. Coloque 1 galleta de barquillo de vainilla en el fondo de cada taza.

Muela el requesón en una licuadora (batidora) o un procesador de alimentos hasta lograr una consistencia uniforme. Mezcle el requesón con el queso *Neufchâtel* en un tazón (recipiente) mediano y bata a velocidad media hasta lograr una consistencia cremosa. Agregue el azúcar poco a poco y revuélvalo bien. Añada los huevos, la cáscara y el jugo de limón verde y la vainilla. Bata hasta incorporar todos los ingredientes perfectamente. Sirviéndose de una cuchara, reparta la mezcla del queso de manera uniforme sobre las galletas de barquillo de vainilla. Hornee las tartas de queso a 350°F (178°C) durante 20 minutos o hasta que casi cuajen. (Cuide de no hornearlas por demasiado tiempo). Deje que las tartas de queso se enfríen por completo sobre una rejilla (parrilla) de alambre. Retírelas de los moldes y métalas al refrigerador hasta que estén bien frías.

Extienda el yogur de vainilla de manera uniforme sobre las tartas de queso y remate cada una con 3 rodajas de kiwi.

Rinde 12 porciones

VISTAZO NUTRICIONAL

Por porción: 129 calorías, 5 g de proteínas, 13 g de carbohidratos, 7 g de grasa, 3 g de grasas saturadas, 161 mg de sodio, 51 mg de colesterol, 1 g de fibra

Pastel esponjoso de chocolate

7 claras de huevo

⅛ cucharadita de crémor tártaro

¾ taza de azúcar

3 yemas de huevo

1 cucharadita de extracto de vainilla

1 taza de harina pastelera cernida

3 cucharadas de mantequilla derretida y enfriada hasta quedar tibia

1½ onzas (42 g) de chocolate semiamargo

2 cucharadas de manteca vegetal

Precaliente el horno a 350°F (178°C). Bata las claras de huevo con el crémor tártaro en un tazón (recipiente) grande hasta que estén espumosas. Sin dejar de batir, incorpore el azúcar 1 cucharada a la vez hasta que las claras estén a punto de turrón y formen picos firmes, mas no secos. En otro tazón grande, mezcle las yemas de huevo y la vainilla. Incorpore la tercera parte de las claras batidas. Incorpore el resto de las claras batidas hasta que ya no se noten rayas blancas. Espolvoree la harina pastelera encima de la mezcla e incorpórela. Incorpore la mantequilla derretida con mucho cuidado; cuide de no revolver la masa demasiado. Sirviéndose de una cuchara, pase la masa a un molde de rosca de 10" (25 cm) de diámetro, extendiéndola de manera uniforme. Hornee de 40 a 45 minutos o hasta que un palillo de madera introducido cerca del centro salga limpio.

Voltee el pastel con todo y molde sobre un embudo o una botella grande. Déjelo colgar hasta que se enfríe por completo, durante un mínimo de 90 minutos. Pase un cuchillo alrededor de las orillas interna y externa del pastel, sáquelo sobre una rejilla (parrilla) de alambre y déjelo enfriar por completo con la superficie dorada hacia arriba.

Derrita el chocolate junto con la manteca vegetal a baño maría sobre agua caliente mas no hirviendo, revolviéndolo de vez en cuando, hasta que adquiera una consistencia uniforme. Deje enfriar un poco. Sirviéndose de una cuchara, distribuya el chocolate fundido de manera uniforme sobre la parte superior del pastel, dejando que el exceso escurra sobre los lados.

Rinde 10 porciones

VISTAZO NUTRICIONAL

Por porción: 197 calorías, 4 g de proteínas, 26 g de carbohidratos, 9 g de grasa, 4 g de grasas saturadas, 76 mg de sodio, 73 mg de colesterol, 0 g de fibra

Pera al vapor rellena de chocolate

2   peras Bartlett maduras, lavadas

10   chispitas (pedacitos) de chocolate semiamargo

Córteles las puntas a las peras, un poco arriba de la parte más ancha. Con un decorador de frutas o una cuchara pequeña, sáqueles el corazón a las mitades inferiores de las peras. Rellene las peras ahuecadas con 5 chispitas de chocolate cada una. Vuelva a colocar la punta de las peras sobre las mitades inferiores.

Coloque cada pera en posición vertical dentro de una flanera resistente al horno. Ponga las flaneras en una cacerola mediana y agregue 1" (2.5 cm) de agua a la cacerola. Deje que rompa a hervir suavemente a fuego mediano. Tape la cacerola y cocine las peras al vapor durante unos 20 minutos o hasta que estén traslúcidas. Sírvalas calientes.

Rinde 2 porciones

VISTAZO NUTRICIONAL

Por porción: 179 calorías, 2 g de proteínas, 35 g de carbohidratos, 5 g de grasa, 2 g de grasas saturadas, 0 mg de sodio, 1 mg de colesterol, 4 g de fibra

Albaricoques bañados en chocolate

2   onzas (56 g) de chocolate amargo (*bittersweet*)

24   orejones de albaricoque (chabacano, damasco)

1   cucharada de pistaches picados

Cocine el chocolate en un tazón (recipiente) adecuado para el horno de microondas durante 2 minutos en *high*, revolviéndolo una vez después de 1 minuto. Revuelva hasta que el chocolate se derrita por completo. Sumerja los orejones a la mitad en el chocolate; permita que el exceso se desprenda goteando. Coloque los orejones sobre papel encerado. Espolvoree los pistaches picados sobre la parte bañada en chocolate de los orejones. Métalos al refrigerador hasta que el chocolate se endurezca.

Rinde 8 porciones

VISTAZO NUTRICIONAL

Por porción: 99 calorías, 1 g de proteínas, 17 g de carbohidratos, 3 g de grasa, 2 g de grasas saturadas, 1 mg de sodio, 0 mg de colesterol, 2 g de fibra

CRÉDITOS

La receta de la página 208 se incluye con el permiso de Roger Ruch, *chef* ejecutivo de 1220 at the Tides, Miami Beach.

Las recetas de las páginas 216 y 350 se incluyen con el permiso de China Grill Management en nombre de China Grill, Miami Beach.

Las recetas de las páginas 224 y 294 se incluyen con el permiso de China Grill Management en nombre de Tuscan Steak, Miami Beach.

Las recetas de las páginas 244 y 298 se incluyen con el permiso de Andre Bienvenue, *chef* ejecutivo de Joe's Stone Crab, Miami Beach.

La receta de la página 278 se incluye con el permiso de China Grill Management en nombre de Blue Door at Delano, Miami Beach.

La receta de la página 284 se incluye con el permiso de Scott Fredel y J. D. Harris, *chefs* ejecutivos de Rumi Supper Club, Miami Beach.

Las recetas de las páginas 306 y 356 se incluyen con el permiso de Michael D'Andrea, *chef* ejecutivo y dueño de Macaluso's, Miami Beach.

La receta de la Ensalada Armand de la página 236 se reproduce del recetario *Eat at Joe's Cookbook* y se incluye con el permiso de Bay Books, © 2000.

GLOSARIO

Algunos de los términos usados en este libro no son muy comunes o se conocen bajo distintos nombres en distintas partes de América Latina. Por lo tanto, hemos preparado este glosario para ayudarle. Esperamos que le sea útil.

Aceite de *canola*. Este aceite viene de la semilla de colza y es bajo en grasa saturada. Sinónimo: aceite de colza. En inglés: *canola oil*.

Ají. *Vea* **Pimiento.**

Albaricoque. Fruta originaria de la China cuyo color está entre un amarillo pálido y un naranja oscuro. Se parece al melocotón, pero es más pequeño. Sinónimos: chabacano, damasco. En inglés: *apricot*.

Aliño. Un tipo de salsa, muchas veces hecha a base de vinagre y algún tipo de aceite, que se les echa a las ensaladas para darles más sabor. Sinónimo: aderezo. En inglés: *salad dressing*.

Arándano agrio. Baya roja de sabor agrio usada para elaborar postres y bebidas. Sinónimo: arándano rojo. En inglés: *cranberry*.

Arándano azul. Baya azul pariente del arándano agrio. En inglés: *blueberry*.

Arugula. Hierba italiana con un sabor picantito que actualmente se come mucho en las ensaladas en los EE. UU. Se consigue en la mayoría de los supermercados.

Arroz silvestre. Una hierba de grano largo que crece en los pantanos. Tiene un sabor a frutos secos y una textura correosa. Se consigue en las tiendas de productos naturales. En inglés: *wild rice*.

Bagel. Panecillo en forma de rosca que se prepara hervido en agua y después se hornea. Se puede preparar con una gran variedad de sabores y normalmente se sirve con queso crema.

Batatas dulces. Tubérculos cuyas cáscaras y pulpas tienen el mismo color amarillo-naranja. No se deben confundir con las batatas de Puerto Rico (llamadas "boniatos" en Cuba), que son tubérculos con una cáscara rosada y una pulpa blanca. Sinónimos de batata dulce: boniato, camote, moniato. En inglés: *sweet potatoes.*

Berza. Un tipo de repollo cuyas hojas no forman una cabeza. Son muy nutritivas y pueden aguantar tanto las temperaturas muy altas como las muy bajas. Además de ser muy populares entre los latinos, las berzas son una parte integral de la cocina del sur de los EE. UU. Sinónimos: bretón, col, posarmo, repollo, tallo. En inglés: *collard greens.*

Biscuit. Un tipo de panecillo que la mayoría de las veces se hace con polvo de hornear en vez de levadura. Tiene una textura tierna y ligera y es muy popular en los EE. UU., especialmente en el sur.

Bistec. Filete de carne de res sacado de la parte más gruesa del solomillo. Sinónimos: bife, churrasco, biftec. En inglés: *beefsteak* o *steak.*

Bistec *T-bone.* Corte de carne de res del centro del lomo corto que tiene un hueso en forma de "T"; de ahí su nombre en inglés.

Blanquear. Una técnica de cocina en la que se sumergen alimentos en agua hirviendo, luego en agua fría con el fin de hacer la pulpa (en el caso de las verduras) más firme, aflojar las cáscaras (en el caso de los melocotones y los tomates) y también para aumentar y fijar el sabor (en el caso de las verduras antes de congelarlas).

Bok choy. Un tipo de repollo (vea la definición de este en la página 380) chino.

Brie. Reconocido como uno de los mejores quesos del mundo, el *Brie* se caracteriza por su corteza suave e interior cremoso. Al comprarlo, busque uno que sea firme y gordo, con una corteza que tenga bordes de color marrón pálido. Se echa a perder dentro de unos cuantos días, así que se debe comer inmediatamente después de comprarlo.

Brisket. Corte de carne tomado de la sección del pecho debajo de las cinco costillas cortas del animal. Por lo general, se vende deshuesado y se divide en dos secciones. Requiere cocción larga y lenta.

Brownie. Pastel (vea la definición de éste en la página 379) cremoso de chocolate cortado en trozos cuadrados; a veces se rellena con frutos secos.

Butternut squash. Vea *Squash.*

Cacahuate. Fruto seco que proviene de una hierba leguminosa. Se come en varias formas, entre ellas crudo, tostado o en forma de una mantequilla. Sinónimos: cacahuete, maní. En inglés: *peanut.*

Cacerola. Comida horneada en un recipiente hondo tipo cacerola. Sinónimo: guiso. En inglés: *casserole.* También puede ser un recipiente metálico de forma cilíndrica que se usa para cocinar. Por lo general, no es muy hondo y tiene un mango o unas asas. Sinónimo: cazuela. En inglés: *saucepan.*

Caldera de hierro para asar. Olla grande de hierro fundido con una tapa ajustada que se usa para preparar guisos (estofados) y otros platos. En inglés: *Dutch Oven.*

Cantaloup. Melón de cáscara grisosa-beige con un patrón parecido a una red. Su pulpa es de color naranja pálido y es muy jugosa y dulce.

Cantidad Diaria Recomendada. Esta es la cantidad general recomendada de un nutriente dado, sea un mineral, una vitamina u otro elemento dietético. Las Cantidades Diarias, conocidas en inglés como *Daily Values* o por las siglas inglesas *DV*, fueron establecidas por el Departamento de Agricultura de los Estados Unidos y La Dirección de Alimentación y Fármacos de los Estados Unidos. Se encuentran en las etiquetas de la mayoría de los productos alimenticios preempaquetados en los Estados Unidos. Corresponden a las necesidades nutritivas de los adultos de 18 años y mayores. Si desea averiguar sobre las necesidades específicas de los niños, consulte a su médico o a un nutriólogo.

Carnes frías (tipo fiambre). Carnes frías de varios tipos, entre ellos jamón, boloña, pavo, rosbif y *salami*, que normalmente se comen en sándwiches (emparedados) a la hora del almuerzo en los EE. UU. En inglés: *lunchmeat*.

Cebollín. Variante de la familia de las cebollas. Tiene una base blanca que todavía no se ha convertido en bulbo y hojas verdes que son largas y rectas. Ambas partes son comestibles. Son parecidos a los chalotes, y la diferencia está en que los chalotes tienen el bulbo ya formado y son más maduros. Sinónimo: cebolla de cambray. En inglés: *scallion*.

Cebollino. Hierba que es pariente de la cebolla cuyas hojas altas y delgadas dan un ligero sabor a cebolla a los alimentos. Uno de sus usos populares es como ingrediente de salsas cremosas. También se usa como guarnición para las sopas y ensaladas. Debido a las variaciones regionales entre los hispanohablantes, a veces se confunde al cebollino con el cebollín. Vea las definiciones de estos en este glosario para evitar equivocaciones. Sinónimo: cebolleta. En inglés: *chive*.

Chalote. Hierba que es pariente de la cebolla y los puerros (poros). Sus bulbos están agrupados y sus tallos son huecos y de un color verde vívido. De sabor suave, se recomienda agregarlo al final del proceso de cocción. Es muy utilizado en la cocina francesa. En inglés: *shallot*.

Champiñón. *Vea* **Hongo.**

Chícharos. Semillas verdes de una planta leguminosa eurasiática. Sinónimos: alverjas, arvejas, guisantes. En inglés: *peas*.

Chile. *Vea* **Pimiento.**

Chirivía. Planta de origen europeo con un tallo acanalado de 9 a 12 centímetros de alto, hojas parecidas a las del apio y flores pequeñas y amarillas; su raíz es fusiforme y blanca. Normalmente se hierve y se sirve untada con mantequilla. Sinónimo: chiriva, chiviría, pastinaca. En inglés: *parnsip*.

Cilantro. Las hojas y tallos verdes de la planta coriandro. Tiene un aroma vívido y su sabor se presta para usarse en platos condimentados. Algunos latinos le dicen "culantro" al cilantro, pero en realidad el culantro es una hierba diferente, con hojas largas y planas, conocido como recao en Puerto Rico.

Comelotodos. Chícharos (vea la definición de estos en la página anterior) que no están bien desarrollados y tienen vainas delgadas y planas; se cultivan para comerse enteros. Sinónimos: chícharos, guisantes o arvejas mollares. En inglés: *snow peas*.

Cuscús. Un platillo del África del Norte que consiste en pasta de semolina (trigo sin germen ni salvado) que se cocina al vapor sobre la parte superior de una olla de dos partes.

Dip. Una salsa o mezcla blanda (como el guacamole, por ejemplo), en la que se mojan los alimentos para picar, como por ejemplo hojuelas de maíz, papitas fritas, nachos (totopos), zanahorias o apio.

Embutidos. Cualquiera de las variedades de carnes molidas o picadas que se mezclan con especias y se moldean en una cubierta, la cual normalmente se hace del intestino del animal. Hay muchos tipos de embutidos, entre ellos salchicha, chorizo, perro caliente y salchicha de Frankfurt.

Emulsionar. Mezclar un líquido con otro cuando ellos no combinan solos, por ejemplo, aceite y agua. Se hace al agregar un líquido a otro lentamente mientras se va mezclándolos rápidamente.

Endibia. Planta cultivada para cosechar su corona de hojas anchas, crujientes y suculentas, las cuales se disfrutan en las ensaladas. En inglés: *endive*.

Escalfar. Cocinar un alimento justo debajo del punto del hervor, cuando la superficie del líquido apenas está empezando a ebullir.

Feta. Queso griego hecho de leche de cabra. Es blanco, salado y muy desmenuzable.

Flank steak. Corte de carne de res que no tiene hueso. Es largo, fino y fibroso y viene de los cuartos traseros inferiores del animal. Normalmente se adoba (marina) para ablandarlo y se asa al horno o a la parrilla. El *London Broil* (vea la página 377) es un tipo de *flank steak*.

Frijoles. Una de las variedades de plantas con frutos en vaina del género *Phaselous*. Vienen en muchos colores: rojos, negros, blancos, etcétera. Sinónimos: alubia, arvejas, caraotas, fasoles, fríjoles, habas, habichuelas, judías, porotos, trijoles. En inglés: *beans*.

Frijoles de caritas. Frijoles pequeños de color beige con una "carita" negra. Sinónimos: guandúes, judías de caritas. En inglés: *black-eyed peas*.

Frittata. Un tipo de *omelette* (vea la definición de este en la página 378) italiano en el que los ingredientes se mezclan con los huevos en vez de rellenarlos. Se cocina muy lentamente a fuego bajo, por lo que tiene una textura más firme que la de un *omelette* típico.

Fudge. Caramelo semiblando hecho de mantequilla, azúcar y varios aromatizantes, entre ellos chocolate, vanilla y arce (*maple*).

Galletas y galletitas. Tanto "galletas" como "galletitas" se usan en Latinoamérica para referirse a dos tipos de comidas. El primer tipo es un barquillo delgado no dulce (en muchos casos es salado) hecho de trigo que se come como merienda o que acompaña una sopa. El segundo es un tipo de pastel (vea la definición de este en este glosario) plano y dulce que normalmente se come como postre o merienda. En este libro, usamos "galleta" para describir los barquillos salados y "galletita" para los pastelitos pequeños y dulces. En inglés, una galleta se llama "*cracker*" y una galletita se llama "*cookie*".

Gallina de Cornualles. Gallina miniatura que pesa hasta 2½ libras (1.13 kg) y tiene una proporción de carne a hueso tan baja que cada una constituye una porción.

Graham crackers. Galletitas (vea la definición de estas en la página anterior) dulces hechas de harina de trigo integral.

Granola. Una mezcla de copos de avena y otros ingredientes como azúcar morena, pasas, cocos y frutos secos. Se prepara al horno y se sirve en pedazos o barras.

Gravy. Una salsa hecha del jugo (zumo) de la carne asada.

Guiso. Este término tiene variaciones regionales. Para algunos hispanos, se refiere a la comida horneada en un recipiente hondo que en inglés se llama *casserole*. Pero para otros, se refiere a un platillo que generalmente consta de carne y verduras que se cocina en una olla a una temperatura baja con poco líquido. Sinónimo: *estofado*. En inglés: *stew*.

Haba. Frijol (vea la definición de este en la página anterior) plano de color oscuro de origen mediterráneo que se consigue en las tiendas de productos naturales.

Habas blancas. Frijoles planos de color verde pálido, originalmente cultivados en la ciudad de Lima en el Perú. Sinónimos: alubias, ejotes verdes chinos, frijoles de Lima, judías blancas, porotos blancos. En inglés: *lima beans*.

Habichuelas verdes. Frijoles verdes, largos y delgados. Sinónimos: habichuelas tiernas, ejotes. En inglés: *green beans* o *string beans*.

Half and half. Mezcla comercial de partes iguales de crema y leche que en los EE. UU. comúnmente se echa al café.

Harina de trigo integral. En inglés: *whole wheat flour*. *Vea* **Integral.**

Hinojo. Una hierba con un sabor ligero a regaliz (orozuz) que se usa para darles sabor a los licores, los panes y los caramelos (golosinas). También se usa para problemas digestivos. En inglés: *fennel*.

Hongo. Variedad del *fungi* de la clase *Basidiomycetes*. Hay muchas variedades, entre ellas *shiitake*, que es japonesa, y el *Italian brown* de Italia. La variedad pequeña blanca se conoce como champiñón o seta. En inglés los hongos en general se llaman *mushrooms* y los champiñones se llaman *button mushrooms*.

Hummus. Una pasta hecha de garbanzos aplastados mezclados con jugo de limón, aceite de oliva, ajo y aceite de sésamo (ajonjolí). Es muy común en la cocina del Medio Oriente, donde se come con pan de *pita.*

Integral. Este término se refiere a la preparación de los cereales (granos) como arroz, maíz, avena, pan, etcétera. En su estado natural, los cereales tienen una capa exterior muy nutritiva que aporta fibra dietética, carbohidratos complejos, vitaminas del complejo B, vitamina E, hierro, cinc y otros minerales. No obstante, para que tengan una presentación más atractiva, muchos fabricantes les quitan las capas exteriores a los cereales. La mayoría de los nutriólogos y médicos recomiendan que comamos los cereales integrales (excepto en el caso del alforjón o trigo sarraceno) para aprovechar los nutrientes que nos aportan. Estos productos se consiguen en algunos supermercados y en las tiendas de productos naturales. Entre los productos integrales más comunes están el arroz integral (*brown rice*), el pan de grano entero (*whole-grain bread*), cebada integral (*whole-grain barley*) y avena integral (*whole oats*).

Kósher. Comida preparada según estrictas leyes bíblicas judías y bajo la supervisión de un rabino. De acuerdo con las leyes, los animales preparados a la manera kósher deben ser alimentados con comidas orgánicas y matados de la manera más humanitaria posible. Los alimentos Kósher se consideran de muy alta calidad debido a esta rigurosa forma de preparación.

Lechuga repollada. Cualquiera de los diversos tipos de lechugas que tienen cabezas compactas de hojas grandes y crujientes que se enriscan. En inglés: *iceberg lettuce.*

Lechuga romana. Variedad de lechuga con un largo y grueso tallo central y hojas verdes y estrechas. Sinónimo: orejona. En inglés: *romaine lettuce.*

London Broil. Vea *round.*

Magro (a). Con un bajo contenido de grasa.

Mahi mahi. Oriundo de Hawai, este pescado es en realidad un tipo de delfín, aunque no es mamífero. Es gordo, con una carne firme y de buen sabor. La mejor forma de prepararlo es asado en el horno o a la parrilla.

Melocotón. Fruta originaria de la China que tiene un color amarillo rojizo y cuya piel es velluda. Sinónimo: durazno. En inglés: *peach.*

Merienda. En este libro, es una comida entre las comidas principales del día, sin importar ni lo que se come ni a la hora en que se come. Sinónimos: bocadillo, bocadito, botana, refrigerio, tentempié. En inglés: *snack.*

Mostaza *Dijon.* Un tipo de mostaza francesa con una base de vino blanco. En inglés: *Dijon mustard.*

Muffin. Pan pequeño parecido a un pastel (vea la definición de este en este glosario) que se puede preparar con una variedad de harinas y que muchas veces contiene frutas y frutos secos. La mayoría de los *muffins* norteamericanos se hacen con polvo de hornear en vez de levadura. Sin embargo, el *muffin* inglés sí se hace con levadura y tiene una textura más fina que el norteamericano. Son muy comunes como comida de desayuno en los EE. UU.

Nuez. Fruto seco que proviene de una de las variedades de los árboles del género *Juglans.* Las variedades más populares de esta nuez son la nuez inglesa o pérsica y la nuez negra. Sinónimo: nuez nogal. En inglés: *walnut.*

Olla para asar. Cualquier plato o cacerola de metal, cristal o cerámica con una superficie grande, costados bajos, y que no lleva tapa. Esta se usa para asar alimentos en el horno. Sinónimos: charola. En inglés: *roasting pan.*

Omelette. Mezcla de huevos, condimentos y, a veces, agua o leche, cocinada en mantequilla hasta que se ponga firme. Se puede rellenar (o bien rematar) de varios tipos de alimentos, entre ellos queso, jamón, hongos, cebolla, pimientos o chorizo. Los *omelettes* dulces típicamente se rellenan de frutas o flan y se les espolvorean azúcar glas.

Palomitas de maíz. Granos de maíz cocinados en aceite o a presión hasta que formen bolas blancas. Sinónimos: rositas de maíz, rosetas de maíz, copos de maíz, cotufo, canguil.

Pan árabe. Pan plano originario del Medio Oriente que se prepara sin levadura. Sinónimo: pan de *pita*. En inglés: *pita bread*.

Pan de grano entero. Pan hecho de trigo molido sin destruir el germen ni tampoco la capa exterior del grano. Esto quiere decir que contiene más fibra y nutrientes que el pan hecho de trigo blanco. Por lo general este tipo de pan tiene un color oscuro y una textura dura (en comparació con el pan blanco). Se consigue en las tiendas de productos naturales. En inglés: *whole-grain bread*.

Panqueque. Un pastel (vea la definición de este abajo) plano generalmente hecho de alforjón (trigo sarraceno) que se dora por ambos lados en una plancha o sartén engrasada.

Parfait. Un postre que consiste en helado rematado con sirope (almíbar) o bien con frutas o crema batida. Se sirve en tazas altas y delgadas.

Parrilla. Esta rejilla de hierro fundido se usa para asar diversos alimentos sobre brasas o una fuente de calor de gas o eléctrica en toda Latinoamérica, particularmente en Argentina y Uruguay. En inglés: *grill*. También puede ser un utensilio de cocina usado para poner dulces hasta que se enfríen. Sinónimo: rejilla. En ingles: *rack*.

Pastel. El significado de esta palabra varía según el país. En Puerto Rico, un pastel es un tipo de empanada servido durante las fiestas navideñas.

En otros países, un pastel es una masa de hojaldre horneada que está rellena de frutas en conserva. No obstante, en este libro, un pastel es un postre horneado generalmente preparado con harina, mantequilla, edulcorante y huevos. Sinónimos: bizcocho, quey, *cake*, panqué, queque, tarta. En inglés: *cake*.

Pastel blanco esponjoso. Un tipo de pastel (vea la definición de este arriba) ligero que se prepara sin levadura y con varias claras de huevo batidas. En inglés: *angel food cake*.

Pay. Una masa de hojaldre horneada que está rellena de frutas en conserva. Sinónimos: pai, pastel, tarta. En inglés: *pie*.

Pesto. Salsa italiana hecha de albahaca machacada, ajo, piñones y queso parmesano en aceite de oliva. Es una salsa robusta para *minestrone* o pasta.

Penne. Un tipo de pasta picado a lo diagonal para que tenga forma de pluma de ganso.

Picar en juliana. Cortar un alimento en tiras parecidas a fósforos (cerillos). Se usa principalmente para preparar las guarniciones de los platos.

Pimiento. Fruto de las plantas *Capsicum*. Hay muchísimas variedades de esta hortaliza. Los que son picantes se conocen en México como chiles picantes, y en otros países como pimientos o ajíes picantes. Por lo general, en este libro nos referimos a los chiles picantes o a los pimientos rojos o verdes que tienen forma de campana, los cuales no son nada picantes. En muchas partes de México, estos se llaman pimientos morrones. En el Caribe, se conocen como ajíes rojos o verdes. En inglés, estos se llaman *bell peppers*.

Plátano amarillo. Fruta cuya cáscara es amarilla y que tiene un sabor dulce. Sinónimos: banana, banano, cambur y guineo. No lo confunda con el plátano verde (plátano macho), que si bien es su pariente, es una fruta distinta.

Queso azul. Un queso suave con vetas de moho comestible de color azul verdoso. En inglés: *blue cheese*.

Queso *ricotta*. Un tipo de queso italiano blanco con una consistencia parecida a la del yogur. Es húmedo y tiene un sabor ligeramente dulce, por lo que se presta para hacer postres. En inglés: *ricotta cheese*.

***Relish*.** Un condimento que por lo general se hace de pepinos encurtidos, tomates verdes, verduras picadas y rábano picante (raíz fuerte); suele servirse con carnes.

Reloj anaranjado. Pescado de origen neozelandés que se ha hecho muy popular en los EE. UU. por su carne blanca y firme, contenido bajo de grasa y sabor suave. En inglés: *orange roughy*.

Repollo. Una planta verde cuyas hojas se agrupan en forma compacta y que varía en cuanto a su color. Puede ser casi blanco, verde o rojo. Sinónimo: col. En inglés: *cabbage*.

Requesón. Un tipo de queso hecho de leche descremada. No es seco y tiene relativamente poca grasa y calorías. En inglés: *cottage cheese*.

***Rotini*.** Un tipo de pasta italiano.

***Round*.** Corte de carne de res estadounidense que abarca desde el trasero del animal hasta el tobillo. Es menos tierno que otros cortes, ya que la pierna del animal ha sido fortalecida por el ejercicio. El *top round* es un corte del *round* que se encuentra en el interior de la pierna y es el más tierno de todos los cortes de esta sección del animal. A los cortes gruesos del *top round* frecuentemente se les dice *London Broil* y a los cortes finos de esta zona se les dice *top round steak*. El *eye round* es el corte menos tierno de esta sección pero tiene un sabor excelente. Todos estos cortes requieren cocción lenta con calor húmedo.

***Sake*.** Bebida alcohólica japonesa preparada a partir de arroz fermentado.

Salsa *Worcestershire*. Nombre comercial de una salsa inglesa muy condimentada cuyos ingredientes incluyen salsa de soya, vinagre, melado, anchoas, cebolla, chiles y jugo de tamarindo. La salsa se cura antes de embotellarla.

***Shiitake*.** Un tipo de hongo japonés. Se consigue en las tiendas de productos naturales. En latín: *Lentinus edodes*.

***Sirloin*.** Corte de carne de res que se encuentre entre el lomo corto, que suele ser muy tierno, y el trasero, que es más duro. Es muy común y fácil de encontrar en los supermercados (colmados) de los EE. UU.

Soya. Un alimento derivado del frijol de soya. Es alto en minerales y proteínas y es una parte esencial de la alimentación asiática. Hoy en día se usa como una alternativa vegetariana a la carne de res y también como una terapia alimenticia para las mujeres menopáusicas. Se consigue en las tiendas de productos naturales y en algunos supermercados.

***Squash*.** Nombre genérico de varios tipos de calabaza oriundos de América. Los squash se dividen en dos categorías: *summer squash* (el veraniego) y *winter squash* (el invernal). Los veraniegos tienen cáscaras finas y comestibles, una pulpa blanda, un sabor suave y requieren poca cocción. Entre los ejemplos de estos está el *zucchini*. Los invernales tienen cáscaras dulces y gruesas, su pulpa es de color entre amarillo y naranja y más dura que la de los veraniegos. Por lo tanto, requieren más tiempo de cocción. Entre las variedades comunes de los *squash* invernales están los *acorn squash*, el *spaghetti squash* y el *butternut squash*. Aunque la mayoría de los *squash* se consiguen todo el año en los EE. UU., los invernales comprados en otoño e invierno tienen mejor sabor.

Tazón. Recipiente cilíndrico sin asas usado para mezclar ingredientes, especialmente al hacer postres y panes. Sinónimos: recipiente, bol. En inglés: *bowl*.

***Tempeh*.** Alimento parecido a un pastel hecho de frijoles de soya. Tiene sabor a fruto seco y a levadura. Es muy común en las dietas asiáticas y vegetarianas.

Tilapia. Pez cuya carne es blanca, dulce, baja en grasa y de textura fina; se consigue en la mayoría de los supermercados (colmados) bajo este nombre.

Tocino canadiense. Carne de cerdo ahumada y baja en grasa que se toma del lomo del animal. Viene en pedazos cilíndricos que se pueden picar como se desee. Cuesta más que el tocino pero es más saludable porque contiene menos grasa. En inglés: *Canadian bacon.*

Tofu. Un alimento un poco parecido al queso que se hace de la leche de soya cuajada. Es soso pero cuando se cocina junto con otros alimentos, adquiere el sabor de estos.

Top round. *Vea* **round.**

Toronja. Esta fruta tropical es de color amarillo y muy popular en los EE. UU. como una comida en el desayuno. Sinónimos: pamplemusa, pomelo. En ingles: *grapefruit.*

Trigo *bulgur.* Un tipo de trigo mediooriental que consiste en granos que han sido cocidos a vapor, secados y molidos. Tiene una textura correosa. Se consigue en las tiendas de productos naturales. En inglés: *bulgur wheat.*

Wok. Una cacerola (cazuela) grande con un fondo redondo con lados inclinados hacia abajo. Se usa en la cocina china.

Zanahorias cambray. Zanahorias pequeñas, delgadas y tiernas que son 1½" (4 cm) de largo. En inglés: *baby carrots.*

Zucchini. Un tipo de calabaza con forma de cilindro un poco curvo y que es un poco más chico en la parte de abajo que en la parte de arriba. Su color varía entre un verde claro y un verde oscuro, y a veces tiene marcas amarillas. Su pulpa es color hueso y su sabor es ligero y delicado. Sinónimos: calabacín, calabacita, hoco, zambo, zapallo italiano. En inglés: *zucchini.*

ÍNDICE DE TÉRMINOS

Las páginas subrayadas indican cajas y tablas.

A

Abdomen. *Véase* Obesidad central; Panza;
    Panza cervecera
Aceite de alazor
    ácidos grasos omega-6, <u>33</u>
Aceite de cacahuate
    Primera Fase, <u>20</u>
Aceite de *canola*, 369
    ácidos grasos omega-3, <u>33</u>, <u>54</u>
    descripción, <u>14–15</u>
    estudios realizados, 53
    grasas buenas, <u>33</u>
    grasas insaturadas, <u>53</u>
    Primera Fase, <u>20</u>
Aceite de cártamo. *Véase* Aceite de alazor
Aceite de colza. *Véase* Aceite de *canola*
Aceite de girasol, ácidos grasos omega-6, <u>33</u>
Aceite de maíz, <u>15</u>
    ácidos grasos omega-6, <u>33</u>
Aceite de maní. *Véase* Aceite de cacahuate
Aceite de nuez, <u>15</u>
    ácidos grasos omega-3, <u>33</u>
Aceite de oliva, <u>14</u>
    comida de restaurante, 133
    extra virgen, <u>14</u>
    fino, <u>14</u>
    grasas buenas, <u>33</u>
    grasas insaturadas, <u>53</u>
    light, <u>14</u>
    pizza, 84, 85
    Primera Fase, <u>20</u>
    puro, <u>14</u>
    vinagreta, 42
    virgen, <u>14</u>
Aceite de palma, grasas malas, <u>33</u>
Aceite de pescado, cápsulas de
    aparición de varias enfermedades, <u>54</u>
    cómo elegir, <u>151</u>

efectos en la salud, 153
    prevención cardíaca, 53
Aceite de semilla de linaza. *Véase* Aceite de
    semilla de lino
Aceite de semilla de lino
    ácidos grasos omega-3, <u>33</u>
Aceite de soya, <u>15</u>
Aceites mediterráneos, enfermedades
    cardíacas, 52
Aceites parcialmente hidrogenados
    en productos comerciales, 52
    precauciones, <u>33</u>
Aceites vegetales, <u>14–15</u>
Aceite vegetal. *Véase* Aceite de soya
Aceitunas, grasas insaturadas, <u>53</u>
Ácidos grasos omega-3
    aceite de *canola*, <u>15</u>
    aceite de nuez, <u>15</u>
    aceite de soya, <u>15</u>
    beneficios para la salud, <u>33</u>, <u>54</u>
    definición, <u>54</u>
    falta en dieta occidental, 53
    fuentes de, <u>54</u>
    grasas poliinsaturadas, <u>33</u>, <u>53</u>
    pescados recomendados, <u>78</u>
Ácidos grasos omega-6, grasas
    poliinsaturadas, <u>53</u>
Acorn squash. Véase Squash
Aderezo. *Véase* Aliño
Adolescentes con sobrepeso, estudio
    realizado, 101–02
Agatston, escaneo de, 7
Agua, tomar para quitar antojos, <u>136</u>
Aguacate
    grasas buenas, <u>33</u>
    grasas insaturadas, <u>53</u>
Ají. *Véase* Pimiento
Ajo, 71
Alambres de carne de res, pimientos y
    hongos (receta), 346

B

D

SOBRE EL AUTOR

El Dr. Arthur Agatston es profesor adjunto de Medicina en la Facultad de Medicina de la Universidad de Miami y ha contribuido a más de 100 escritos científicos. Además, ha revisado manuscritos para las principales revistas sobre medicina interna de los EE. UU., entre ellas el *New England Journal of Medicine* y el *American Journal of Cardiology*. Es autor del libro bestséller *La dieta South Beach* y se ha presentado en varios programas nacionales de televisión, entre ellos *Dateline NBC, Good Morning America, The View, CNN* y *20/20*. Asimismo, lo han citado como experto en salud cardíaca y alimentación en los medios de comunicación, entre ellos el *New York Times*, el *Washington Post, Newsweek* y *USA Today*. Tiene una consulta privada en Miami Beach donde vive con su esposa Sari y sus dos hijos.